遗失在西方的中国史

英国画报看甲午战争(上)

赵省伟 编　张维懿 兰莹 译

中国画报出版社·北京

图书在版编目（CIP）数据

英国画报看甲午战争 / 赵省伟编；张维懿，兰莹译.
—北京：中国画报出版社，2020.5（2021.3重印）
（遗失在西方的中国史）
ISBN 978-7-5146-1811-2

Ⅰ．①英⋯ Ⅱ．①赵⋯ ②张⋯ ③兰⋯ Ⅲ．①中日甲午战争－史料 Ⅳ．① K256.306

中国版本图书馆CIP数据核字（2019）第 274327 号

遗失在西方的中国史：英国画报看甲午战争
赵省伟 编　张维懿 兰莹 译

出 版 人：于九涛
责任编辑：廖晓莹
校　　审：任　凯
责任印制：焦　洋

出版发行：中国画报出版社
地　　址：中国北京市海淀区车公庄西路33号　邮编：100048
发 行 部：010-68469781　010-68414683（传真）
总编室兼传真：010-88417359　版权部：010-88417359

开　　本：16开（787mm×1092mm）
印　　张：27
字　　数：300千
版　　次：2020年5月第1版　2021年3月第2次印刷
印　　刷：北京汇瑞嘉合文化发展有限公司
书　　号：ISBN 978-7-5146-1811-2
定　　价：168.00元（全二册）

出版说明

近年来关于中日甲午战争的海外史料已经在国内出版了一些，但世界画报界的翘楚——英国《图片报》《伦敦新闻画报》关于甲午战争的报道一直未得到系统整理。在李学通、侯芙瑶、武静等多位师友的助力下，历经数年终于将这些遗失在世界各地的甲午战争影像重新展现于世人面前。

一、本书资料选自英国《图片报》《伦敦新闻画报》，共收录 300 余幅图片、14 万字战地记者现场报道。

二、每篇报道独立为节，按时间先后排序。小节标题使用中英两种文字，外文均照原刊录入。为保证印刷整齐精美，图片色调做了统一处理。

三、由于能力有限，书中个别地名、人名无法查出，采用音译并注明原文。

四、由于时间仓促，统筹出版过程中不免出现疏漏、错讹，恳请广大读者批评指正。

最后，感谢中国海军史研究会会长、海军史专家陈悦老师为本书倾情作序。

编 者
2019.10

序

　　甲午战争是近代中国历史上一场划时代的灾难性事件，在世界近代化变革大潮中应对迟钝的清朝遭遇到已经近代化的日本的入侵，最终落得惨败，用血泪诠释了"落后就会挨打"这一真理。

　　1894年春夏之际，朝鲜半岛爆发大规模的东学党起义，风云巨变，清朝政府应朝鲜李氏王朝请求派兵协助镇压。从明治维新以来就将对外侵略扩张定为国家快速崛起之策的日本，借机生事，自行出兵朝鲜，一步步把局势拖入战争的旋涡。当年7月23日，日军攻占朝鲜王宫；25日在朝鲜西海岸袭击中国舰船；29日攻击屯驻在朝鲜南部的清军；最终，8月1日甲午战争全面爆发。

　　此后，9月15日清军陆军在平壤大败；9月17日北洋海军在黄海海战失败，清朝军制落后、武备不修、兵力薄弱等种种弊病暴露无遗。10月24日，日军兵分两路同时出击：北路突破清军鸭绿江防线，直逼奉天、山海关；南路登陆辽东花园口，直取大连湾、旅顺口，战火就此烧入中国境内。面对日军步步紧逼，毫无准备的清军被动应付，一败再败。

　　11月21日，号称"远东直布罗陀"的旅顺港失陷，日军制造了震惊中外的旅顺大屠杀。由于北洋海军主力已提前撤往山东威海卫，日军未能在旅顺实现歼灭北洋海军的目标。为确保1895年春天到来前扫清海上威胁，日军于1895年1月20日在漫天大雪中跨海登陆山东荣成湾，扑向威海卫，海陆两军联手围攻北洋海军。经历半个多月的艰苦抵御，身处绝境的北洋海军在2月17日旗落刘公岛。

　　同一时间的关外战场上，临时凑集出关的湘军与关外八旗和淮军残部配合，试图力挽狂澜、收复失地，但战力相差过于悬殊。1895年3月，在日军的攻势中，田庄台、牛庄等重要城镇接连丢失，关外清军兵团溃不成军。

　　在军事作战已经绝望的局面下，清朝遣使求和，派李鸿章东渡日本进行谈判。中方苦苦辩争，日方不为所动。1895年4月17日，空前屈辱的《马关条约》草签；5月3日，在山东烟台换约生效。此后，不甘沦亡的中国台湾军民自发抗敌，进行了反抗日本割占的保台斗争，作战壮烈，可歌可泣。然而，军力不济，不幸于1895年10月失败，沉重的战争大幕就此缓缓降下。

甲午战争的失败，使得近代中国的发展进程被打断，国际地位被颠覆，东亚的领袖位置易主，巨额财富被掠走。更为严重的是清朝的纸老虎形象被揭破，致使列强蜂拥而至，掀起了瓜分狂潮。这一连串山崩地陷般的灾难，直接导致近代中国国运衰败。百年后的中国人提起这段历史，仍感锥心之痛。战争中清朝暴露出的种种弊端、败因也被引为永久的镜鉴。

这一切，使得这场发生于19世纪末的战争直到21世纪仍然被中国社会高度关注。

了解、研究甲午战争史，有三个主要的视角，即当时交战的中日两国视角，第三个是站在旁观者立场上的其他国家视角，尤其是当时以英国为代表的西方列强国家。只有同时把握住这三个视角，进行对比分析和思考，才能更全面、更客观地看清那场战争，捕捉、寻获历史中稍纵即逝的关键点。赵省伟先生主编的这本《遗失在西方的中国史：英国画报看甲午战争》，所收录的就是珍贵的第三方视角史料。

近代英国在中国攫取了大量的利益，对中国事务异常关注。甲午战争爆发前，清朝曾一度寄希望于英国帮助调停中日关系。战争爆发后，基于保护自身利益的考虑，英国政府宣布中立，但是对战事发展高度关注，英国国内社会对这场发生于远东的战争也充满了兴趣。

当时除了官方途径的档案、记述外，英国报纸上有关甲午战争的新闻、报道同样重要。这些信息多是通过英国在中国的外交人员、中国政府中的英籍雇员、一些身份特殊的特约通讯员，甚至驻扎在烟台等港口的英国海军的中国舰队人员而获得，大多是有关中国战地情况的一手信息。这些新闻源源不断传回英国国内，又随着英国媒体的公布传播到西方世界，构建起了西方社会对发生在远东的战争的基本印象。

出现在英国报纸媒体上的甲午战争新闻，往往细致入微，可以获得很多关于战场细节的信息，恰好能够弥补中国相关史料的不足。不仅如此，从英国报纸媒体上的相关新闻中，还能感受到西方主流世界对中日两国交战的认识和判断，看到英国如何看待新兴的东亚强国——日本的崛起，以及古老的中华帝国的挣扎。同时，这些珍贵的资料也有助于我们从更广阔的世界角度和近代化角度思考中日近代化及甲午战争和当时世界的关系。

在既往的甲午战争史研究中，当时世界超级大国——英国的媒体报道已经引起了一些学者的关注，但由于渠道、语言等局限，大多只是做了片段、零星的了解和使用，缺乏全面性，缺乏系统的整理汇编。本书慧眼独具，选择了两家当时世界著名的新闻画报，即《图片报》（The Graphic）和《伦敦新闻画报》（The Illustrated London News），将其在 1894 年 7 月至 1895 年 10 月间有关甲午战争的相关报道整体译出，使得人们第一次系统地了解到当时西方媒体对甲午战争报道的实况。

不仅如此，《图片报》和《伦敦新闻画报》当时的报道大多附有印刷精美、内容信息量极大的插图，本书也都一一加以收录，图文对应。这些插图，或是根据真实的照片制版印刷，或是根据一些亲历者的速写、口述等材料二度创作，真实度极高。

众所周知，甲午战争是近代中国经历的第一场存有大量影像记录的战争，这使得百年后的人们仍然可以通过照片、画面去直观认识、考证当时的战况。不过甲午战争的影像记录，多来自日本军方派遣的随军摄影师，清朝政府则缺乏系统的影像记录。而以《图片报》和《伦敦新闻画报》为代表的西方画报上的插图很大一部分描绘的是清军的作战状况，恰好弥补了中文资料的缺憾。人们所熟悉的《邓世昌和"致远"舰舰员的合影》《"致远"舰勇冲日舰》《旅顺大屠杀》等著名照片和美术作品，都源于这两份画报，从而丰富了甲午战争历史图像库中基于中国角度的内容。从这个意义上讲，本书为我们从西方找回了一段遗失的历史，不仅为中国的甲午战争史研究提供了极为重要的新材料，也使得研究者们能更加系统地把握西方媒体新闻和图像史料，功莫大焉！本书的出版问世无疑是我国甲午战争历史研究上的大事，将极大地促进中国关于甲午战争史、近代海军史的研究和普及，让现代的中国人更深刻地认识、思考中国近代化道路上的那场世纪磨难。

最后谨向赵省伟先生及本书的译者、出版者们致以由衷的敬意！

陈 悦
2019 年 7 月 7 日于山东威海

目录

上册

《图片报》▶

002	亚洲的"比利时"	THE BELGIUM OF ASIA
003	朝鲜战争之恐慌	THE COREAN WAR SCARE
003	远东战争一触即发	THE THREATENED WAR IN THE FAR EAST
006	方外之国的所有权之争	CLAIMS TO THE HERMIT KINGDOM
008	朝鲜的困境	COREA AND HER TROUBLES
009	中国的瘟疫	THE PLAGUE IN CHINA
010	朝鲜的战争恐慌：国王的仪仗队经过汉城街头	THE WAR SCARE IN COREA: THE KING'S PROCESSION PASSING THROUGH THE STREETS OF SEOUL
012	朝鲜战争的可能性	THE COREAN WAR AND ITS POSSIBILITIES
012	朝鲜的现状	THE SITUATION IN COREA
013	维西上尉	CAPTAIN G. C. VESEY
014	香港瘟疫：英国士兵正在销毁太平山疫区的垃圾	THE PLAGUE AT HONG KONG: BRITISH TROOPS DESTROYING THE REFUSE FROM INFECTED HOUSES AT TAI-PING-SHAN
016	远东战争	THE WAR IN THE FAR EAST
017	香港瘟疫：坚尼地城的玻璃工厂被改为临时医院，图中是男性病房	THE PLAGUE AT HONG KONG: IN THE MENS OF THE GLASS WORKS, KENNEDY TOWN, TEMPORARILY USED AS A HOSPITAL
018	朝鲜的乱局	THE COREAN IMBROGLIO
019	被日军击沉的"高升"号的船长高惠悌	CAPTAIN GALSWORTHY, OF THE SS. "KOW SHING", SUNK BY THE JAPANESE
020	汉城之旅	A VISIT TO SEOUL
023	清朝和日本剑拔弩张	THE HOSTILITIES BETWEEN CHINA AND JAPAN
024	朝鲜战争	THE COREAN WAR
025	中日对决	CHINA VS. JAPAN
027	远东战争	THE WAR IN THE FAR EAST
028	日本警察的举止和规矩	THE MANNERS AND CUSTOMS OF THE POLICE OF JAPAN
030	卖破烂	THE SALE OF THE "RATTLETRAP'S" MESS KIT
032	远东战争	THE WAR IN THE FAR EAST
034	寇松先生对朝鲜问题的看法	MR. CURGON ON THE COREA
036	远东的命运	THE DESTINIES OF THE FAR EAST
037	英国和法国在远东	ENGLAND AND FRANCE IN THE FAR EAST
038	远东战争	THE WAR IN THE FAR EAST
039	英国驻汉城领事遇袭	THE ASSAULT ON OUR CONSUL AT SEOUL
039	一位传教士被杀	THE MURDER OF A MISSIONARY

040	日本海岸见闻	A RUN ASHORE IN JAPAN
042	上海的防御行动	DEFENSIVE OPERATIONS AT SHANGHAI
043	远东战争	THE WAR IN THE FAR EAST
044	英国远东海军"中国舰队"一艘军舰的买牛尝试	EXPERIMENT IN CATTLE BUYING FOR A BATTLESHIP OF THE CHINA SQUADRON
046	一座清朝海军训练基地	A NAVAL AND MILITARY TRAINING STATION IN CHINA
048	"黄种人"的战争	THE YELLOW WAR
049	研究长城的结构	INVESTIGATING THE COMPOSITION OF THE GREAT WALL OF CHINA
051	清朝皇帝	THE EMPEROR OF CHINA
052	日军炮火的洗礼	JAPAN'S BAPTISM OF FIRE
053	英日条约	THE ANGLO-JAPANESE TREATY
054	"高升"号运输舰被日军击沉	THE SINKING OF THE TRANSPORT "KOW-SHING" BY THE JAPANESE
056	远东战争	THE WAR IN THE FAR EAST
058	在亚丁被扣押的日军扫雷舰"龙田"号	THE DETENTION OF THE JAPANESE TORPEDO-CATCHER "TATSUTA" AT ADEN
059	清朝"镇远"号军舰	THE CHINESE WARSHIP "CHEN YUEN"
060	皮斯·格林先生和鸳鸯	MR. PEASE GREENE AND THE CELESTIAL DUCKLINGS
062	战争	THE WAR
063	海战案例教学	OBJECT LESSONS IN NAVAL WARFARE
064	中日之战	THE WAR BETWEEN CHINA AND JAPAN
065	远东战争	THE WAR IN THE FAR EAST
067	已故的余锡尔	THE LATE A. PURVIS
067	已故的尼格路士	THE LATE NICHOLLS
068	向前推进的日军	ADVANCE JAPAN
070	日本天皇的车辇	"THE MIKADO PASSES"
071	清军撤退	CHINA IN RETREAT
072	远东战争	THE WAR IN THE FAR EAST
074	清朝的耐力	THE VIS INERTIA OF CHINA
075	远东战争	THE WAR IN THE FAR EAST
077	日军军事演习	ARMY MANOEUVRES IN JAPAN
080	中日军队将领	CHINESE AND JAPANESE LEADERS
082	战事进展	THE PROGRESS OF THE CAMPAIGN
084	外籍人士在清朝	FOREIGNERS IN CHINA
085	清军"经远"号装填鱼雷	THE TORPEDOO-ROOM OF THE CHINESE WARSHIP "KING YUEN"
086	日本的战争速写	JAPANESE WAR SKETCHES
089	上海举行的"猎纸"游戏	A SHANGHAI PAPER CHASE

092	被大火焚毁的广州花船	DESTRUCTION BY FIRE OF THE FLOWER-BOATS AT CANTON
094	远东战争	THE WAR IN THE FAR EAST
098	亚洲战争的最新消息	ASIATIC WAR UP TO DATE
099	远东战争	THE WAR IN THE FAR EAST
100	远东战争	THE WAR IN THE FAR EAST
104	为军队洗米	WASHING RICE FOR THE TROOPS
106	在一次军事侦察发生小冲突后,日军把伤员从前线带回营地	BRING IN THE WOUNDED FROM THE FRONT AFTER A SKIRMISH DURING A RECONNAISSANCE
108	日军继续进军	THE JAPANESE ADVANCE
109	"高升"号的沉没:英国船员正在和清军军官争辩	SINKING OF THE "KOW SHING": THE BRITISH OFFICERS ARGUING WITH THE CHINESE GENERALS
110	"圣城"奉天东城门	THE EAST GATE OF THE SACRED CITY OF MOUKDEN
111	庆祝朝鲜国王生日	CELEBRATING THE BIRTHDAY OF THE KING OF COREA
112	远东战争	THE WAR IN THE FAR EAST
114	"画龙点睛"	"A FINISHING TOUCH"
115	在芝罘举行的帆船比赛	A REGATTA AT CHEFOO
117	远东战争	THE WAR IN THE FAR EAST
119	清朝的未来	THE FUTURE OF CHINA
120	日本的战争速写	JAPANESE WAR SKETCHES
124	在清朝登山的遭遇	THE ASCENT OF A CHINESE MOUNTAIN
126	远东战争	THE WAR IN THE FAR EAST
128	旅顺港陷落	THE FALL OF PORT ARTHUR
130	平壤之战后	AFTER THE FIGHT AT PING YANG
131	远东战争	THE WAR IN THE FAR EAST
136	马格禄船长	CAPTAIN MCCLURE
137	平壤作战计划	PLAN OF THE BATTLEFIELD OF PING YANG
139	平壤战场:席卷清军阵地	THE BATTLEFIELD OF PING YANG: STORMING CHINESE POSITION
141	日军战舰	JAPANESE WARSHIPS
146	黄海海战	THE GREAT NAVAL ENGAGEMENT OFF THE MOUTH OF THE YALU RIVER
148	清军战舰	CHINESE WARSHIPS
154	日军的暴行	JAPANESE "ATROCITIES"
155	战争资源	THE SINEWS OF WAR
156	远东战争	THE WAR IN THE FAR EAST
157	黄海海战	THE BATTLE OF THE YALU RIVER
159	位于济物浦的红十字会医院	THE RED CROSS SOCIETY'S HOSPITAL AT CHEMULPO
161	日本战地墓园	A JAPANESE CEMETERY ON THE FIELD OF BATTLE

162	清朝皇帝的新雪橇	
	THE EMPEROR OF CHINA'S NEW SLEDGE	
163	从塘沽港登船前往旅顺港的清军骑兵	
	EMBARKING CHINESE CAVALRY AT TONGKU FOR THE DEFENCE OF PORT ARTHUR	
164	赶赴前线的士兵经由清朝唯一的铁路去往塘沽	
	TROOPS FOR THE FRONT ON THEIR WAY TO TONG-KU BY THE ONLY RAILWAY IN CHINA	
165	远东战争	
	THE WAR IN THE FAR EAST	
167	清军士兵在北京街头操练箭术	
	ARCHERY DRILL BY CHINESE SOLDIERS IN THE STREETS OF PEKIN	
168	打井的日本军人	
	JAPANESE SOLDIERS SINKING A WELL	
170	向汉城行军的日军	
	THE JAPANESE TROOPS ON THE MARCH TO SEOUL	
172	远东战争	
	THE WAR IN THE FAR EAST	
174	远东战争	
	THE WAR IN THE FAR EAST	
176	远东战争	
	THE WAR IN THE FAR EAST	
177	战场上的情景	
	SCENES OF THE CAMPAIGN	
179	旅顺港沦陷之后的景象	
	SCENES AFTER THE FALL OF PORT ARTHUR	
181	旅顺港沦陷后，清军士兵在日军的追赶下仓皇而逃	
	AFTER THE FALL OF PORT ARTHUR: CHINESE SOLDIERS FLYING BEFORE THE VICTORIOUS JAPANESE	
183	远东战争	
	THE WAR IN THE FAR EAST	
183	占领旅顺港	
	THE CAPTURE OF PORT ARTHUR	
185	胜利"蒙尘"	
	A TARNISHED PAGE OF GLORY	
186	日本与西方诸国	
	JAPAN AND THE POWERS	
188	清朝皇帝在北京皇家园林的湖面上乘坐雪橇	
	THE EMPEROR OF CHINA SLEDGING ON THE LAKE IN THE PALACE GARDENS, PEKIN	
190	远东战争	
	THE WAR IN THE FAR EAST	
191	远东战争	
	THE WAR IN THE FAR EAST	

下册

193	被占领的旅顺港	
	SCENES AT THE CAPTURE OF PORT ARTHUR	
194	等待摆渡过白河的清军士兵	
	CHINESE SOLDIERS WAITING TO BE FERRIED OVER THE PEIHO	
195	白河岸边的清军露营地	
	A CHINESE BIVOUAC ON THE BANKS OF THE PEIHO	
196	旅顺港沦陷：日军进入旅顺港	
	THE FALL OF PORT ARTHUR: THE ENTRY OF THE VICTORIOUS ARMY	
197	远东战争	
	THE WAR IN THE FAR EAST	
198	日军军舰炮轰旅顺港附近的村庄	
	JAPANESE MEN-OF-WAR SHELLING VILLAGES NEAR PORT ARTHUR	
199	战火中的清朝	
	CHINA UNDER ARMS	
201	夜间登陆的日军	
	DISEMBARKING JAPANESE TROOPS BY NIGHT	
202	大山岩大将在旅顺港码头举行午宴	
	LUNCH GIVEN BY MARSHAL OYAMA AT THE DOCK SIDE, PORT ARTHUR	
203	战斗结束后，日本军官确认死者身份	
	JAPANESE OFFICERS IDENTIFYING THE DEAD AFTER AN ENGAGEMENT	
204	威海卫和牛庄	
	WE-HAI-WEI AND NIUCHANG	
204	远东战争	
	THE WAR IN THE FAR EAST	

205	为清军搬运军需物资的苦力	
	COOLIES CARRYING SUPPLIES FOR CHINESE TROOPS	
207	成群的士兵和苦力聚集在通往北京的八里桥	
	GROUP OF SOLDIERS AND COOLIES AT PALIKAO ON THE ROAD TO PEKIN	
208	日军船只在花园口卸载士兵	
	JAPANESE TRANSPORTS DISEMBARKING TROOPS AT KWA-YEN-KO	
209	清朝之前景	
	THE PROSPECT IN CHINA	
210	清朝水域结冰	
	ICEBOUND IN CHINESE WATERS	
211	在交战后火化死者的尸体	
	BURNING THE BODIES OF THE DEAD AFTER AN ENGAGEMENT. THE "YAKIBA" OR JAPANESE CREMATION	
212	天津的蒙古族骑兵赶往前线	
	TARTAR CAVALRY AT TIENTSIN ON THEIR WAY TO THE FRONT	
213	远东战争	
	THE WAR IN THE FAR EAST	
214	芝罘	
	CHEFOO	
216	在北京的一次皇家接见	
	AN IMPERIAL AUDIENCE AT PEKIN	
220	东方的和平前景	
	PROSPECTS OF PEACE IN THE EAST	
221	日军将领	
	DISTINGUISHED LEADERS OF THE JAPANESE FORCES	
224	远东战争	
	THE WAR IN THE FAR EAST	
225	威海卫终曲	
	THE LAST CHAPTER AT WEI-HAI-WEI	
227	远东战争	
	THE WAR IN THE FAR EAST	
229	日军的战争图片	
	JAPANESE WAR PICTURES	
234	日本"鸟海"号军舰在旅顺港附近海域侦察	
	THE JAPANESE WAR VESSEL "CHOKAI KWAN" PATROLLING THE COAST NEAR PORT ARTHUR	
235	李鸿章奉命赴日	
	LI HUNG CHANG'S MISSION TO JAPAN	
236	张荫桓	
	HIS EXCELLENCY CHANG YEN HOON	
237	远东战争	
	THE WAR IN THE FAR EAST	
238	本刊战地艺术家的速写	
	OUR WAR ARTISTS' SKETCHES	
242	在荣成湾登陆的日军准备进攻威海卫	
	THE JAPANESE LANDING TROOPS IN THE YUNG CHIN BAY FOR THE ATTACK ON WEI-HAI-WEI	
243	远东战争	
	THE WAR IN THE FAR EAST	
244	日军的风格	
	TYPES OF THE JAPANESE ARMY	
245	日本军夫的点名和给养分配	
	THE JAPANESE COOLIES' ROLL CALL AND DISTRIBUTION OF RATIONS	
246	远东战争	
	THE WAR IN THE FAR EAST	
247	李鸿章	
	LI HUNG CHANG	
248	在三山湾协商威海卫投降事宜	
	THE NEGOTIATIONS FOR THE SURRENDER OF WEI-HAI-WEI TAKING PLACE IN "THREE PEAK BAY"	
249	战地速写	
	SKETCHES FROM THE SEAT OF WAR	
253	李鸿章	
	LI HUNG CHANG	
254	北京护城河上的公共冰车和溜冰者	
	OMNIBUS SLEDGES AND SKATERS ON PEKIN CITY MOAT	
256	《每日图片报》和威廉皇帝	
	THE DAILY GRAPHIC AND THE EMPEROR WILLIAM	
257	奔赴战场：一名日军士兵向他的家人告别	
	OFF TO THE WAR: A JAPANESE SOLDIER BIDDING FAREWELL TO HIS FAMILY	
258	《远东》	
	THE FAR EAST	

	261	溃败逃散的清军 ROUTED CHINESE FLYING BEFORE THE VICTORIOUS ENEMY
	262	日本的和平条款 THE JAPANESE TERMS OF PEACE
	263	东京街头一幕：日本男孩嘲弄清朝人 A STREET SCENE IN TOKIO: JAPANESE BOYS JEERING AT CHINESE RESIDENTS
	264	日军士兵在广岛卸下战马 JAPANESE SOLDIERS DETRAINING CAVALRY HORSES AT HIROSHIMA
	265	国内外新闻 AT HOME AND ABROAD
	266	清军士兵在山海关练习射击 CHINESE SOLDIERS PRACTISING AT TARGETS AT SHAN-HAI-KWAN
	268	中日和平条约 THE CHINO-JAPANESE TREATY
	269	东京的清军战俘：每日散步 CHINESE PRISONERS IN TOKIO: THE DAILY PROMENADE
	270	中日和平 THE PEACE BETWEEN CHINA AND JAPAN
	271	日本与其他各国 JAPAN AND THE POWERS
	272	日本的未来 THE FUTURE OF JAPAN
	272	去往东京途中的清军战俘 CHINESE PRISONERS ON THE WAY TO TOKIO
	274	远眺宜昌——长江上的一座通商口岸 VIEW OF ICHANG, A TREATY PORT ON THE RIVER YANG-TSE-KIANG
	275	日俄关系 RUSSIA AND JAPAN
	276	日方射击对清军铁甲舰造成的影响 EFFECTS OF JAPANESE FIRE ON CHINESE IRONCLADS
	277	日本虚情假意的屈服 JAPAN'S MOCK SUBMISSION
	278	在长崎举行的天皇寿辰庆祝活动 CELEBRATIONS AT NAGASAKI IN HONOUR OF THE MIKADO'S BIRTHDAY
	280	国内外要闻 AT HOME AND ABROAD
	281	国内外要闻 AT HOME AND ABROAD
	282	国内外要闻 AT HOME AND ABROAD
	283	向威海卫进发的清军 CHINESE TROOPS ON THE MARCHH FOR WEI-HAI-WEI
	284	英国皇家海军"利安得"号上的海军陆战队登陆中国台湾 LANDING A GUARD OF MARINES FROM H.M.S "LEANDER"
	286	国内外要闻 AT HOME AND ABROAD
《伦敦新闻画报》▶	288	中日夹缝中的朝鲜 COREA, BETWEEN CHINA AND JAPAN
	290	香港鼠疫疫情 THE PLAGUE AT HONG-KONG
	292	无题 UNTITLED
	293	朝鲜略观 VIEWS OF COREA
	295	中日海军对比 THE CHINESE AND JAPANESE NAVIES
	299	人物 PERSONAL
	300	无题 UNTITLED
	301	朝鲜概览 SKETCHES IN COREA
	304	无题 UNTITLED
	305	无题 UNTITLED

306	朝鲜略观：东亚战场	
	VIEWS IN COREA, THE SEAT OF WAR IN EASTERN ASIA	
309	巴夏礼爵士	
	SIR HARRY PARKES	
311	国内外新闻	
	HOME AND FOREIGN NEWS	
312	无题	
	UNTITLED	
313	清朝的战争手绘图	
	CHINESE WAR SKETCHES	
314	从俄国到中国的沉重邮包	
	THE RUSSIAN HEAVY MAIL TO CHINA	
316	一艘清军鱼雷艇	
	A CHINESE TORPEDO BOAT	
318	朝鲜概览	
	SKETCHES IN COREA	
320	一位朝鲜大臣	
	A COREAN MINISTER	
322	国内外新闻	
	HOME AND FOREIGN NEWS	
323	人物	
	PERSONAL	
324	人物	
	PERSONAL	
325	国内外新闻	
	HOME AND FOREIGN NEWS	
326	无题	
	UNTITLED	
327	人物	
	PERSONAL	
328	黄海海战	
	THE NAVAL BATTLE OF THE YALU	
333	济物浦和朝鲜其他港口	
	CHEMULPO, AND OTHER PORTS OF COREA	
336	日本海军攻击威海卫	
	NAVAL ATTACK ON THE FORTS AT WEI-HAI-WEI	
337	日军进攻威海卫	
	JAPANESE SHIPS ATTACKING THE FORTS AT WEI-HAI-WEI	
338	人物	
	PERSONAL	
338	国内外新闻	
	HOME AND FOREIGN NEWS	
339	北京城墙	
	THE WALLS OF PEKIN	
341	无题	
	UNTITLED	
342	东亚战争	
	THE WAR IN EASTERN ASIA	
344	国内外新闻	
	HOME AND FOREIGN NEWS	
345	国内外新闻	
	HOME AND FOREIGN NEWS	
347	杂志漫谈	
	A MAGAZINE CAUSERIE	
348	国内外新闻	
	HOME AND FOREIGN NEWS	
349	奉天及其周边	
	MUKDEN AND ITS SURROUNDINGS	
353	国内外新闻	
	HOME AND FOREIGN NEWS	
354	9月16日，日军占领朝鲜平壤	
	THE CAPTURE OF PING-YANG, IN COREA BY THE JAPANESE ARMY, SEPTEMBER 16	
356	国内外新闻	
	HOME AND FOREIGN NEWS	
357	人物	
	PERSONAL	
358	无题	
	UNTITLED	

359	东亚战争	THE WAR IN EASTERN ASIA
360	无题	UNTITLED
361	无题	UNTITLED
362	黄海海战结束后，清军巡洋舰"扬威"号的残骸	WRECK OF THE CHINESE CRUISER "YANG-WEI," AFTER THE BATTLE OF THE YALU
363	无题	UNTITLED
364	九连城的溃败	THE ROUT OF CHIN-LEN-CHANG
365	无题	UNTITLED
366	满族人的神灵	MANCHURIAN DEITIES
369	东亚战争	THE WAR IN EASTERN ASIA
371	占领大连湾	THE TAKING OF TA-LIEN-WHAN
372	清军试图保住他们的大炮	CHINESE TROOPS TRYING TO SAVE THEIR ARTILLERY
373	东亚战争	THE WAR IN EASTERN ASIA
374	从外海眺望威海卫	SKETCHES OFF WEI-HAI-WEI
375	奉天	MUKDEN
377	东亚战争	THE WAR IN EASTERN ASIA
378	济物浦的军医院	THE MILIRARY HOSPITAL AT CHEMULPO
380	清朝将军和参谋投降	SURRENDER OF CHINESE GENERALS AND STAFF
381	日军在旅顺港	THE JAPANESE AT PORT ARTHUR
382	日军向牛庄进发	THE JAPANESE MARCH ON NIUCHUANG
384	牛庄近况	THE POSITION OF NIUCHUANG
386	芝罘港	CHEFOO HARBOUR
388	东亚战争	THE WAR IN THE ESTERN ASIA
390	我们的笔记	OUR NOTE BOOK
392	东亚战争	THE WAR IN EASTERN ASIA
396	第二位清朝全权公使	THE SECOND CHINESE ENVOY OF PEACE
398	东亚战争	THE WAR IN EASTERN ASIA
402	日军在山东半岛登陆	LANDING OF JAPANESE TROOPS AT SHAN TUNG PROMONTORY
404	进攻威海卫	ATTACK ON WEI-HAI-WEI
405	威海卫港口——图中的海岸线长约5英里	THE HABOUR OF WEI-HAI-WEI—THE COAST LINE SHOWS IS ABOUT FIVE MILES IN LENGTH
406	东亚战争	THE WAR IN EASTERN ASIA
407	国内外新闻	HOME AND FOREIGN NEWS
408	东亚战争	THE WAR IN THE EASTERN ASIA
410	台湾岛	FORMOSA

※《图片报》※

JULY 7 1894　　◆	THE GRAPHIC	◆　　SATURDAY, No.1284
1894 年 7 月 7 日	图片报	星期六　第 1284 期

亚洲的"比利时"

THE BELGIUM OF ASIA

　　经过长时间的酝酿,朝鲜问题终于爆发了。虽说任何一个研究亚洲政治的人都认为这一事件迟早要发生,然而出乎人们预料的是,中日两国精于谋算的政治家们竟然仓促地动用武力解决这一问题。英国也开始考虑自己在这一地区的利益。如果清朝和日本为争夺朝鲜开战,届时战败国或将寻求俄国的庇护。现今,双方在朝鲜都拥有一定的控制权。如果一方坐大,俄国很快就会按老规矩宣布接手另一方的权益。但是,英国绝不会坐视一个遍布通向太平洋良港的国家沦为俄国的囊中之物,那样,北太平洋几乎就要变成俄国的内湖了。因此,欧洲的外交官最好仔细考虑此时是否可以将朝鲜变为中立国。由于清朝对朝鲜的宗主权仅局限于岁贡,这或许可以当成给清朝的"贿赂"而保留下来。

朝鲜战争之恐慌

THE COREAN WAR SCARE

中日两国正在为朝鲜的归属问题争执不下。据称，日本在朝鲜驻有约 1.1 万人，明显优于清军。不过清朝政府也在派兵遣将，以示自己无意退让。诚然，大多数欧洲国家及俄国都在朝鲜的海岸线上部署了海军，但朝鲜半岛的局势却一触即发。日本公使已经拒绝了汉城[1]的清朝官员及朝鲜政府提出的立即撤军的要求。在上海，有传言称，清朝意欲派遣 6000 名步兵及 2000 名骑兵，不惜一切代价守住济物浦[2]和汉城，同时派遣两支海军舰队，一支前往朝日之间海峡的最东南端，另一支将在釜山和济物浦之间的海域巡逻。日本公开表态称，他们只是想恢复东学党起义前的秩序。

远东战争一触即发

THE THREATENED WAR IN THE FAR EAST

因为争夺朝鲜，中日两国战争一触即发的消息让人们将目光聚焦在远东的这片陌生而又神秘的土地上。中国在很长一段时间里都是朝鲜的宗主国，日本曾经也是中国的附属国。日本如果战败将会导致其商业利益严重受损，同时也会影响居住于此的大量日本人。英国和俄国也十分关注这个丰饶的国家，尤其关注其西边的那些良港。俄国一直对这些港口虎视眈眈，企图占据一个冬季不结冰的不冻港，好在海参崴冰封之季为其太平洋舰队提供栖息地。

朝鲜半岛在 1392 年，改国号"高丽"为"朝鲜"之前，长期处于纷争状态，最著名的就是高句丽、新罗、百济三国争斗。15 世纪末，丰臣秀吉率军入侵朝鲜半岛，四处掠夺，将其君主贬为臣子，后由于明朝政府的援助，丰臣秀吉才从朝鲜败

---

[1] 汉城，今首尔，下同。——译者注
[2] 济物浦，今仁川，下同。——译者注

退。明朝被清朝取代之后，朝鲜依旧效忠前者，于是清朝决意削弱这个反叛的藩国。1637年，大胜的清军与朝鲜国王签订条约，获得了朝鲜的宗主权和进献岁贡的保证。在1882年签订的《中朝商民水陆贸易章程》中，清朝的宗主权再次得到承认。作为附属国，朝鲜国王不单要接受清朝政府的册封，据说，每年还要在特定时间，率领朝鲜王室向清朝帝都的方向俯首朝拜。

朝鲜的人口估计在1400万至1600万之间。据说，他们是蒙古人的后代，个头高挑，体格健壮。这个国家等级森严，除了王室外，地位最高的是文官，他们可以免于赋税与兵役；其次是武官；再次是包括猎人、渔夫、农夫等在内的中等人。王室和贵族拥有大批农奴，平民也可以拥有农奴，但不能买卖。这里允许一夫多妻，女性没有什么法律地位。据说，她们都非常美丽而敏感。在村镇里，只有标志着街道上已经没有一个男人的铃声响起时，她们才能到户外活动。如果一个贵族寡妇有私生子的秘密为世人所知，那么她三年之内可能都无法再嫁。父母去世，子女需守孝三年，其间断绝一切世俗事务，包括工作和社交。朝鲜的男子勇敢诚实，热情好客，对朋友直率开朗，对陌生人则比较矜持。朝鲜人能歌善舞，他们喜欢聚集在小酒馆等娱乐场所里，那里有女人跳舞唱歌，还有各种娱乐项目。富人住在华丽的豪宅里，穷人则栖身陋室。对于欠债人的惩罚一般是棒打胫骨。若欠债人死亡，债务则会转移到与其血缘关系最近的人身上。朝鲜人善于制造武器、帽子、纸张，还擅长织衣。这里盛产大米、小麦、棉花、亚麻及烟草，但直至近年才开禁，与外界通商。1867年，在"朝鲜之门"（Gate of the Corea）举办的一年一度的集市被禁。1875年，朝鲜在釜山拒绝日本递交国书的使团身穿西式燕尾服参加欢迎宴会，两国差点因此而爆发战争，最后双方签订条约，朝鲜被迫开放釜山、济物浦等港口。

在朝鲜，国王对臣民拥有绝对的权力，臣民直呼其名就犯下叛国之罪，触碰到国王是杀头之罪，而被国王触碰则是无上的荣耀。国王外出举行典礼时，沿途所有门窗必须紧紧关闭。作为"天之子"的国王需要亲自耕种籍田[1]，而王后则扮作崇尚农业之神的大祭司。若是国王驾崩，在两年零四个月之内全国上下都必须停止祭祀、婚丧等各项活动。以前，人们需要通过竞争激烈的考试才能获得官职，而现在谁开

---

[1] 古代吉礼的一种。孟春正月，春耕之前，天子率领百官耕地的典礼。——译者注

价高谁就能当官。所有的成年人都有可能被征兵，此外还有一支由猎人等社会中等群体组成的民兵队。

朝鲜的国土面积大约是法国的一半，一共 8 个道，大约 360 个城镇，其中上百个城镇外筑有城墙。汉城是朝鲜的都城，人口在 15 万至 20 万之间。王陵位于城郊一个叫宋（Soon）的地方，雕花金棺里埋葬着朝鲜的王室成员。1871 年，美国的海军远征队曾经试图搜寻这片墓地。古都险渎（Siongo）16 世纪曾被日本摧毁，现在又重归繁荣。

朝鲜两侧都是海洋，尽管每年都有舰队经过，然而 18 世纪前却鲜有人知。17 世纪，荷兰人哈梅尔[1]被囚禁于此，留下了一份回忆录。直到 1787 年，拉彼鲁兹（La Perouse）才确定这个半岛的准确位置。10 年后，布劳顿（Broughton）环绕朝鲜航行一番，并用他的名字命名了南部的海峡。本世纪（19 世纪），麦斯威尔（Maxwell）、巴兹尔·霍尔（Basil Hall）[2]等人都去过朝鲜，他们一致认为这是个美丽的国家，物产丰饶，如果进行改革，它可以迅速成为一个富裕的国家。

---

[1]1653 年，荷兰东印度公司职员亨德里克·哈梅尔（Hendrick Hamel）遭遇风暴后，在济州岛登陆，被迫在朝鲜逗留 13 年。——译者注
[2] 英国海军上尉，1816 年与麦斯威尔一起勘探了朝鲜的西海和琉球群岛。——译者注

JULY 14 1894	THE GRAPHIC	SATURDAY, No.1285
1894年7月14日	图片报	星期六 第1285期

方外之国的所有权之争
CLAIMS TO THE HERMIT KINGDOM

朝鲜国王及世子。

东方的这些王国一旦衰弱，就难以逃脱强大邻国的"利爪"。由于一到冬天海参崴就会冰封，所以俄国一直在亚洲寻找一个可以取代海参崴的不冻港口，而拉扎雷夫港，即当地人所说的元山港，就是一个完美的替代品。但英国无法容忍这里存在一个俄国港口，英国放弃汉密尔顿港[1]的条件就是俄国不能在日本海沿岸设立港口。现在，俄国很有可能进一步干涉朝鲜事务。这一切的根源可以归结到三年来朝鲜的内战。横征暴敛之

[1] 巨文岛。——译者注

大院君——朝鲜国王的父亲。

下,绝望的民众在东学党的带领下揭竿而起,不久前刚刚成功攻占了一个省(全罗道)。日本政府以保护侨民为由出兵朝鲜,随后向清朝提议双方联合重组新式政权,以取代衰弱的朝鲜政府。清朝作为朝鲜的宗主国,果断拒绝了这一侵权要求。

现在,问题的解决方式演变成两个帝国间的武力之争。目前,日本占了上风。清朝墨守成规,军纪涣散,军备落后,而日本的陆军和海军都十分先进,可以按德式战术快速调动兵力,其海军尤其胜于清朝。日本与朝鲜半岛有着重要的利害关系,上万的日本侨民居住于此,清朝人则只有2000人,且日本是朝鲜的最大贸易国。同时,朝鲜国王被日军幽禁于都城汉城,毫无话语权。一直以来,他都受制于清朝,全盘效仿清朝,并像清朝皇帝一样对子民视若无睹,这个方外之国的统治者恰似一个方外之人。朝鲜国王李熙,生于1851年7月25日,年近43岁,1864年即位,娶了比他大10个月的贵族之女闵氏。他们的儿子,即世子,今年1月刚刚成年,而李熙的父亲仍然健在。朝鲜国君有很多称号,比如"天子""万岛之王"(King of Ten Thousand Isles),但无论称谓多么辉煌,他仍要接受清朝的册封,进献大量的岁贡。他对于新式的东西有些兴趣,比如为王宫安装电灯,不过他的大部分时间都用于举行各种典礼。

| JULY 21 1894 | THE GRAPHIC | SATURDAY, No.1286 |
| 1894年7月21日 | 图片报 | 星期六 第1286期 |

朝鲜的困境
COREA AND HER TROUBLES

朝鲜的局面依旧僵持，中日双方都没有让步的打算，其他国家调停的效果甚微。日本的态度，用一句箴言来说就是"既来之，则安之"。日本礼节性地无视了其他国家提出的退兵建议。事实上，朝鲜国王迫于压力不得不请求日本驻兵，并委派三名使臣前去商讨国内改革事宜。僵局让欧洲各国焦虑不安，德国与英国态度一致，试图平息中日之间的敌对情绪；然而俄国更多的是想在朝鲜海岸占据一个港口。这个纷乱国家的不幸君主似乎也不为各方势力重视，至今仍受困于都城汉城。

遍布街头的尸体。

中国的瘟疫
THE PLAGUE IN CHINA

据说，中国广州爆发了霍乱，虽然这个消息很有可能与依旧横行的瘟疫混淆了。中国香港的中国人举行了一次请神驱邪的游街活动，而欧洲人则采取了更加实用的方法，即改善卫生系统。中国香港的大部分城区荒废了，或是被栅栏封住，呈现一片荒凉之景。过去几周的降雨有助于改善城市的卫生状况，但英国当局的努力总是遭到当地人阻挠。这些人在家庭生活或殡葬风俗上抵触任何改变。英国当局的卫生部门官员冒着生命危险视察当地人聚居的区域时，常常遭到雨点般密集的石头袭击，因此，他们不得不借助警方保护。那些对中国人而言庄严至极的殡葬仪式看上去稀奇古怪，而这恰恰是瘟疫传播的重要媒介。他们将死者的遗体抬着到处走，接受亲朋好友各式各样的凭吊。欧洲人的规劝和接触传染源的风险都无法让当地人放弃这一传统。相比之下，欧洲人得以幸免于难，单是这个事实就应该足以让当地人意识到改善卫生条件的必要性。

龙华医院内，一位检查瘟疫患者的中国医生。

监督焚烧疫区垃圾的英国陆军士兵。

朝鲜的战争恐慌：
国王的仪仗队经过汉城街头

THE WAR SCARE IN COREA:
THE KING'S PROCESSION PASSING THROUGH THE STREETS OF SEOUL

朝鲜国王外出举行典礼时，沿途所有门窗必须紧紧关闭。平民直呼国王的名字就是犯叛国之罪。这个方外之国的统治者恰似一个方外之人，跟清朝皇帝一样对子民视若无睹。朝鲜国都汉城位于汉江河畔，这里的街道狭窄肮脏，房子破败不堪。算上郊区，汉城的总人口大约为30万。王宫规模宏大，加上外延建筑，总面积达600英亩。[1]

右图 | 朝鲜国王的仪仗队经过汉城街头。

---

[1] 1英亩≈4046.86平方米。——译者注

JULY 28 1894	THE GRAPHIC	SATURDAY，No.1287
1894 年 7 月 28 日	图片报	星期六　第 1287 期

朝鲜战争的可能性

THE COREAN WAR AND ITS POSSIBILITIES

中日战争迟早会发生，这是无可避免的。两国文明的发展程度已大不相同，差异越来越大。在此背景下，双方的冲突愈演愈烈，朝鲜也被卷入其中。朝鲜混乱的政局、清朝岌岌可危的宗主国地位、日本在济物浦和汉城的大规模移民与商业活动，以及朝鲜与东京、北京方面签订的各项存在隐患的条约，这一切缠绕在一起，必然导致中日之间发生冲突。令人遗憾的是，由于担心被牵连其中，西方各国并没有积极介入，阻止战争爆发。战争或许不会对中英条约规定的开放港口产生太大影响，但会波及英国在整个远东的贸易和政治利益。英国深为关切朝鲜半岛未来的局势，因为无论事态如何进展，现状都会发生改变，从而引发英国与俄国的冲突。最终清朝很可能会战败，这将给英国带来巨大的损失，因为强大的清朝是英国的坚实壁垒，可以抵挡俄国对其北方的威胁与法国对其东边的挑衅。这道壁垒一旦消失或者变弱，英国在印度的地位及对整个东方领地的掌控都将受到严重的冲击。

朝鲜的现状

THE SITUATION IN COREA

战争已经在朝鲜打响，目前清朝似乎占据上风，但日本并未认输，其表面上按兵不动，背地里却在积极准备开战。日本朝野上下士气高涨，正在购买运输军队的蒸汽船，渴望证明其新式军队的力量。民意左右政局的现象由来已久，日本政府虽然畏惧战争，但更渴望通过发动对外战争来改善他们在国内政局里的尴尬地位。清军正源源不断地开进朝鲜，随时会封锁开放口岸，给贸易带来不便。据称，上海不会受战争影响，与此同时，各国计划联合起来保护通商口岸免受袭击。清朝在兵力上已超过了日本，距离朝鲜也更近。而军纪严明是日方的优势，清军虽然军纪混乱，但是一旦激发起斗志，也是一流的勇士。双方的海军都颇具竞争力，装备良好。战斗首先在汉城打响，朝鲜军队袭击了当地的日军。日军击败对方，据说作为报复还开炮击沉了清朝的一艘运输船。各国纷纷行动，保护各自的侨民。英国和美国的战船开到了清朝沿海，一小支英国海军登陆汉城，支援代理总领事嘉妥玛（Chrisopher Tomas Gardner）。由于误会，嘉妥玛与日本驻军产生过小摩擦——他试图穿过日军的哨卡，日本军官命令士兵将他拦了下来。约有6艘英国舰艇在海军中将斐利曼特（E. Freemantle）[1] 的指挥下开进清朝海域。俄国的军舰也来了，他们都担心这里的冲突会带来比朝鲜四分五裂更大的麻烦。

维西上尉
CAPTAIN G. C. VESEY

维西上尉来自希罗普郡轻步兵团（the King's Shropshire Light Infantry）一营，属于第一批被香港大瘟疫击倒的欧洲人。他生前积极地参与街道消毒的工作——这项工作主要由当地的英国驻军承担。后不幸感染瘟疫身亡。右图根据摄影师格里菲斯[2] 在香港拍摄的照片绘制。

维西上尉。

---

[1] 英国"中国舰队"司令。"中国舰队"常年有20艘活动在中国沿海及西太平洋地区的舰船。——译者注
[2] 大卫·诺克斯·格里菲斯（David Knox Griffith，1841—？），英国商业摄影师，1878年来到香港，1884年开设自己的照相馆，直至1895年。——译者注

AUGUST 4 1894	THE GRAPHIC	SATURDAY,No.1288
1894年8月4日	图片报	星期六 第1288期

香港瘟疫：
英国士兵正在销毁太平山疫区的垃圾
THE PLAGUE AT HONG KONG:
BRITISH TROOPS DESTROYING THE REFUSE FROM INFECTED HOUSES AT TAI-PING-SHAN

  这场瘟疫的发源地太平山位于香港岛西部。驻扎于此的希罗普郡轻步兵团正在用沥青和石灰水给瘟疫侵袭过的房子消毒，焚烧散落在道路上的家具，清理房子里的所有破烂衣服和木头。

右图 | 英国士兵正在销毁太平山疫区的垃圾。根据香港摄影师格里菲斯拍摄的照片绘制。

远东战争
THE WAR IN THE FAR EAST

　　日本向清朝宣战并没有给最近的国际关系带来新的变化。实际上，在过去两周的大部分时间里，中日已经处于非公开的战争状态，双方在朝鲜及其附近海域进行了激烈的交锋。军舰狭路相逢相互开火，运输船遭到鱼雷袭击，军队纷纷登陆，很多人伤亡、被俘。不过奇怪的是，正是文明开化的日本——西方规则一丝不苟的践行者，制造了目前的乱局，来自东京的半官方的公告里也没有否认这一点。在远东，尽管日本人一直自视为"文明的旗手"，但在朝鲜事务上他们无法为自己开脱。日军对清朝运输船发起第一次袭击时，清朝正遵照协议向朝鲜半岛运送军队。此前，日本早已充分行使了其特权，运输了大量军队，所以这次袭击无异于海盗行径。如果可以证实被击沉的船只当时悬挂着英国国旗，日本很可能会为其冒失付出昂贵的代价。很难预测战争结局如何，虽然清朝的兵力和财力是日本所难以匹敌的，但是清朝一时难以全力赴战，很有可能妥协，或是发生其他意料之外的事。不管怎样，欧洲各国的贸易肯定会受到影响。很遗憾，英国没有强力干涉这场无谓的战争，以维护和平。

香港瘟疫：坚尼地城的玻璃工厂被改为临时医院，图中是男性病房

THE PLAGUE AT HONG KONG: IN THE MENS OF THE GLASS WORKS, KENNEDY TOWN, TEMPORARILY USED AS A HOSPITAL

由于病患激增，为了安置垂危的病人，玻璃工厂被改为临时医院。两个大房间分别用来安置男性和女性病患，地上到处都是裹着脏衣服躺在垫子上的挣扎在死亡线上的人。

坚尼地城的玻璃工厂被改为临时医院，图中是男性病房。

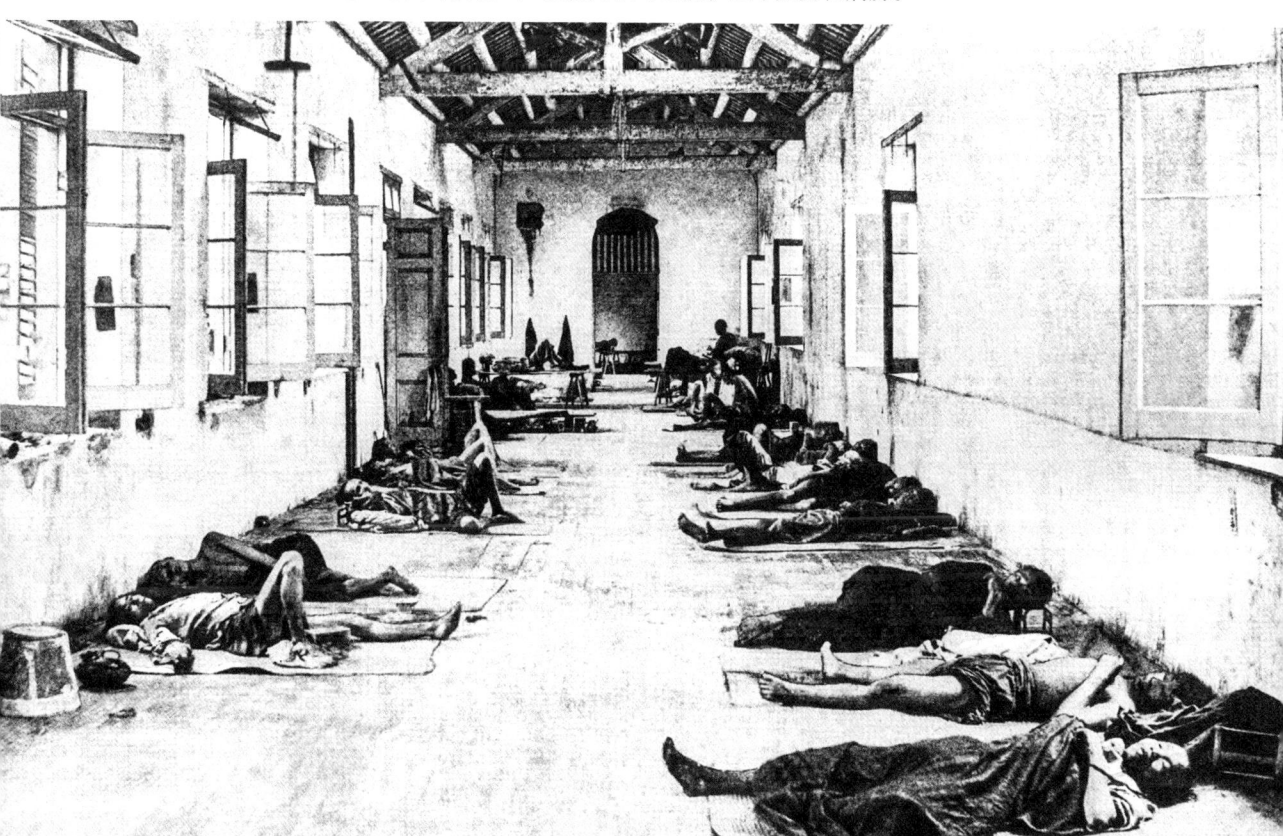

朝鲜的乱局
THE COREAN IMBROGLIO

在西方,开战宣言先于战争,而在东方正好相反。为了在战争正式打响之前,将尽可能多的兵力投入战场,两个国家维持着友好相处的表象,直到双方军舰在朝鲜近海交锋,这层假象才被撕开。7艘满载士兵的清军运输船,在装甲舰的护送下驶往朝鲜。日本终于忍不住了,派出3艘军舰,击沉了一艘清军运输船,分别俘虏和击溃了两艘装甲舰。这些士兵本来是要被运往朝鲜牙山的清军哨所。不幸的是,运输船"高升"号驶进了一个浅湾,丧失了抵抗能力。一名日本军官登上"高升"号,打算带走船长和船员,然后击沉它。船上的清军拒绝投降,于是日军用大炮和鱼雷击毁船只,只有大约40个苦力和两三个欧洲人获救。"高升"号是中国租用的一艘英国船只,船长也是英国人,而且据说当时挂着英国国旗。被俘的装甲舰"操江"号(Tsao Kian)设备陈旧,船员不足,因此不堪一击。其余的运输船在装甲舰的护航下顺利逃脱。第二天,一艘日本巡洋舰遭到清军装甲舰"镇远"号重击,被救起时已经残缺不堪。然而在三天后的海战中,形势逆转,清朝北洋海军最大最先进的军舰"镇远"号,在激战中被日军击沉。同时还有两艘清军舰艇被俘获和击毁。

"高升"号的沉没引发了中英两国的愤慨。清朝称此船挂着英国旗帜,不应受辱,"高升"号的船东也准备提出索赔。而日方坚称此次行动并非外界所形容的野蛮无理,而是一场误会:当时各国正试图调停,清朝曾以口头的形式发出最后通牒,宣称如果自己的提议被拒,则会在上个月20号开战,因此日本司令官认为清朝已经宣战,随即应战。各方解释众说纷纭,而战争还在继续,并蔓延到了陆地。朝鲜也在利用一切机会抵抗日本侵略。星期二,日本当局发表声明,宣称战争已经全面打响。日本手里还有一张王牌,那就是汉城与朝鲜国王,不过这好像很难抵挡强大的清军。日本征集了大约50万名士兵,就连休假中的士兵也纷纷自愿返回军营,足见他们对战争的狂热。实际上,日军军饷丰厚,士气高涨,清军则相对比较平静地调集战船和军备,以应对下一轮攻击。清朝在朝鲜的驻军为李鸿章的淮军,大约有1.9万人,日军司令则是大岛义昌。

被日军击沉的"高升"号的船长高惠悌
CAPTAIN GALSWORTHY, OF THE SS. "KOW SHING", SUNK BY THE JAPANESE

高惠悌是清军运输船"高升"号的船长。这艘船被日军用鱼雷击沉于丰岛附近海域。1500人中只有大约40人获救。船长和德国上尉汉纳根被日本巡洋舰"浪速"号上的小船救起。

被日军击沉的"高升"号的船长高惠悌。根据南海城摄影师弗莱明（Fleming）拍摄的照片绘制。

汉城之旅
A VISIT TO SEOUL

众所周知,朝鲜这个古老王国的首都汉城是个破败的城市,但对于任何一个环游世界的人来说,它却是一个不容错过的地方。也许战争一结束,就会有人到此地自由行。从上海到汉城的旅行很怡人,旅行者可以乘坐一艘小型蒸汽船,沿着清朝的海岸线,访问舒适的海边小城芝罘——英国人的疗养胜地。随即航行至朝鲜西边的济物浦港。然后,旅行者可以自由选择路线,可以乘坐小舟沿着汉江溯流而上直达都城的河运码头马山浦,也可以乘坐人力轿子或者骑马,走30英里[1]陆路。总体来说,骑马是较好的选择,因为当地极其曲折的河流使得旅途漫长且不舒适;而很久

从东大街尽头的东门向西眺望汉城。

---

[1] 1英里≈1.6千米。——译者注

一位朝鲜绅士的小轿子。

以前从中国传入的轿子久乘也不舒服,因为轿子里面没有座椅,乘客须盘腿坐在上面。而骑马旅行可以领略到很多风景——起伏如画的山地、蜿蜒于良田之间的道路、开满野花的平原、古朴自然的村庄。当地人身着干净整洁的棉布长袍,看上去比衣衫褴褛的清朝人要洁净得多。男人束着发,戴着古怪的穿孔马毛帽子——形状酷似温妮弗里德·普赖斯(Winifred Price)夫人的帽子。小孩子的衣着也很古朴。他们穿着不到腰部的小棉袄,盯着人笑。这里不像清朝,没有人乞讨,没有人恶语相向,也没有人骂"洋鬼子"或者扔石头。乡间的小旅馆,或许不比日本的茶馆,但肯定比清朝那些脏乱的客栈干净得多。

缓慢骑行8小时左右,旅行者便可到达风景优美的马坡港,途中还会经过张敬一主教及另外3名法国传教士遇害的地方。25年前,在大院君——当今朝鲜国王的父亲——的命令下,他们被折磨致死。再走1小时,就能到达城市的西大门,沿着狭窄难闻的曲折小路继续行进半小时,便来到了一条笔直宽阔的大道,这条大道连接着东大门和皇宫的入口。不远处能看到那座著名的古钟。400年来它一直提醒人们在清晨打开城门、黄昏关闭城门。夜里宵禁时分它也会响起,警告城中居民不得外出,否则将遭受严厉的惩罚。

上图｜都城中心钟楼的所在地。
下图｜朝鲜孩童。

除了本地人、宫殿、古钟、涌现的欧洲人和各国领事馆之外，这里就没有什么有趣的东西了。朝鲜没有基于本民族特色的艺术，只是拙劣地模仿中国和日本。古董寥寥无几。虽说有些非常精巧的竹制工艺品（完全不亚于日本），但也很难称之为艺术品。这里的房屋几乎都是土坯房，没有华丽的店铺，然而也很少有衣衫褴褛的人，完全看不到在中国随处可见的赤贫景象。每个男子的腰间都缠着一袋烟草和一根又长又直的管子。偶尔可以看到官员出巡的队伍。大臣们头饰精美，衣着华丽，让人不禁联想到中国传统戏剧中的人物。侍女们盘着巨大的悉心编就的发髻；官员骑在马背上，或是坐在一顶平底的、窗格上贴着油纸的轿子里。

从汉城出发，旅行者可以穿越两片海域之间狭窄的陆地到达元山，然后乘船前往日本，或者原路返回。想尝试不同经历的话，旅行者还可以选择在晚上赶路。村民们会举着火炬和纸灯笼走在前面，边唱着美妙而又振奋人心的歌边领路。

清朝和日本剑拔弩张

THE HOSTILITIES BETWEEN CHINA AND JAPAN

朝鲜边境港口,到访的一支清军卫队正在登船。根据英国皇家海军柯尔(C. W. Cole)的速写绘制。

AUGUST 11 1894	◆	THE GRAPHIC	◆	SATURDAY, No.1289
1894年8月11日		图片报		星期六 第1289期

朝鲜战争
THE COREAN WAR

　　当前，关于甲午战争局势的真实消息很少。朝鲜境内，兵力较多的日军似乎已占上风。中日双方曾在牙山交战，日军取胜。从大岛义昌发回东京并正式刊发的电讯可以证实这一胜利，而清朝政府认为这不过是双方进行的微不足道的接触——日方夸大了此次战役的重要性。日本国内实行严格的审查制度，阻止所有战争新闻在国内刊发及向国外传播。因此，与横滨和东京的新闻记者相比，身处天津和上海的记者们更了解情况。这也是日本当局新闻管制行动的效果。从通商口岸传来的一般的战争消息几乎不值得调查研究。然而，从已被证实的零星的消息来看，有一件事似乎相当清楚，即清朝海军的管理存在问题。在过去的20年中，如果清朝海军衙门能妥善完成自己的工作，那么现在清军战舰可以取得更好的战绩。然而与此相反，我们听说清军战舰被封锁在各个港口，而日军巡洋舰实际上已取得制海权。而且通过清朝皇帝对李鸿章的申斥，我们可以看出清朝对这场战争显然毫无准备。

　　此外，这场战争的唯一一条值得重视的新闻，与"高升"号的沉没有关系。英国官员现已掌握确凿证据证明，日军指挥官明知自己正在攻击一艘英国船只，但仍以最野蛮的方式击沉了它。研究国际法的学者们曾努力为日本人此举脱罪，但如果他们精心设计的细节能保护犯下这一暴行的人，那倒真是奇怪。这种暴行在最近的任何战争中都没有出现过。

中日对决
CHINA VS. JAPAN

东方的战争进展迟缓。清朝准备不足，希望在战争打响之前能缓口气，而野心勃勃的日本只要有机会就准备发起战争。现在很难判断战争到底处于何种阶段，不过可以确定的是，东方式的权谋算计令事件愈发扑朔迷离。清朝和日本对同一件事给出了截然不同的解释，于是欧洲的旁观者只能根据这两个版本做出自己的判断。双方在朝鲜交战，都宣称己方获胜。清朝称，他们连续三天痛击日军，将其驱逐出汉城。日本则较为客观地叙述了大岛义昌如何挫败敌军，以及俘获了多少战利品。在"高升"号事件中，双方的描述也大相径庭。根据幸存的欧洲人高惠悌船长和汉纳根上尉的叙述，日本人明知"高升"号是一艘英国船，仍然威逼他们投降并跟随"浪速"号。船上的清朝人不许洋员投降，于是船长向日舰发出信号表示他们会马上离船，日军随即开火。因为清朝人阻挠他们登上小船，洋员们只好跳海逃生，并目睹了日军向在水中挣扎的清朝人射击。日本愤然否认，但向英国致歉，并坚称事先并不知晓它是英国船。

显然，尽管在军队和军备上效仿德国的最新技术，但日本还不太熟悉西方式的人道的战争。大量留德的日本军官急于归国，以实践其所学知识，他们学有所成，但给清朝带来了悲剧。军事上的失利使清朝皇帝勃然大怒，怒气全撒到重臣李鸿章的身上。尽管李鸿章是整个帝国最精明的政客，但他却无法凌驾于皇权之上。他那件宝贵的象征着荣耀的黄马褂被皇帝收回，不过他的官职仍在，他也正积极地指挥备战。对这位年逾古稀的权臣而言，这不是他第一次失宠后又被委以重任了。他的思想理念非常开明先进，与英国十分亲

汉纳根上尉。根据香港华芳照相馆（A. Fong）的照片绘制。

"东方俾斯麦"李鸿章。

近,这都为他当下的失势埋下了伏笔。然而李鸿章倒并非完全依赖皇帝宠幸,他还掌握着一支5万人的精兵。朝堂上的这些明争暗斗及民众爱国情绪的高涨使得在清朝的日本人陷入了更大的麻烦,英国"重庆"号汽船上的日本乘客受到了清军盘查,甚至日本公使在离开时都遭遇了麻烦。各国侨民也受到影响,大部分国家正在增派军队,保护其侨民的安全。贸易的中断令人担忧,但目前各国军队和辎重的运输依旧支撑着贸易的运转。日本预计己方的准备足以应对3个月的战争,清朝则估计有12万至20万正规军可以投入朝鲜战场。

汉纳根上尉的信已经抵达上海。在信中他确认了当时"高升"号上的清朝人禁止洋员离船一事,另外的一些描述同高惠悌船长和其他生还者的叙述基本一致。汉纳根曾经担任李鸿章的副官。

李鸿章位极人臣,仪表堂堂,其风度显现了其崇高的人格,被称为"东方俾斯麦"。他现年71岁,第一次被重用是在1860年,当时他同戈登将军一起镇压了太平天国运动。

| AUGUST 18 1894　1894年8月18日 | THE GRAPHIC　图片报 | SATURDAY, No.1290　星期六 第1290期 |

远东战争
THE WAR IN THE FAR EAST

我们获得的甲午战争的消息还不够多且可信度很低。日军舰队突袭了清军在威海卫和旅顺的海军基地,不过以失败告终。除此之外,就没有更多关于交战双方的消息了,仿佛这是一场发生在另一个星球的战争。中日两国的指挥官似乎彻底执行了吴士礼[1]将战地记者隔绝于战场之外的设想。此外,战争新闻的出版发行也受到管制,甚至东京和横滨的民众跟远在伦敦、巴黎的人们一样消息闭塞。因此,每一封新信件的到来,都有助于进一步揭示这场战争的原因。据观察,日本的报纸连对清朝发动战争的正当理由都不屑于编造,言论全都围绕着"殖民扩张"的必要性,以及"如何让日本的现代文明照亮朝鲜的蛮荒之地"。有了欧洲各国的先例,日本只要按部就班即可。我们仍努力从东京的新闻中搜集有用的信息。入侵朝鲜看来只是日本争夺远东计划的一部分,跟英国开进缅甸、法国进驻暹罗一样。然而区别在于,日本舆论几乎没有正确估量这一事件的重要性,这也就是为什么英国可以在缅甸站稳脚跟,法国对湄公河流过的暹罗拥有绝对占有权,而日本几乎不可能吞并朝鲜。要实现这一野心,日本不仅仅要对抗清朝,还要征得英国和俄国的同意,而这是任何一方都不可能答应的。

---

[1] 第二次鸦片战争时英国的总司令。——译者注

日本警察的举止和规矩
THE MANNERS AND CUSTOMS OF THE POLICE OF JAPAN

上图 | 长崎的岸边,日本警察"命令"一名俄国水兵"离开"。警察手里拿着一根短小的台球杆一样的棍子。根据英国皇家海军柯尔的速写绘制。

下图 | 为了不让监管的日本警察如愿,被赶回船上的俄国水兵们打翻了船又游回岸边。根据英国皇家海军柯尔的速写绘制。

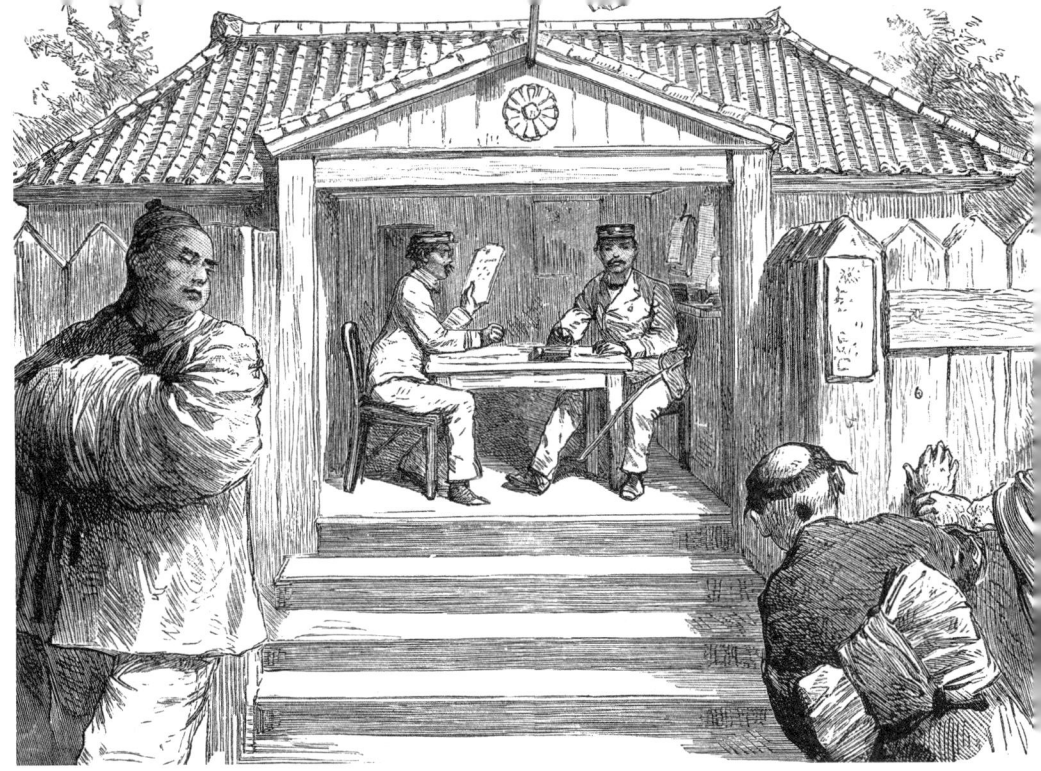

上图 | 无需展示权威的时候,日本警察便坐在大街的后面,有点像坐在玩具屋里的玩偶。根据英国皇家海军柯尔的速写绘制。

下图 | 在画家画速写时,日本警察帮了大忙。他们负责维持秩序,防止人群拥挤或上来干扰。根据英国皇家海军柯尔的速写绘制。

卖破烂

THE SALE OF THE "RATTLETRAP'S" MESS KIT

右图① | 为了还债,这艘破船的伙食委员会(Mess Committee)接到命令,开始商议如何处理这堆锅碗瓢盆。
右图② | 大家都觉得这些东西能买个好价钱,于是王兴(Wong Hing)把东西都仔细地塞进了储物柜。
右图③ | 但开始"改造"时,清朝的木匠们将食堂翻了个底朝天。
右图④ | 王兴跑去跟工头抗议。
右图⑤ | 我们跟"友船"表示,准备将这些东西清仓大处理。
右图⑥ | 友船派了两个代表过来仔细筛选。
右图⑦ | 我们还安排了很多酒水,交涉了一番,但他们只买走了一对方糖箱子。我们的美梦破碎了。
右图⑧ | 伙食管理员还尝试跟家具商谈买卖,但是人人都说"太旧了,木人要"[1]。
右图⑨ | 我们只好无奈地将实情一五一十地告诉了王兴。
右图⑩ | 最后,我们看到这堆餐具出现在王兴的一个亲戚——他有数不清的亲戚——的小船上,他开始了流浪生活,汤锅也变成了盛饭的家用大碗。

---

[1] 形容清朝人的英语蹩脚。——译者注

| AUGUST 25 1894　　1894年8月25日 | THE GRAPHIC　图片报 | SATURDAY, No.1291　星期六 第1291期 |

远东战争
THE WAR IN THE FAR EAST

　　星期三，中日激烈交锋、日本失利的新闻传到上海。据清朝官方的一封电报称，本月17号清军在平壤向日军发起攻击，迫使其向南退至11英里外的中和（Chungho），战果累累。次日，清军乘胜追击，将日军赶出中和。叶志超将军统领的牙山清军和一支增援的朝鲜军队，从汉城东侧进军，会师平壤；北边的部队则从侧翼包抄日军。据报道，一些日本人在釜山重新登船，目的地不明，应该是尚未被攻占的汉城。据说，渤海湾仍由清朝舰队控制。通讯的中断让奉命北上进入朝鲜的报社记者不得不又回到上海，因为在当时的环境下即便前往北方也没有用。据报道，日本政府已经在纽约订购了10万支枪及弹药。同时，英国政府盯紧了国内的船舶制造商和军火商，以防止他们违反《外国兵役法》（the Foreign Enlistment Act）。朝鲜都城并没有传来更多的消息。据猜测，各国领事馆仍处于水兵们的保卫之下。这些外交人员将乘坐各式欧洲舰船离开，这些舰船现在都停泊在清朝和日本的各处军事驻地。

右图 | 给一艘清军巡洋舰装煤。英国皇家水彩画学会（A. R. W. S.）查斯·弗里普（Chas. E. Fripp）绘制。

寇松先生对朝鲜问题的看法 [1]
MR. CURGON ON THE COREA

政治家、旅行家寇松先生的这部佳作面世的时间可谓再恰当不过。该书是关于远东问题的系列著作。第一部讨论了日本、朝鲜和清朝的关系，中南半岛诸国的问题将在下一部中讨论。印度是远东政治的转折点，如果他们知道的话，征服世界的秘诀正掌握在英国人手中。寇松先生正是基于这种想法对当前的远东问题进行分析的。

日本

现代日本的发展进步是本书的核心议题之一。在某种程度上，寇松先生欣赏日本人，欣赏他们的勇气和决意。但他清楚地看到，过去几年中，宪政变革来得太过突然，使得日本国会崇尚战争而非和平。日本虽然是政党政治，但政党组成的政府却没有决定权。内阁大臣由天皇提名，为天皇服务，并不对国会负责，因此导致国会和内阁大臣之间龃龉不断，天皇不得不将内阁从僵局中解救出来。[2]

当然，欧洲思想的引入导致了日本社会巨大的危机。日本政府希望通过当下的战争解决国内问题。

朝鲜

朝鲜是亚洲的缩影。统治这个国家的国王幽居深宫，被后宫中的神秘气氛重重包围。同时，这个国家由官吏、谋求官职者、软弱无能的军队、贫困人民组成，国库空虚，货币贬值。此外，还有一批远远地嗅到弱国气息的外国冒险家也蜂拥而入。他们强迫朝鲜向其借款，要求贸易优惠政策，频繁采用"拆东墙补西墙"等手段。朝鲜政府已不可救药。寇松先生如此描述它的运转。

---

[1] 文章出自寇松的《远东问题：日本、朝鲜和清朝》（Problems of the Far East: Japan, Corea, and China），朗文·格林公司（Longmans, Green, and Co.）出版。

[2] 1868年日本德川幕府被推翻，天皇主权的君主立宪政体确立。内阁总理大臣由天皇根据国会的提名任命，其他国务大臣由内阁总理大臣任免。内阁总理大臣须在国会议员中提名，半数以上的国务大臣也必须是国会议员，内阁对国会负连带责任。——译者注

朝鲜拥有 8 道 332 县，官吏队伍庞大，只有高级官员才有俸禄——但常被拖欠，其余官吏则必须尽其所能来维持生计。官员任期均为 3 年，任期内官员不择手段地"刮地皮"。通过长期实践，人们已经确立了衡量搜刮的一般"标准"。因此，即使官吏横征暴敛，但只要在标准范围之内，就会被视为廉正慈悲。政府组织如此，该国萎靡不振、停滞不前的原因就不难理解了。政府本身——换句话说，作为政府代表的国王——总是负债累累。处于尴尬境地的时候，国王乐于接受西方各国的财政援助，尽管这需要进一步抵押正在迅速减少的国家财富和独立资源，而且不能使其财政恢复平衡。

这个国家需要面对俄国无法压抑的贪婪、清朝巨大的潜在影响，以及日本极度自负的兴趣。事实上，朝鲜的弱点是其唯一的优势，因为朝鲜完全没有能力抵抗这三方力量中的任何一方——尽管其政治家们并不缺乏在三方势力中"合纵连横"的技巧。

清朝

寇松先生对清朝的评价不高。他先是列举了清朝政府、陆军、海军所取得的、大家曾一再提及的进步，然后指出清朝其实并没有真正走上进步的道路。他认为没有必要害怕，也不用期待清朝会再次称霸世界。尽管清朝正如之前一样，可能面临统治者的更替，但其不可能遭受灭顶之灾。

鉴于清朝的品德、数以百万计的人口及其疆域，其永不会亡国。但是，在过去的半个世纪里，这个帝国先后失去了暹罗[1]、缅甸、北圻[2]和满洲[3]的部分地区的控制权，同时北京的城门也曾被外国军队叩开。与外交使节、传教士和西方商人打了 50 年的交道后，清朝政府仍认为这些人十分可憎，无法忍受，仍然坚持固有的世俗和政治标准，只有在必要或因恐惧而投降时，才会吸取教训。20 年来，清朝仍认为邻国日本是一个十分脆弱和冲动的弱者，且轻蔑之情与日俱增，完全意识不到日本发生的巨大变化。

清朝如果想重振雄风显然要改变故步自封的理念，并改掉自负的毛病。

---

[1] 即今泰国。——译者注
[2] 即今越南北部地区。——译者注
[3] 中国东北地区。——译者注

远东的命运
THE DESTINIES OF THE FAR EAST

日本位于亚洲侧翼的有利位置，正如英国位于欧洲侧翼一样，其渴望在远东扮演英国的角色。此外，日本人和英国人一样，也是顽强的战士和天生的水手。在新世纪中，太平洋问题可能会发酵，日本会在其中起到巨大作用。但若想做到这一点，其必须与清朝保持良好关系，避免发生类似当前的战争。

日本真正实行的政策是：摒弃传统和历史，将民族仇恨深埋心底，从而与清朝达成友好共识。而清朝与日本一样，需要与二者共同的敌人——在北方步步紧逼的俄国——保持距离。我相信，日本本国的政治家也赞同这一点。因为如果做到这一条，即使不必采取攻守联盟的统一战线，也足以保护远东地区的权力平衡，从而帮助日本如其一直渴望的那样跻身世界强国之林。

中日双方都兴味盎然地注视着朝鲜，唯恐失去它。正如近来所显示的那样，朝鲜本身是个障碍……一个弱不禁风的国家，对外部支援摆出漠不关心的姿态，因此什么也得不到。如果朝鲜不想无可挽回地烟消云散，必须依靠更为强大的力量。每次对自身政策的反思都指向同一个结果：保持清朝的保护者地位不变。毕竟，日本宁愿看到朝鲜继续维持公认的、天朝的附庸地位，也不愿看到其惨遭俄国践踏，或是看到俄国海军舰队的旗帜飘扬在釜山港的上空。

| SEPTEMBER 1 1894　◆　　　　　THE GRAPHIC　　　　　◆　SATURDAY, No.1292 |
| 1894年9月1日　　　　　　　　　图片报　　　　　　　　　星期六　第1292期 |

英国和法国在远东
ENGLAND AND FRANCE IN THE FAR EAST

希望英国外交部没有再犯像英国和比利时协定中所犯的那样的大错。英国女王在议会休会时发表的讲话中提到，可以确定的是，英国和法国政府已经任命了一个联合委员会"划定湄公河附近中立地带的适当边界"。但是巴黎报纸《时报》以一种官方授意的口吻对此予以否定，声称法国政府并未同意这一联合委员会承担任何具体工作。根据最先传来的消息，史考特（Scott）先生和巴维（Auguste Pavie）[1]先生除了调查最适合作为"缓冲区"的地点之外，没有其他任务。金伯利（Kimberley）[2]称，定界工作实际上正在进行。而《时报》明确地说，在联合委员会完成调查前，定界工作不可能开始。

我们在两个不同版本的声明中看到两者不可调和的根本性差异。从中可以看出，英国急于处理此事，而法国则犹豫不绝，试图拖延。在湄公河上游的英国殖民地和法国殖民地之间设立缓冲区，如果此举对英国有利，那么对于法国来说同样有利。为什么法国会有以上言论呢？其中原因不难理解，想必金伯利对此已了然于胸，尽管他尚未摸清法国在远东的政治阴谋的思路。据说，暹罗的朱拉隆功国王身患绝症。人们传言，王位继承人憎恨所有外国人，不过与英国人相比，他对法国人略有好感。因此，无论这位继承人是否能顺利继承王位，只要两国在该地的缓冲区问题得不到解决，我们的邻居法国将获益良多。正是出于这一原因，金伯利应该坚决反对法国政府这一言行，并告知他们如果不立刻着手解决定界问题，英国将不得不重新占领湄公河走廊毗邻清朝西部的两个省。显然，我们有权在任何时间将它们纳入到我们位于上缅甸地区的领地中。

---

[1] 法国驻印度支那总领事、探险家。——译者注
[2] 英国外交大臣。——译者注

远东战争
THE WAR IN THE FAR EAST

  关于战争和战争谣言的报道不断地从东方传来。本报本周三发表了一篇详尽的报道，但到目前为止尚未发生大的遭遇战。据称，在汉城以北 40 英里处的开城，清军与朝鲜军队联合作战，以巨大牺牲为代价击退了日军。清军继续向前进发，他们到处都能得到朝鲜人民的帮助。还有报道称，2 万名日军在中朝边界的鸭绿江江畔登陆。据说，他们在那里有 28 艘军舰，并且已经截断了清军的通讯线路。

  上一封从清朝发来的电报详细描述了日军是如何不费一枪一炮占领汉城的。日本公使大鸟圭介在 400 名海陆战队员的护送下到达汉城。他很轻易地让袁世凯相信，这些陆战队员只负责将他从海岸护送到汉城，并且很快就会撤走。他还在友好的氛围下和袁世凯共进了晚餐。然而，第二天 1000 名日军到达汉城，替换陆战队员保护大鸟圭介。如果袁世凯对日本这一行为稍有警惕，就能轻松调动清军进驻汉城。由于清军数量远超日军，日军登陆必须趁其不备。日军的登陆极富技巧，不但运输船只躲开了清军，而且人员、武器、军需等也迅速登岸。这一切完成后，船只又以最快的速度离开了。

  远东战争爆发前离开纽卡斯尔的"龙田"号（Tatsuta）轮船被亚丁[1]当局以《外国兵役法》为由进行扣留。此前在格拉斯哥[2]被同一理由扣留的"伊斯兰"号（Islam）轮船，在日本驻伦敦公使保证该船不会用于战争之后获释。意大利驻清朝公使曾来到芝罘，全力阻止这场战争。同时，伦敦的清朝公使馆和日本公使馆都没收到报道中所说的上周战事的消息。

---

[1] 也门城市，位于阿拉伯半岛的西南端，扼守红海通向印度洋的门户。——译者注
[2] 苏格兰最大的城市。——译者注

英国驻汉城领事遇袭
THE ASSAULT ON OUR CONSUL AT SEOUL

近期电报传来了英国驻汉城领事及随行人员遇袭的详细消息。

电报称:"英国代表、圣米迦勒及圣乔治同胞勋章获得者嘉妥玛及其夫人,以及领事馆助理傅夏礼(H. H. Fox)于周日下午遭日军袭击。嘉妥玛和傅夏礼被一群激动的士兵抓住,并拖行了很远。这次袭击完全是无缘由的。嘉妥玛夫人的轿子也被日军截停,并被推进马路旁边的沟里。目前日方尚未提出补救办法。"后续的其他报道降低了人们对该问题的关注度。

一位传教士被杀
THE MURDER OF A MISSIONARY

根据清朝皇帝敕令,近期对传教士实行暴行的那些人将受到严惩。这项敕令颁布得正是时候。这是由苏格兰长老会的李雅各(J. A. Wylie)牧师被杀促成的。这起凶杀案发生在光天化日之下的辽阳大街上。当时李雅各正在回家路上,看见一队清朝士兵走过来。他看到这些情绪激动的人,就站到一边等待他们过去。一看见这位传教士,有些士兵就开始辱骂他。李雅各想走开,但却被一个士兵抓住,接着许多愤怒的人围了上来。李雅各倒在地上,遭到枪托和棍棒无情的殴打,身上还受了刀伤。军官并没有阻止属下的士兵,只是在传教士快要死亡的时候,带领士兵们离开了现场。李雅各被抬回家中,虽受到精心照料,但几小时后就去世了。传教士被杀的消息立刻传到了省政府和天津。李雅各牧师是苏格兰汉密尔顿大教堂教长怀利(J.Wylie)之子。

已故的苏格兰长老会李雅各牧师。根据汉密尔顿的夏普(Sharp)拍摄的照片绘制。

日本海岸见闻

A RUN ASHORE IN JAPAN

图①｜在横滨上岸后,我们的主人公马上就被人力车夫围住。车夫劝他,坐车要比步行舒服得多。
图②｜他觉得横滨索然无味,于是坐车去车站,前往东京。
图③｜前往东京。
图④｜到达东京后,他在大街上昂首阔步,引起相当大的轰动。
图⑤｜他决定去一家客栈吃日餐。使他大吃一惊的是,除非他先脱掉靴子,否则他们不会让他进来。
图⑥｜于是他只好脱下靴子。

图⑦ | 他比比画画，总算让对方明白自己饿了。客栈老板模仿他的动作，示意自己已经明白他的意思。
图⑧ | 他等着上菜，但还不明白当地的通常坐姿，于是躺在垫子上。
图⑨ | 女服务员端上食物。但由于面前没有桌椅，他试图用那滑稽的小竹棍吃饭，这把服务员逗得开怀大笑。
图⑩ | 他们同情他，最后为他临时设了把椅子，这样情况终于不那么糟了。

上海的防御行动
DEFENSIVE OPERATIONS AT SHANGHAI

英国义勇队"闪亮登场"。

远东战争
THE WAR IN THE FAR EAST

　　从战场上传来的消息极少，得到的部分消息也常是互相矛盾的，正如一位身在横滨的记者所言，当下难以获取准确的消息。日本电报审查员不允许任何重要信息通过电报发送，特别是包含战败的消息。此时，日本舰队正在朝鲜南部海域巡航，清朝舰队则在北直隶湾内。在平壤，双方的军队都很安静。唯一令人不安的消息来自上海，当地人的排外情绪正在滋长，他们对待欧洲居民的态度没有任何改观。过去一段时间以来，人们一直预测朝鲜即将发生决定性的战役，据说这场战役已经在周三傍晚爆发。日军如潮水般涌入朝鲜。周二，海面上的一条舢板被一枚漂浮水雷炸碎。当时这条舢板正试图通过禁行的水道前往上海。清朝皇帝颁布了一道圣旨，奖赏在平壤大胜日军的清朝官员。日军进攻旅顺港的报道尚未得到证实。

英国远东海军"中国舰队"
一艘军舰的买牛尝试

EXPERIMENT IN CATTLE BUYING FOR A BATTLESHIP OF THE CHINA SQUADRON

右图 | 英国远东海军"中国舰队"一艘军舰的买牛尝试。英国皇家水彩画家学会罗伯特·巴恩斯(Robert Barnes)根据英国皇家海军柯尔的速写绘制。

右图① | "司令有令:'告诉出纳去买些牛。'于是,船长命我带着这份命令和他的问候来找您。"
右图② | 出纳是位大庄园主,饲养过短角牛,听到这条命令,他想出了一种可靠的方法测量牛的重量。
右图③ | 于是,一些人在船上饲养的一头小神户牛身上匆匆做了一些实验。第一次测量的结果是107磅[1]。第二次是1英吨[2]19磅——这个数字符合实际,令我们很满意。
右图④ | 于是,我和一个朋友,以及一位清朝伙夫一起在暮色中出发,前往附近最大的村庄。
右图⑤ | 村中的人们聚集起来,商量卖牛的问题。借助于纸笔,通过长时间的商讨,人们发现当地只有两头牛,尽管"看牙口不好确定,但大家认为它们较为年轻"。而要找到它们却还要走5小时的路程。因此,我们放弃了寻找,自然我们也就没有新鲜的肉可吃了。

---

[1] 1磅≈0.45千克。——译者注
[2] 1英吨=2240磅≈1016千克。——译者注

一座清朝海军训练基地
A NAVAL AND MILITARY TRAINING STATION IN CHINA

在清朝仅有的几座海军训练基地中,位于黄埔的这座最为重要。它坐落于广州以南 20 英里的黄埔长洲岛(Dave's Inland)上。最近,这里建起了一道跨河的铁质栅栏,以防敌人的军舰溯河而上攻打广州。这道栅栏由德国制造,并在德国工程师的指导下安装。

长洲岛上有 3 所互相独立的学校,分别是海军学校、陆军学校和鱼雷学校。后两所学校的教员一直由德国军官担任。

其中,海军学校最为重要。学校的士官生们来自清朝各地,不过多数来自福州周边。在教员的指导下,他们学习数学、地理、物理、航海学和海军工程学。大部分课

黄埔海军学校的 5 名教员(落座者)和部分士官生(站立者)。照片由黄埔梅生(Mei Sang)拍摄。

在总督代表吴仲翔先生和奚（Hsi）先生及道台的检视下，黄埔海军学校的士官生在入口处合影。照片由黄埔梅生拍摄。

程以英语授课。近期，由一位英国海军军官教授海军工程学，他曾经管理过一座设施良好、面积很大的工场。航海学由一位英国教员和清朝海军军官教授。学校占地面积很大，被分为数个场地，至少可以容纳 200 名士官生。校舍不高，底层是很大的教室，上层是士官生们和清朝教员的起居室。

这所学校受两广总督直接管辖，实际上是由两名高级官员管理。这所学校曾经开设植物学系，专门教授与农学和林学相关的植物学知识。

但自从能力卓著、精力充沛的张之洞总督离任，由李鸿章年老体衰、唯利是图的哥哥接任之后，这些学校便大不如前了。陆军学校的德国陆军上校返回德国；海军学校中那位很有能力的英国工程师也离开了。现在，学校主要由福州官员负责，机构腐败，管理松懈。海军学校在陆地上的教育水平也可以反映出清朝海军在水中的作战能力。数年前，沙俄皇太子亚历山德罗维奇[1] 考察该学校并观看士官生训练。这位谦和的皇太子看到学校随意而低效的管理时，也未能展露笑颜。

---

[1] 即后来的沙皇尼古拉二世。——译者注

SEPTEMBER 15 1894	THE GRAPHIC	SATURDAY，No.1294
1894 年 9 月 15 日	图片报	星期六　第 1294 期

"黄种人"的战争
THE YELLOW WAR

  关于远东战争进展的消息仍然稀少。从上海传来的极少的情报也只是否定了之前的报道。同时，从日本发出的每一份电报都要接受严格的新闻审查，新闻记者接触到的消息少之又少。然而，以下两点毋庸置疑：日本人现在是朝鲜的实际掌控者；清朝没有能力对日本发动大规模反攻。即便在海上，清朝的海军士兵也只能守住北直隶湾的入口。清军穿过清朝东北地区进入"隐士王国"——朝鲜，也只是假象而已。从战术上来说，他们的操作基本借鉴了克里米亚战争的模式——入侵者将军事力量集中在庞大帝国的某个边远地区，受到攻击的国家将难以赶走入侵者。然而，清朝之所以没能赶走日本，一个特别重要的原因是清朝至今没能在朝鲜派驻大批军队。随着时间流逝，事态的发展趋势越来越明显，在这样一场短兵相接的战斗中，清朝将不能守住自己的国土。因为无论是在军事训练还是战斗面貌方面，清朝军队都不如它的对手。或许清朝最明智的做法就是在全部弱点暴露之前，努力协商一份和平条约。

研究长城的结构

INVESTIGATING THE COMPOSITION OF THE GREAT WALL OF CHINA

下页图 | 研究长城的结构。英国皇家水彩画家学会（R. I.）的斯塔尼兰（C. J. Staniland）根据皇家海军柯尔（C. W. Cole）的素描绘制。

下页图① | 英国皇家海军"海龟"号（Turtle）上的几位年轻军官曾赴长城探险。探险过程激发了他们对长城的兴趣，于是他们再次组织探险活动，并从长城城墙上取下一些砖块，让一些海军军校生带回海边。

下页图② | 最初，军校生们以这种方式登岸：他们把衣服放在粮食箱里，尽可能快地上岸，然后在岸上穿衣服。

下页图③ | 但年长的军官尝试更"科学"的登陆办法，正好落在水兵们收集的等待运输的砖块间。

下页图④ | 不过，所有的人都明白，这些砖块对于国内的亲朋好友们来说，是非常棒的纪念品。于是船上马上装满了砖块。

下页图⑤ | 但是砖块明显不够，于是他们向内陆远处走去，寻找更多的砖块，留下两人守船。这两人百无聊赖地等了4小时，最后实在没什么好聊的了，只能相顾无言。

下页图⑥ | 他们再次回到"海龟"号上。在很长一段时期中，砖块一直是潜伏的危险。当他们把书从书架上搬下来或当船体倾侧时，砖块就会掉下来。清朝人当然知道怎么烧制坚硬的砖块。

下页图⑦ | 当有人请求这位好心的随船医生，希望在其船舱里存放第十六块砖头（"就一会儿，先生——求您了，先生"）时，他不干了——他枕头下已经有两块了。

下页图⑧ | 当有人送一块砖给船长作为礼物时，船长拒绝了，并声称他的亲戚只要听到自己对长城的描述就能满足，不需任何证据。

下页图⑨ | 然而人们却发现，这些砖具有巴斯（Bath）出产的砖的优点，而且品质更好。聪明的大副先生想到一个好主意，结合船上的铜制品，这些砖很快消失了。不久，一座军旗台便宣告诞生了。

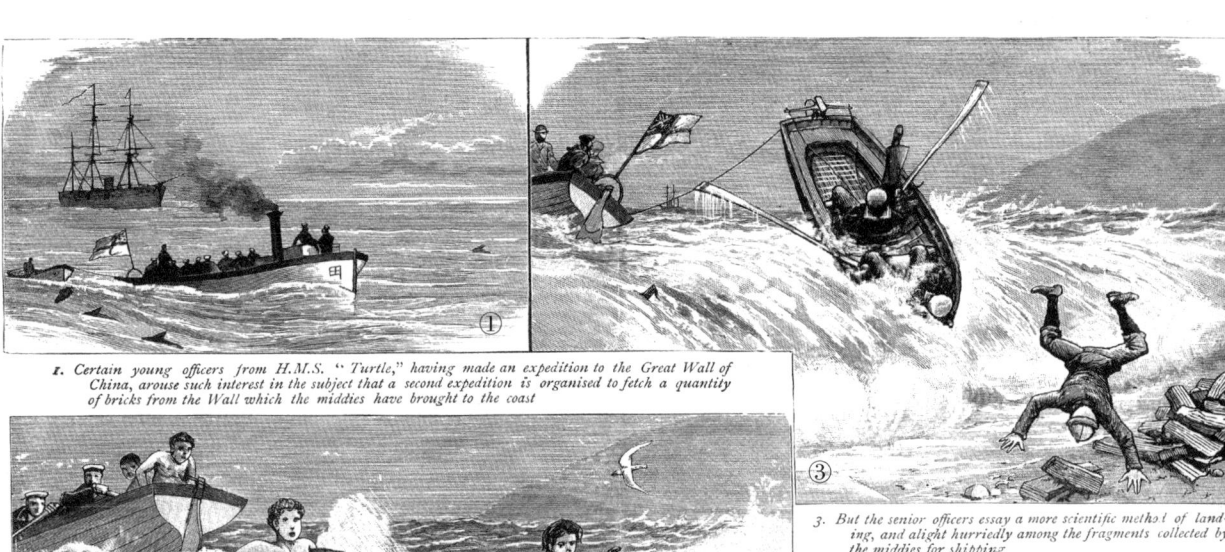

1. Certain young officers from H.M.S. "Turtle," having made an expedition to the Great Wall of China, arouse such interest in the subject that a second expedition is organised to fetch a quantity of bricks from the Wall which the middies have brought to the coast

3. But the senior officers essay a more scientific method of landing, and alight hurriedly among the fragments collected by the middies for shipping

2. This is how the middies went on shore in the first instance: they put their clothes in provision breakers, landed as they could, and dressed on shore

4. All, however, decide at once that these bricks will make charming souvenirs for sisters, cousins, and aunts at home, and so the boat is forthwith loaded with a quantity

5. But, the supply not meeting the demand, they go inland in search of more, leaving two of their number in the launch, who, after four hours' dreary waiting, arrive at non-speaking terms

6. Back on board H.M.S. "Turtle" again, for a long time bricks are a constant lurking danger. They fall down when moving books from shelves or when the vessel rolls. Certainly the Chinese knew how to make hard bricks

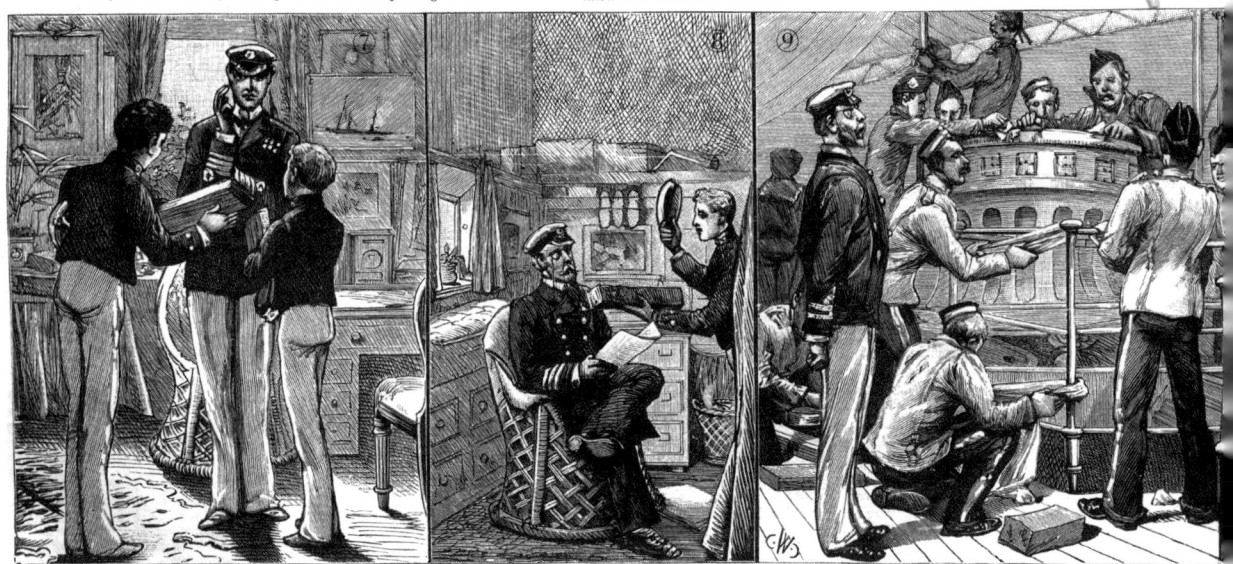

清朝皇帝

THE EMPEROR OF CHINA

清朝皇帝正在努力提升自己的文学素养。最近，做为主考官，他亲自批阅了国内一些知名文人的文章。他们正为进入最受知识分子敬仰的鸿胪寺和詹事府而竞争。先前，大臣们已经根据候选人与自己的友情深浅、关系远近给这些文章打了分，因此皇帝毫不留情地改正了他们的评判——根据的是文学水平而不是私人关系。

SEPTEMBER 22 1894　　●　　THE GRAPHIC　　●　　SATURDAY, No.1295
1894年9月22日　　　　　　图片报　　　　　　　星期六 第1295期

日军炮火的洗礼
JAPAN'S BAPTISM OF FIRE

　　正如熟悉清朝和日本军事实力的人们所预期的那样,在第一回合的较量中,小而先进的日本将大而落后的清朝压倒在地。无论清军在平壤战役中具体伤亡多少,毫无疑问,日军按照陆军总司令山县有朋的计划取得了胜利。他先是以薄弱的防守,诱使清军占据一处距离他们作战基地很远的阵地。将清军诱骗到那里后,他下令悄悄行军以保证圈套能够在恰当的时机收口。这位陆军总司令足智多谋,他的另外一个精巧策略是从后方威胁平壤。和美洲的部落一样,即使最勇猛的亚洲军队在撤退路线被阻挡时也不能保持冷静。因此,平壤的清朝守卫部队发现日军侧翼部队出现在其后方时,就开始慌乱起来,与前两天他们所展示出来的英勇相差甚远,这时日军才发起正面进攻。不过,山县有朋在最佳时机开始大规模进攻,是日军在这场战争中取胜的重要原因。他本可以很早就展开进攻,但如果这样,将只有很少的清军落入圈套。因为那时,大部分从满洲地区赶来增援的清军尚未到达。但是,在这场战斗中双方实力相差悬殊,因此不能以日军的一次轻松取胜为依据,便对战争最终结果做出判断。此时谈论日军立刻向北京进军还为时过早,并且从发生在周一的海战来看,日军想要荡平清朝舰队并非易事。倘若日军想要完全掌握从日本到白河河口的整条水道,则必须彻底消灭清朝舰队。值得注意的是,在此次交战前,清军的指挥官们一直避免与日方交锋。他们不止一次试图干扰日军增援朝鲜的船只,想必他们已经知道这种低姿态使得敌人在陆地上占有了巨大的优势。

英日条约

THE ANGLO-JAPANESE TREATY

也许,与一个满怀着胜利喜悦的国家就敏感问题进行商议并不是很合适,当俄国军团站在君士坦丁堡的大门口时,欧洲就品尝过这种滋味。英国和日本在平壤大战之前刚刚签署的新条约同样是如此。[1] 显然,这是一个公平的条约,其说明日本已经得到国际社会的认可,进入强国的阵营。条约的签订是必然的。一方面,对于一个野心勃勃的国家来说,在特定的港口里,外国人竟然可以决定关税税率和行使司法管辖权,没有什么比这更令人尴尬的了。另一方面,日本政府暗地里限制自由贸易,这对西方各国来说也是不利的。因此,互相妥协的基础方案就应运而生了。英国外交部抓住这个机会,成为首个与日本签署平等条约的国家,这很值得赞扬。但在日本与西方其他国家达成同样的协议之前,英日条约不会生效,而且在此之前还可能会发生很多事。即使该条约开始生效,在新旧体系之间还将会有5年的过渡期。所以到本世纪末,日本也不会完全向欧洲商人开放。与此同时,由于英国承认日本是亚洲的一流国家,因此日本一定会赢得名望,在国际社会获得相应的重要地位。一些人预测,清朝这个庞大的帝国将会在对外战争和国内叛乱的联合作用下走向没落。北方是俄国;南方是法国;东边是日本;西边是英属印度。必须承认,清朝这个"病夫"已经病入膏肓,即将被瓜分。如果清朝被瓜分,届时日本将会处在一个优越的位置,占有巨大利益。

---

[1] 日本与英国在1894年7月16日签署的《日英通商航海条约》,象征着西方各国对日本的不平等条约与治外法权的结束。——译者注

"高升"号运输舰被日军击沉
THE SINKING OF THE TRANSPORT "KOW-SHING" BY THE JAPANESE

"我看到一枚鱼雷从日本鱼雷艇中射了出来。紧接着,艇上6门炮一齐开火。在鱼雷击中我们之前,他们前后发射了两轮炮弹。鱼雷击中船腹——可能正中煤仓。……随后,我们一起跳船游水。我一边游一边看到船从舰尾开始下沉。在此期间,炮火未停顿。……我看见一艘全副武装的日本船降低炮口。我以为他们是来营救落水的人们的,遗憾的是我错了。他们向正在下沉的船只甲板上的人开火。"——摘自汉纳根上尉的证词。

右图 | "高升"号运输舰被日军击中沉没。根据一位幸存者的素描绘制。

远东战争
THE WAR IN THE FAR EAST

  终于，日军发起了具有决定性的攻击。在平壤战役中，日军取得大胜。在上周周二和周五的小规模战斗和侦察之后，日军在周六早晨开始炮轰清军的要塞，战斗持续了将近一天。不过，尽管日军稍占上风，但并没有产生决定性的影响。然而，周日凌晨3点，清军后方遭到两支日军侧翼部队突袭，完全陷入日军包围，清军士兵大为恐慌。半个小时后，日军占领平壤。日军获得了大量的弹药、火炮和旗子等军需储备。据估计，清军人数总共约2万人，2300人阵亡，其中包括奉军统领左宝贵将军、杨建春将军、徐玉生将军，其余士兵据说都受伤或被俘。这基本就是朝鲜清军的有生力量了。日军人数远远超过清朝军队，仅30人阵亡，270人受伤。这场战争使得朝鲜落入日本人的手中，除非清朝能够再派一支军队进驻朝鲜。日军获胜的消息得到上海方面的确认，现在上海正一片惊愕。

  战役结束之后，日军指挥官立刻派出机动纵队占领清军前线的道路。日军的统帅是陆军总司令山县有朋。他在陆地上成功复制了日本海军的战术。清朝只有保证自己的制海权，才有可能收复在朝鲜失去的土地，而这恰恰是日本舰队司令决心要阻止的。

  从上海发来的上一封邮件详细说明了日军击沉"高升"号轮船的详细过程。邮件中还有一份关于这次船难的速写，我们在此一并刊出。邮件发出时，"高升"号的沉没是上海的谈论热点。事件始末如下：日本情报部门得到消息，得知这艘船上有1200名李鸿章精心挑选出来的炮兵，若是消灭这些人，对清朝将是一次巨大的打击。海军上尉汉纳根关于这一事件的证词非常有意思，不过，文件太过冗长，在此无法引用。"高升"号的船长高惠悌和田泼林（Lewis Henry Yamplin）[1]在声明中提到他们被日本人救起之后并未受到迫害，并愿意为此作证。法国军舰"利安门"号（Lion）从遇难船只上救下了45人，并将他们送回了清朝。

  周三，我们收到消息称，鸭绿江口发生了一场大规模海战。交战双方的战舰都严

---

[1] "高升"号的英国大副。——译者注

重受损。清朝最优良的战舰——"镇远"号坚持战斗到最后一刻后,被水雷击沉。[1] 另外一艘稍小的清军舰艇也被击中。清朝海军的铁壳巡洋舰"超勇"号和"扬威"号沉没。平壤附近的整个舰队都参与战斗,还有一些性能良好的战舰从南洋舰队赶来增援。不过,日本海军参战舰艇的数量尚未公布。清朝虽然获胜,却损失惨重;日军在损失了4艘战舰后撤退。海军提督丁汝昌和汉纳根都不同程度地受了伤。

---

[1] 此处报道有误,应为"致远"号。9月29日的《图片报》纠正了这一错误。——译者注

在亚丁被扣押的日军扫雷舰"龙田"号
THE DETENTION OF THE JAPANESE TORPEDO-CATCHER "TATSUTA" AT ADEN

日军扫雷舰"龙田"号在中日两国开战前抵达亚丁。这艘舰船建造于埃尔斯维克的阿姆斯特朗船厂。8月27日,英国宣布亚丁中立已经生效。"龙田"号当时还没有离开亚丁,因此被英国皇家海军的"哥萨克"号(Cossack)扣押。

在亚丁被扣押的日军扫雷舰"龙田"号。图中左边是英国皇家海军的"哥萨克"号,右边是"龙田"号。

清朝"镇远"号军舰

THE CHINESE WARSHIP "CHEN YUEN"

据报道，清朝"镇远"号军舰被一枚鱼雷炸沉。[1] 这是一艘在斯德丁[2]制造的铁甲舰，是北洋海军主力舰之一。船上载有 4 门 31.5 吨的后膛主炮、2 门 4.75 吨的后膛副炮和 8 门机关炮，排水量为 7220 吨，船速为 14.5 节。

清朝"镇远"号军舰。

---

[1] "镇远"舰是在威海卫保卫战中触礁受伤的。——译者注
[2] 即什切青，今波兰在波罗的海的最大海港。——译者注

皮斯·格林先生和鸳鸯

MR. PEASE GREENE AND THE CELESTIAL DUCKLINGS

尽管清朝法律禁止出口鸳鸯，但只要皮斯·格林先生大胆地向一位有影响力的官员开口，就可能得到一对鸳鸯作为礼物。但他更喜欢采用迂回的方式，使用阴谋诡计（勉强可称之为外交手段）来获得它们。他对鸳鸯很感兴趣，想近距离观察鸳鸯。但鸳鸯生性警惕，虽然他一再表示友好，也无法伸手触碰到它们。这令人颇为失望，因为他一直以为即使最没有经验的人也能催眠鸳鸯。但他很快又制定了另一个计划，并向负责饲养鸳鸯的公园管理员提出建议。"一言为定"——这是一个中国成语——聪明的管理员回答道，正如某位英国官员轻轻闭上一只眼说"先生，我是个诚实的人"。简言之，这是一个关于金钱的问题：他给鸳鸯的管理员金钱，令他监守自盗；他还要给警察金钱，以便鸳鸯到手后，警察可以网开一面。皮斯·格林先生向二人支付了高额的费用之后，跳上人力车，匆匆登上一艘返乡的轮船。

回英国的路上，他得意洋洋，仿佛已经推翻了一个王朝，或是通过谈判开启了新的通商港口。他把浴缸放在船尾，注满水，再把鸳鸯放在里面。孩子们过来和它们玩耍，用船长的饼干喂它们。回到家里后，皮斯·格林先生邀请他的朋友和邻居喝茶，同时向对方展示鸳鸯。他已经想象出热闹的情景。但是，哎呀！出于人类的虚荣，皮斯·格林先生完全忘了剪掉鸳鸯的翅膀。它们被放出牢笼后，没有像之前那样在水中愉快地嬉戏，而是飞过花园栅栏逃掉了，留下皮斯·格林先生和他的朋友们悲伤叹息。谁也不知道它们到哪里去了，也许去了清朝公使馆，要求工作人员送自己回北京。

右图｜皮斯·格林先生和鸳鸯。根据英国皇家海军柯尔的速写绘制。

右图①｜格林先生努力让令自己着迷的鸳鸯放松警惕。
右图②｜他向公共花园的管理员提出建议。
右图③｜简而言之，这是一个关于金钱的问题。
右图④｜现在去码头。
右图⑤｜在回英国的路上，他喜气洋洋。
右图⑥｜回到家后，他精心安排招待会。
右图⑦｜格林先生完全忘了剪掉鸳鸯的翅膀。

1. THE DUCKS FASCINATED HIM AND HE ENDEAVOURED TO FASCINATE THEM

2. HE MADE OVERTURES TO THE INTELLIGENT CUSTODIAN OF THE PUBLIC GARDENS

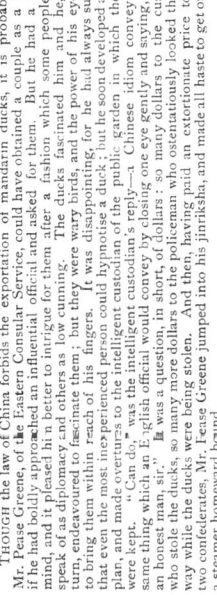

3. IT WAS A QUESTION, IN SHORT, OF DOLLARS

4. AND NOW FOR THE QUAY

6. AT LAST HE GOT HOME, AND MADE ELABORATE ARRANGEMENTS FOR THEIR RECEPTION

Mr. Pease Greene and the Celestial Ducklings

THOUGH the law of China forbids the exportation of mandarin ducks, it is probable that Mr. Pease Greene, of the Eastern Consular Service, could have obtained a couple as a present if he had boldly approached an influential official and asked for them. But he had a twisted mind, and it pleased him better to intrigue for them after a fashion which some people would speak of as diplomacy and others as low cunning. The ducks fascinated him and he, in his turn, endeavoured to fascinate them; but they were wary birds, and the power of his eye failed to bring them within reach of his fingers. It was disappointing, for he had always supposed that even the most inexperienced person could hypnotise a duck; but he soon developed another plan, and made overtures to the intelligent custodian of the public garden in which the birds were kept. "Can do," was the intelligent custodian's reply,—a Chinese idiom conveying the same thing which an English official would convey by closing one eye gently and saying, "I am an honest man, sir." It was a question, in short, of dollars : so many dollars to the custodian who stole the ducks, so many more dollars to the policeman who ostentatiously looked the other way while the ducks were being stolen. And then, having paid an extortionate price to these two confederates, Mr. Pease Greene jumped into his jinriksha, and made all haste to get on board a steamer homeward bound.

All the way back to England he was puffed up by overweening pride. His manner could not have been more pompous if he had dethroned a dynasty or negotiated the opening of a new treaty port. He used to have a bath brought out, and filled with water, and placed upon the poop, and there little children used to come and play with the ducks, and feed them with captain's biscuits. At last he got home, and invited a select party of his friends and neighbours to take tea with him, to meet the ducks. He had fully reckoned on a triumph. But, alas ! for the vanity of human expectations. Mr. Pease Greene had quite forgotten to get their wings clipped. When they were released from durance, instead of taking kindly to the water as of old, they just flew away over the garden-wall, and left Mr. Pease Greene and his friends lamenting. Whither they betook themselves one cannot say : perhaps to the Chinese Embassy, requesting to be sent back to Pekin ; there is no 'telling.—Our illustrations are from sketches by Feet-Paymaster C. W. Cole, R.N.

7. MR. PEASE GREENE HAD QUITE FORGOTTEN TO GET THEIR WINGS CLIPPED

5. ALL THE WAY BACK TO ENGLAND HE WAS PUFFED UP BY OVERWEENING PRIDE

SEPTEMBER 29 1894	THE GRAPHIC	SATURDAY, No.1296
1894年9月29日	图片报	星期六 第1296期

战争
THE WAR

  虽然迄今为止清军在陆地上和海上都遭遇不利，但并未被击垮，失去战斗力。毋庸置疑，日本短时间内会压制住巨大的邻国，毕竟日本已经做好随时开战的准备，而清朝则完全没有准备。但是，英国不会把这种胜利看得特别重要。因为有很多次，英国都是在没有准备的情况下仓促开战的，但是其优秀而有耐力的军队总是能胜利，挽救英国。当然，日本政府精密的安排与日本军官雷厉风行的执行力也是日军获胜的重要原因。但仅因为日军很轻易地占领平壤，就得出奉天已经是日本的囊中之物的结论，未免过于草率了。我们也很难赞同这种推论。因为在平壤，清军是孤军深入，距离他们最近的军事基地在鸭绿江。除了这一不利条件外，攻击他们的日军装备精良、纪律严明，且人数三倍于清军。当时日军刚刚登陆，精神抖擞，体力充沛，士气高涨。但是在奉天，日军在一定程度上算是孤军深入，届时他们已经在极为崎岖的地势上行军200英里，身体与精神状态与平壤之战时完全不同。此外，据说奉天有25万名居民，城墙相当坚固，作为清朝东北地区最重要的城市，理应会有大量守军。无疑，两国在这座"圣城"的胜负将关系着整场战争的成败。不过，我们相信，谨慎的日军不会冒险在初冬开战，因为一旦惨败，日军将会像从莫斯科撤退的欧洲军队一样，陷入毁灭性的灾难中。

海战案例教学
OBJECT LESSONS IN NAVAL WARFARE

  海军专家们预言，中日之间的冲突将为英国提供一些最新的有价值的海战案例。尽管目前只发生了一次海战，但很大程度上这种期待已经实现了。鸭绿江江口外的这场遭遇战的细节非常清楚地显示，尽管英国出产的武器（舰船）取得了胜利，但我们必须重视战争中多艘战舰严重受损或沉没后，后备力量无法及时补充的情况。日本军舰撤退之后，实际上两支舰队都已经失去战斗力，如果此时任何一方的援军及时赶到，那么另外一方所有战舰要么被俘获，要么被击沉。其中的教育意义非常清楚明了。英国应该永远保有足够的备用力量，以便能够立刻补上战线上的空位。但和军舰一样，军官和水兵也很容易被炮火摧毁，因此也需要有所储备。此外，还有更多的设施需要提前完成。除非舰船距离维修港口很近，否则受损的舰船跟毁掉的舰船没有什么区别，因为它们不可能在破破烂烂的状态下出海。现在，主要问题是要在地中海沿岸——从直布罗陀到勒旺（Levant）[1]——建设一批永久性的船只维修港口。举个例子，假设法国和英国在地中海上展开一场与黄海海战相似的战役，英国就能够像其敌人一样快速地补充损失的战舰和作战人员。但就目前情况而言，在修复严重损毁的战舰并将其重新派往战场的问题上，法国要优于英国。另外非常需要一种品质——勇气。然而，尽管这是一个极为重要的品质，但它并不能弥补上战术技巧的缺乏。清朝海军官兵显然以最大的勇气投入战斗中，然而他们缺乏战争经验和战术技巧——这些知识只有在和平时期的演习中才能获得，然后灵活运用于战争中。虽然英国的海军每年会进行一些这样的训练，但还远远不够，或许还需要进行更多的训练。

---

[1] 位于爱琴海东南面。——译者注

中日之战
THE WAR BETWEEN CHINA AND JAPAN

中日战争始于朝鲜战场上，在海陆两方面同时迅速展开激烈的战斗。战况的描述和图片很快将会刊登在《图片报》和《每日图片报》（The Daily Graphic）上。在战争刚刚开始的时候，这两份报纸的经营者委任在日本东京旅居多年的著名法国艺术家乔治·比戈（Georges Bigot）作为报社代表跟随日军，同时委任弗里普作为报社代表跟随清军。希望这两名分别来自法国和英国的艺术家，能充分利用这次机会给我们带来出色的作品。究竟谁的作品更杰出？让我们拭目以待。在本世纪，没有另外两个国家之间的冲突能够提供如此新奇和独特的题材，被用来绘制和写作了。比戈先生拥有一定的优势，因为日军高层军官熟悉和欣赏他。不过，弗里普先生不仅是一位杰出的艺术家，还是一位志愿军军官，拥有丰富的战地经验。他曾在清朝生活了很长一段时间，为《图片报》提供过很多重要战事的报道。其中他对布尔战争时期德兰士瓦边境朗峡（Laing's Nek）和因戈戈山（Ingogo）战事动向的评论文章，以及对苏丹战争的评论文章都很吸引人。当日本对清朝宣战时，身在东京的比戈立刻动身前往朝鲜，而弗里普则刚好在从温哥华去往战场的路上。所以我们相信，关于这场战争的报道不久便会从战场发回来。

远东战争
THE WAR IN THE FAR EAST

　　随着清朝政府认识到自己的低效，日本为取得的胜利所激励，中日之间的战争也更加激烈起来。上周的两场大战之后，清朝经历了一场巨大的觉醒。在日军运筹帷幄的战略和现代化的训练方法面前，清朝所珍视的传统和丰富的资源完全不堪一击。显然，惊慌失措的清朝政府将李鸿章当作替罪羊，一步步地剥夺了他的职权。但这一过失其实应该归咎于清朝政府中那些顽固的谋臣，他们不仅对西方的进步视而不见，而且左右着皇帝的视听。

　　无论是陆地上还是海上，清军都遭遇到惨重打击，失去了很多将领、士兵、舰艇和战略物资，而这些是一时之间无法补充的。尽管鸭绿江之战[1]双方实际战成平局，但日方始终处于更有利的地位。各方的言论都不尽属实，日军没有损失一条舰船——尽管有的被打坏了，但除了旗舰"松岛"号受损不能运转外，其余舰船仍然能够在海上及时修复。反观清军，在这场战斗中不仅有4艘战舰被损毁，剩下的舰船也损坏严重，必须回到船坞维修。所以，它们现在都失去了防守与作战能力。

　　本刊上周的一篇报道对这场海战做了概述，而现在我们将详细介绍更多细节。很明显，海战期间，日本间谍起到了重要作用。他们在清军登陆时，了解到当时清朝水师提督丁汝昌率领的北洋舰队正在鸭绿江口保护清朝运输船。与在整场战争中一样，日军迅速出现在该地点对清军舰船实施打击。为保护那些运输船，丁汝昌提督仓皇之间只能与日军进行近岸作战。确定近岸作战的航线之后，他发现笨重的铁甲舰成为日军轻快的巡洋舰的攻击目标，进而意识到水上活动区域限制了铁甲舰的调转。日军海军司令伊东祐亨拥有娴熟的战术技巧。"致远"号——不是最初报道中更好的那艘"镇远"号——在猛烈的炮火中沉没了。随后，"经远"号也被日军集中火力击沉。另外两艘舰船搁浅并燃起大火。舰队其余的舰船境况同样悲惨，但是由于清军奋勇作战，日军舰队的舰船同样严重受损，并于黄昏时分驶离战场。极有可能是日本联合舰队的受损状况使得伊东祐亨无法追击清军舰队。第二天，他率军返

---

[1] 中日甲午黄海海战。——译者注

回战场时，清军舰队已经收队返回了旅顺港。北洋海军舰队共有12艘装甲舰和巡洋舰，还有一些鱼雷艇。日本海军司令伊东祐亨指挥着9艘巡洋舰和2艘武装商船，另有数条鱼雷艇[1]。清朝方面损失惨重，特别是在海军军官方面，另有8名英国人与舰艇同亡。日军宣称阵亡77人。自然，日军的胜利在全日本引发巨大的热潮，日本天皇立刻发电嘉奖伊东祐亨和他的部下。黄海海战是第一次可以真实检测现代舰艇战斗力的海战，也引发了欧洲各国的极大兴趣。

---

[1] 黄海海战中，双方参战军舰各为12艘。——译者注

已故的余锡尔
THE LATE A. PURVIS

余锡尔先生是清军"致远"号巡洋舰总管轮，在黄海海战中阵亡。"致远"号在战斗中英勇开火，但最终全舰人员连同舰船一起沉没。右图根据上海的铃木忠视（T. Suzuki）拍摄的照片绘制。

已故的余锡尔。

已故的尼格路士
THE LATE NICHOLLS

尼格路士先生生前任清军旗舰"定远"号帮办及总管炮，在黄海海战中殉职。"定远"号起火严重，但并未沉没。左图根据芝罘华芳照相馆的一张照片绘制。

已故的尼格路士。

向前推进的日军

ADVANCE JAPAN

受黄海海战的鼓励,日军竭尽全力向清军进逼。他们现在已经是朝鲜的主人,此刻他们不顾冬季将至,决定进攻清朝本土。日军军官系统地学习了现代战争知识,战斗中严格遵守保密原则,总是在夜晚运输士兵和军需,不声不响地做战前准备。因此,虽然3万余名日军士兵奉命赶往前线,但是他们的目的地却并不为人所知。据推测,其中的一个目的地是牛庄。牛庄位于北直隶湾北部,在北京与奉天之间的交通要道上。占据此地,就可以切断北京和奉天之间的联系。日军的另一个目的地可能是奉天。作为清朝的"圣城",奉天有清朝皇室的祖坟和大量珍宝。对清朝来说,失去奉天将是巨大的损失,甚至可能导致现在的皇帝退位。奉天位于义州东北100英里处,拥有双重城墙和一条护城河,并有重兵把守。清朝东北地区的官员正在极

日本炮兵部队的军官听取天皇致辞。根据日本政府前海军顾问、英国皇家海军英格尔斯(J. Ingles)上校提供的照片绘制。

力集中兵力，守卫通往奉天的道路，但是人们普遍认为清朝军队的武器准备状况不佳。不过，日军如果进攻牛庄，则能够得到军舰的支持，朝鲜北部的另一支军队也可以协同作战。或许，日军认为他们这两个计划不过只是场简单的行军演习，会轻松取胜。不过，清军在东北地区的兵力达到10万之众，另外还有5万人可供调用。同时，"寒冬将军"也将是日军的劲敌。每年的10月底，北直隶湾就会冰封，届时东北地区的天气会极端严酷。因此，日军若想发动全面攻击，必须在冬季之前或者在清朝清醒过来并将军队集结完成之前迅速展开。

在日军被派往战场之前，日本天皇来到他们出发的港口——东京，鼓励即将出发的军团。他向军官们致辞，与每一位将领单独谈话，并与每个人握手。下页插图展示了战争爆发之前，日本为宣战做准备的时候，天皇所采取的策略。

上图｜日军情报部门的自行车。
下图｜日本南部军队中的炮兵与一门正在发射的野战炮。

日本天皇的车辇
"THE MIKADO PASSES"

天皇前往距离首都东京约 30 英里的横滨时,大部分时间都乘坐由一支仪仗队伴驾的车辇。这支仪仗队由长矛轻骑兵组成。他们的制服为蓝色束腰上衣和带绿色饰边的红色马裤。他们所持长矛上的燕尾旗有着奇怪的缺口,包含红白两色。

一位旗手骑行在天皇的车辇旁边,举着深红色的菊花旗。约翰·查尔顿(John Charltion)绘制。

| OCTOBER 6 1894　　◆　　THE GRAPHIC　　◆　　SATURDAY, No.1297 |
| 1894 年 10 月 6 日　　　　　图片报　　　　　星期六　第 1297 期 |

清军撤退
CHINA IN RETREAT

　　一直以来，各种扭曲失真的消息如一团迷雾笼罩着远东战事。现在，这团迷雾多少散去了一些，远东战事的真相逐渐为人们所知。毋庸置疑，清军已经被赶出平壤，尽管他们的损失比日方宣称的要小得多。海上的战事没有产生决定性结果，但清军舰队的损失比日方大得多。因此在现阶段的战争中，日军在陆地上和海上都取得了控制权。理所当然，日本将充分利用这一优势。他们似乎计划在鸭绿江建立一个新的海陆两用基地。这是一个具有战略意义的位置，它既是通往清朝东北地区和北京的直接通道，同时也扼守着通往朝鲜的陆路通道。因此，设置该基地，一方面，山县有朋就可以在攻打北京的同时伴攻奉天，或者进攻奉天的同时伴攻北京。日军取得控海权，不但保证了军需供给，还提供了一条战败时安全撤离的路线。另一方面，清军似乎重拾拖延战术。他们显然已经从满洲的所有前线阵地撤离，好像是为了在冬天到来之前诱敌深入。山县有朋以研究欧洲战争史闻名，不大可能掉入这一圈套。他不可能忽略欧洲军队从寒冷的莫斯科撤退这一悲惨的章节。比起贸然冲入满洲，另一种方案更加安全，那就是以北京为目标开展海陆联合行动——在上一场战斗中日本海军和陆军就已开始协同作战了。不过，这一方案也伴随着相当的风险。即使日军攻占北京，战争也不会结束，因为皇帝已经安排好，一旦被赶出首都，他将撤往南京。

| OCTOBER 13 1894　1894年10月13日 | THE GRAPHIC　图片报 | SATURDAY, No.1298　星期六　第1298期 |

远东战争
THE WAR IN THE FAR EAST

日本天皇检阅即将赴朝作战的军队。根据日本政府前海军顾问、英国皇家海军英格尔斯上校提供的照片绘制。

日本军队开赴登船的港口。根据日本政府前海军顾问、英国皇家海军英格尔斯上校提供的照片绘制。

清朝的耐力
THE VIS INERTIA OF CHINA

远东的战争沿着我们官方的预测方向继续发展。在积极而精力充沛的敌人面前，清军明显只能毫无希望地"躺倒在地"。面对日本这条"剑鱼"的进攻，清朝这条"巨鲸"好似已经放弃了抵抗，任由日本一次又一次刺穿身体，至少表面上是这样。但是，那些认为清朝已经出局的批评家，并没有充分考虑清朝的耐力——这一直都是清朝最强大的武器。清朝官场非常腐败，这并不是一件新鲜事，这个巨大的帝国是笨重的，军队也徒有其表。清朝的元帅们对现代战争知识的了解程度，与一个厨房勤杂工对烹饪艺术的了解程度差不多。清朝的这些缺陷早已为外界熟知，但这个梳着辫子的民族却以某种非凡的韧性保全了自己。毕竟，如今清朝政府面临的威胁并没有当年太平天国运动带来的威胁严重。当时，清朝看起来已经处在分崩离析的边缘。反观现在，即使日军占领奉天和北京，清朝仍然能够坚持数年并取得最终的胜利。英国人应该牢记日军的一个特点，那就是他们严格的保密措施，因此我们只能模糊地猜测日军下一步的策略。我们不能确定，在冬天来临之前，山县有朋是否会向清朝内陆进军。因为如果日军占领奉天，就必须调派大量兵力驻扎于此，那么在春天到来之前，日军的军力就会十分紧张。否则，即便在损失数百名或数千名士兵的情况下，日军攻占奉天，也只能占领这座"圣城"一两周，届时局势只可能对中方有利——他们可以用十名士兵换取一名日本士兵的性命。

远东战争

THE WAR IN THE FAR EAST

"千代田"号（Chiyoda）巡洋舰上的日本军官。根据罗尔斯顿（W. Ralston）拍摄的照片绘制。

"致远"号巡洋舰上的军官。"致远"号在黄海海战中被击沉。根据在芝罘拍摄的一张照片绘制。

日军军事演习

ARMY MANOIUVRES IN JAPAN

此消息尚未广为人知：在过去相当长的一段时间里，日军接受的训练与欧洲军事强国的军队相同。日军定期会举行一系列大规模演习，涉及大部分野战部队。上次军事演习共有 3 万余人参加，包括骑兵、步兵、炮兵、工程师和列车等——相当于日军和平时期一半的军事力量。3 支部队进入演习区，每支部队的装备和组织模式完全照

日军救护部队在行动。

搬欧洲模式，并有工作人员和部门提供服务。演习的总体思路：敌军击败守军的舰队后，按照计划登岸，挥师直指都城。正如英国国内的军事演习中一直假定的那样，第一次战争警报拉响后，该国的主力军集结在都城附近。我们由此判断出登陆点，并向前推进，迎击侵略者，同时沿途收拾溃败下来的守军，随后在相当于萨里山（Surrey hills）的某个地点进行一场"道廷之战（The Battle of Dorking）[1]"。军事演习多半未经事先排练，而是在模拟"实战"中的一场遭遇战——双方指挥官巧遇，两军随即发生冲突。日军计划并安排了一到两天的野战——正如我们复活节星期一的演习一样。除此之外，其余一切都由战争中的机遇和双方主将的军事素养决定。日本前线士兵身穿深蓝色上衣和长裤，戴白色帽子和黄色帽带。他们军装的衣领和袖口为黄色，绑腿为灰色，同时配备了欧洲军队通用的军事装备——背包、干粮袋、水瓶、水壶和一双备用的靴子。

右图｜日军步兵正在一处阵地进行演练。根据日本政府前海军顾问、英国皇家海军英格尔斯上校提供的照片绘制。

---

[1] 1871年发表的一部短篇小说的名字。小说描述了一群说着德语的坏蛋入侵英格兰的故事。小说中，英国军队面对这次入侵毫无抵抗之力，大英帝国陷落。——译者注

中日军队将领
CHINESE AND JAPANESE LEADERS

黄海海战日本海军舰队司令伊东祐亨。

日军将领卓越的军事才能毋庸置疑，这是日军取胜的重要原因之一。陆军大将大山岩的战略才能为其赢得了"日本的毛奇"（Japanese Moltke）的称号。大山岩大将和德国的毛奇将军一样沉默寡言，他的主要成功秘诀在于谨慎而秘密地执行作战计划，以及比其他日本军人（从将军到二等兵）更为高涨的军事热情。他麾下有几位能人，如大岛义昌将军。日本海军舰队司令伊东祐亨同样足智多谋。他率领日军联合舰队击败北洋舰队，夺取了黄海制海权。他体型较瘦，被称为"瘦将"，是日军水兵们的偶像。过去10年中，伊东祐亨一直是日本军工厂的负责人。

北洋水师提督丁汝昌是清军能指望得上的、少数有才能的军事将领之一。他高大英俊，面容威严，才能卓著——正是其卓著的才能使其年轻时就身居高位。在政治立场上，他属于维新派，赞成效仿欧洲的科学和制度。他在黄海海战中的英勇行为，与手下许多管带的懦弱表现形成鲜明对比。这位提督面颊和腿部受重伤后，仍留在战线最前方。他的同僚唐（Tang）提督在目前的战争中还没有走上第一线。

"致远"号巡洋舰建造于英国的阿姆斯特朗船厂，在黄海海战中沉没。从舰上军官的照片中，可以看到这个民族在服饰方面属于典型的保守主义，但北洋舰队士

黄海海战中清朝海军舰队的指挥官、清朝海军提督丁汝昌。根据泰恩河畔纽卡斯尔的门德尔松照相馆拍摄的照片绘制。

"日本的毛奇"——上将山县有朋伯爵。根据一幅日本肖像画绘制。

兵所穿的制服则有点像英国海军士兵。"致远"号管带,即 76 页图片正中的军官,曾成功弃船登陆,但因受伤及在海水中浸泡时间过长而死于岸上,帮带在内的几位军官获救。[1]

---

[1] 此处与史实不符。邓世昌指挥"致远"号撞击日本主力舰"吉野"号时,一发炮弹击中"致远"号的鱼雷发射管,导致"致远"号爆炸沉没。邓世昌坠落海中后,拒绝了随从和爱犬的搭救,与全舰官兵 250 余人一同壮烈殉国。——译者注

战事进展
THE PROGRESS OF THE CAMPAIGN

　　东方人的做事方式通常会使事情进展缓慢，时间变得漫长，中日之间的战争也不例外。人们每天都会听到一些重大袭击的消息，而事实却是过于谨慎的日本人不愿过早采取行动，以免危及已经取得的优势；处于混乱和恐慌中的清朝人几乎不可能采取任何断然行动。官员腐败和军事方面准备不力的消息时常披露出来，令人沮丧，致使清军士气低落，官员们互相推诿。直隶总督李鸿章的侄子李秋升的案件，就是官员腐化的明证。此人奉命购买军需，却从一名德国代理商手中以每支二两银子的价格购买了一批毫无价值且过时的步枪，并将其以每支九两银子的价格卖给清朝政府，从中牟取巨额利润。弹药采购也存在同样的问题。事实上，大多数清朝官员似乎都遵循着"人不为己，天诛地灭"这一原则，而这已成为这些官员的信条。有官员的贪婪和自私榜样在前，那么又如何奢求士兵爱国呢？由于没有饷银和裹腹的食物，数以百计的士兵哗变，落草为寇。清朝皇室与平民之间也出现了巨大裂痕。事实上，目前政权掌握在慈禧太后手中，由她对自己举棋不定的儿子施加影响。尽管政局不稳，但李鸿章仍坚持己见。据欧洲人所知，他是清朝政府中唯一能看清局势的人。

　　与此同时，日军舰队在清朝海域附近徘徊，一旦有机可乘，他们就会发动攻击，或向陆军提供支援。最新的报道称，日本人已经占领芝罘。但大家认为此消息不实，因为英国远东舰队司令、海军中将斐利曼特（Freemantle）此时正在总部芝罘，而他并未提供日军登陆的消息。反倒是日本人会在旅顺港附近登陆的传言更为可信。作为清朝的主要军火库和海军港口，旅顺港将是日军珍贵的战利品。日军对作战计划严格保密，但可以确定的是，日本人将鸭绿江沿岸作为自己的军事基地，军队正在此地集结。无论进攻奉天还是北京，由此进军都同样方便。战争警报十分骇人，以至于"圣城"奉天的清朝守军作鸟兽散。然而，日军似乎视北京为既定目标，因为总司令大山岩已公开宣布其进攻北京的意图。他将严肃军纪——这或许意味着各国外交官没有必要离开这座城市。据说，一支朝鲜兵团正护送日军到前线。日军士兵们精神振奋，唱着战歌，在行进中一再重复叠句"剑指清朝"。这些歌曲应政府命令创作，其中多次出现"猪尾巴懒汉"一词。目前，日本人正在训练朝鲜军队，旨在建立一支由日本人指挥的、坚定的合格军队以抵抗叛乱分子。

从附近的小山上俯瞰旅顺港。来自横滨的消息说，日军已经决定进攻旅顺港，并且已经在其东北方向的某处海湾布置了一支军队。这个地方很适合建立军事基地。

外籍人士在清朝
FOREIGNERS IN CHINA

随着战火蔓延,许多在华的欧洲人接到警告,建议他们向通商口岸集合,并将所有在京的妇孺送往上海或天津。虽然前几天,英国使节朝见了清朝皇帝,但大多数外国领事馆都成立了"义勇队"(Volunteer Corp),提前做好了防御准备。为了保护长江流域的侨民,英国首先向清朝海域派遣了包括"直布罗陀"号(Gibraltar)、"索尔蒂斯"号(Soltis)巡洋舰,以及"知更鸟"号(Redbreast)和"鸽子"号(Pigeon)炮艇在内的增援舰队,使得斐利曼特司令麾下的舰艇数量增加至23艘。法国和美国各增派4艘军舰。德国也准备增援。俄国则迅速派出几艘舰艇加入太平洋上的海军舰队,此外还在中俄边境部署军队,以防当地发生暴乱。尽管这些大国在保护侨民方面已达成了协议,但俄国人还是利用战争局势为自己谋利。一些莫斯科报刊不失时机地提出要打破俄国和日本的平衡,瓜分清朝——俄国占领清朝北部地区,建议英国占领西藏,法国占领云南。这样,俄国就能获得渴望已久的邻近太平洋的开放港口。

清军"经远"号装填鱼雷

THE TORPEDOO-ROOM OF THE CHINESE WARSHIP "KING YUEN"

"经远"号参加了鸭绿江口的海战。下图中是"经远"号的后鱼雷室,从这里可以通过3具发射管发射黑头鱼雷。一门炮管指向船的正后方,另外两门可以向正横前方调整一定的角度。图片左侧的欧洲人是一名德国的鱼雷专家,在鱼雷士官指挥鱼雷兵的行动时,他正在观察炮兵的工作。他们采用的是经过改良并翻译成中文的德国训练手册。

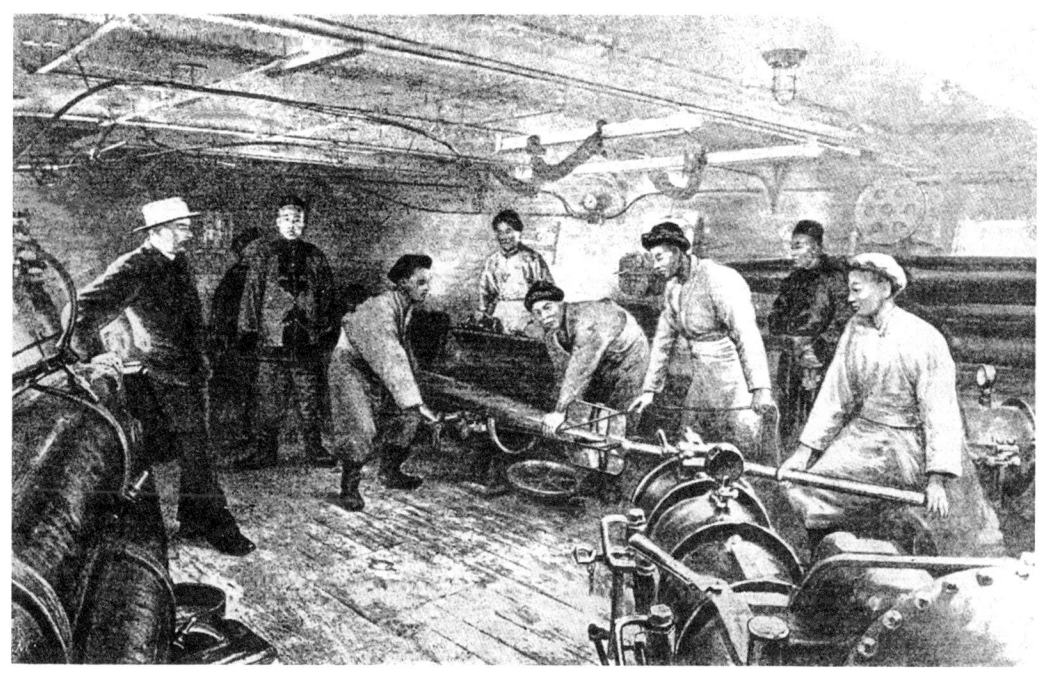

清军"经远"号正在装填鱼雷。根据一张照片绘制。

日本的战争速写
JAPANESE WAR SKETCHES

如果以我们从东京获得的日军速写的数量来判断的话，日本新闻媒体的从业者在日军入朝作战期间显示出了非凡的进取心。本文展示了其中四幅速写。如我们所料，日本国内艺术家的每一幅作品都在表现日军的胜利和英勇不屈，正如日本报纸上关于陆地上和海上战斗的文章一样。第一幅速写表现的是日军向成欢驿进军途中发生的一

上图｜在向成欢驿进发的路上，松崎大尉带领部下穿过安城渡。
下图｜日本的随军艺术家北森（Beisen）和高神（Kinsen）在成欢驿战场上创作。

上图 | 清军在牙山被日军打败。
下图 | 朝鲜丰岛附近的海战。

个事件。战斗发生在 7 月 29 日,面对清军猛烈的炮火,松崎大尉带领他的部下英勇渡过安城渡(AnJo)。第二幅速写表现的是日本报纸派出的特约艺术家在成欢驿战场上创作的场景。第三幅速写传神地表现了牙山之战的情景:一位日本军官正在夺取清军旗手手中的旗帜。第四幅速写描绘了鸭绿江口海战的情景:一艘日本鱼雷舰发射的一枚鱼雷恰好击中了清军军舰。

速写描绘的牙山之战发生在 7 月 28 日和 29 日,日军战胜了清军。一位日军随军记者描绘了当时的情景。文章写道:"1894 年 7 月 28 日到 29 日,日军缓慢地向牙山进发。清军士兵似乎忘记了之前的失败,试图再次发起战斗。我军积极应战。战斗打响了,清军落荒而逃。他们四下逃窜,死伤无数,数以千计的大炮和枪支成为我军的战利品。在此恭贺我们的军队在陆地上和海上取得胜利。这幅速写只能展现这场辉煌战斗的一小部分。"

牙山是朝鲜的一座重要港口,距离汉城约一天的脚程。日方的事件记录官写道:"当朝鲜爆发起义的时候,清军占据了这座港口,将其作为基地。在朝鲜政府的请求下,日本军队打败了盘踞在此地和成欢驿的清军,摧毁了他们的防御工事。最后,他们丢下军旗、大炮和枪支,向公州方向逃窜。这次激烈的战斗以我方大胜结束,让外界见识到了日本的军事实力。"

另外一篇报道称,清朝军队驻扎牙山期间,花费了很长时间构筑防御工事,强化当地的防卫。他们布设地雷,建设地堡,"连一只蚂蚁都不能穿过防线"。作者接着写道:"此处建设了三四层壁垒,从正面进攻无疑是鲁莽的,因此我军(日军)在 1894 年 7 月 28 日夜间渡过数条河流,来到清军防御工事后方,于 29 日凌晨 3 点到达集结地。之后,我方部分军队在工事正面佯攻,其他军队则从后方发起攻击。骄傲轻敌的清军认为他们可以轻易打败正面的小股军队,但是当他们听到后方传来的炮火声,发现从后方进攻的大部队的时候,十分震惊,很快乱了阵脚。他们也曾尽力抵抗,但最终战败,被赶往公州方向。此役清军共有 2.8 万人参战,持续了 5 个多小时,死伤 500 余人,工事全部被摧毁。我们几乎没有伤亡,还缴获了大量战利品。我们胜利的欢呼震耳欲聋。这是多么令人高兴的事啊。"最后这句话几乎是荷马式的大笑。

OCTOBER 20 1894 ◆ THE GRAPHIC ◆ SATURDAY, No.1299
1894 年 10 月 20 日　　图片报　　星期六　第 1299 期

上海举行的"猎纸"游戏
A SHANGHAI PAPER CHASE

在上海漫长的冬季里，对于不介意乡间艰苦条件的骑手们来说，"猎纸"是最受欢迎的运动。

"猎纸"开始前一个小时左右，"狐狸"们（由之前比赛中的获胜者扮演）在几位朋友和两三名清朝马夫的陪同下，开始铺撒纸屑。纸屑在一小段距离内——特别是在坟墓和其他凸起的地面——铺上厚厚的一层，经多次检查后，在纸屑间留下缺口或布置虚假气味来源。比赛路程为 8 英里至 12 英里不等，终点通常有几码[1]远，由两面旗子标记。骑手必须高高跳起，再从旗子之间穿过。

"猎纸"的目的不是为了抓住"人狐"。比赛中服务人员事先负责准备场地，并在纸屑消失时再收集起来，同时他们也要注意提醒领先的骑手过桥后等待其他人员，并照看整场"狩猎"。

一般和重量级的获胜者（后者必须居前六名）的奖品是一个小奖杯或一枚雕有花纹的金币，而且按照惯例只有狩猎比赛的获胜者才允许穿粉红色的夹克。

此类比赛中使用的是蒙古马。这些马匹皮毛粗糙，没有经验，在五六岁时，被成批送到上海。购买者主要将其用于比赛。它们一般被称为"狮鹫"（Griffin），会被送到拍卖场。这些马匹的售价从 30 至 200 两白银不等。1 两目前可兑换 2 先令 9 便士。[2]这些马均为骟马，牝马不得离开蒙古，因为当地人希望垄断此品种的繁殖。一般来说，它们喜欢跳跃，并十分热爱运动，擅长负重，可携带 11 英石[3]或以上的重量参赛。它们可以负重 12 英石穿越整个上海。乡下树木稀少，地势极其平坦，凸起的地方主

---

[1] 1 码≈ 0.91 米。——译者注
[2] 1 先令 =12 便士。——译者注
[3] 1 英石≈ 6.35 千克。——译者注

要是中国人的坟墓，就像欧洲古老的坟岗一样——只不过这些坟包是长满草的土堆。每片土地上都有几处坟包，棺木被"胡乱抛置"——这就是坟地的日常景象，否则达不到比赛场地的要求。无数条或宽或窄的小溪向四面八方奔流而去，每隔几百码就会遇到须策马跳过或涉水而过的水流，或者会遇到宽约 3 英尺[1]的石桥。还有许多小块儿的园子，没有树篱，偶尔有两三英尺高的泥墙。小麦、棉花和水稻是主要的农作物，几乎每一片土地都是耕地，布满田垄和水沟。这里的人从来都不知道马还可以在平坦的草地上驰骋。

令人担心的是，当地人对"猎纸"者怀有偏见。这很正常，尽管有专项基金来补偿比赛对农作物等的损害，但由于这些款项必须经清朝官员之手，最终只有非常微小的一部分能够作为补偿基金发放到当地人手中。当地人以各种方式表达他们的不满，比如在跳跃的另一边挖洞，把灌木丛绑在一起，把纸捡起来撒在不可能的地方。于是"猎纸"者便倒了大霉。他的马会落入当地人手中——花一大笔钱便能赎回自己的马，已经算是很幸运了。在大多数"猎纸"活动的终点，会有一位手持锄头的老妇人。她总是做出让人反感的举动，直到有人给她钱。

右图 | 生活在清朝的欧洲居民："猎纸"游戏受到上海本地人的厌恶。弗兰克·达德（Frank Dadd）根据布鲁克肖·科杰尔（A. Bruckshaw Curjel）的速写绘制。

右图① | 他们埋伏在沟底，待到马从头顶跃过时用镰刀砍马腿。
右图② | 现世报。
右图③ | 顽劣的当地人费尽心思挖出的陷阱造成的后果。
右图④ | 好斗的农民用一桶污水堵住了桥。
右图⑤ | 刚到此地的欧洲人的不幸遭遇：他的马跑进村庄，落入当地人手中。

---

[1] 1 英尺 ≈ 0.3048 米。——译者注

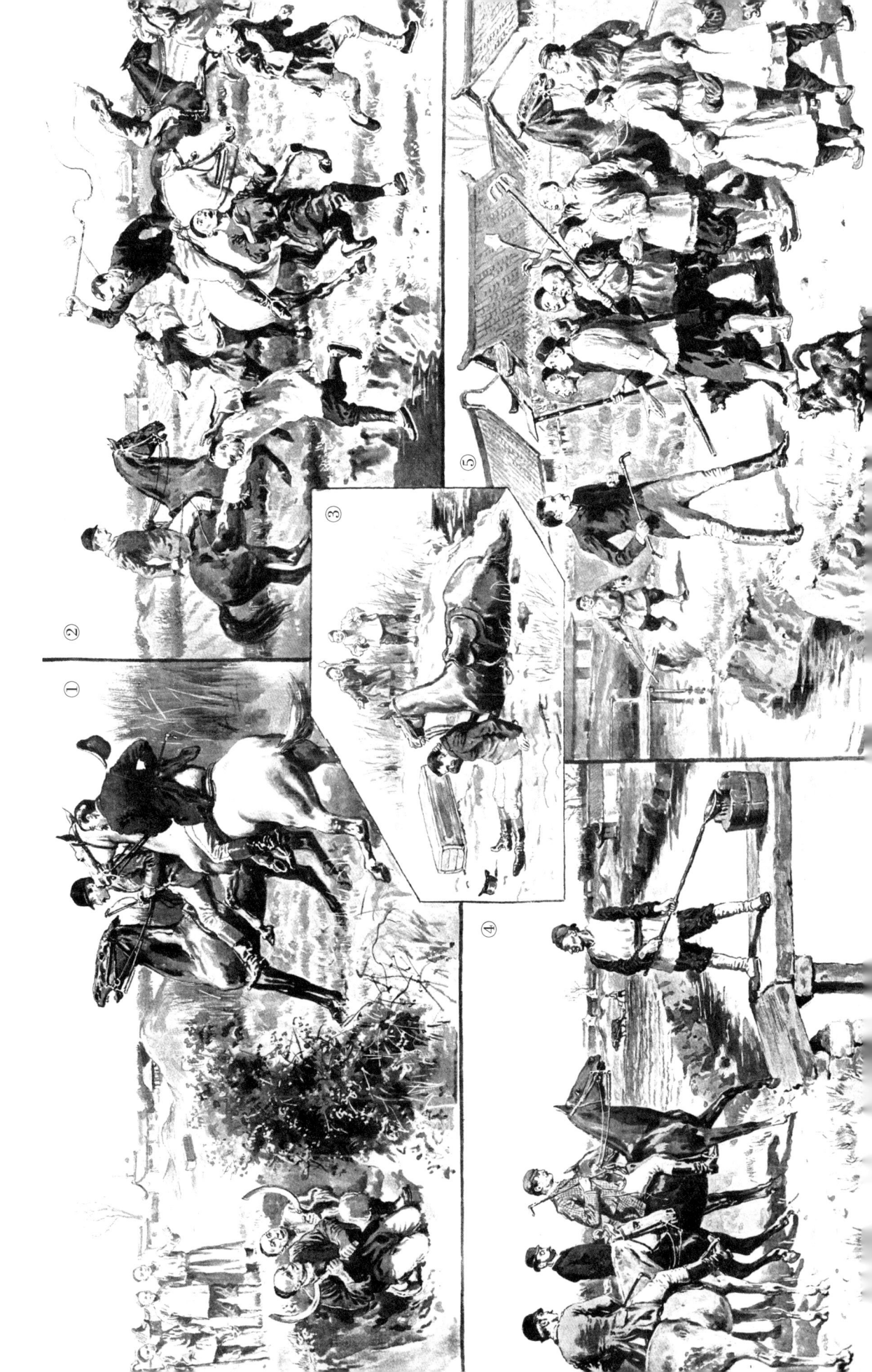

被大火焚毁的广州花船

DESTRUCTION BY FIRE OF THE FLOWER-BOATS AT CANTON

广州刚刚发生了一场罕见的灾难。8月31日凌晨3点30分左右,在珠江汽船码头和红色浮标之间,以铁链拴起的一排排花船中的一艘起火了。当时天气又热又干,花船又极为易燃,火势很快就蔓延开来。在火势大盛之前,人们可以采取措施把这些船分开,但很快它们都陷入火海,火光照亮了方圆数英里的天空。消防车被拖到河边,却无计可施,救生船也只能营救火海中的一部分人。最终一百多人被烧死或淹死。天亮后,只有10艘花船免于火灾,其余300艘船及价值约35万美元的财物付之一炬。

这些花船是广州的一道风景线,有些船有两层或三层,相当漂亮。在清朝人看来,有些船的配置堪称豪华:家具由紫檀木和大理石制成,还有彩色玻璃窗、丝绸帘子、镜子、装饰钟和华丽的灯。许多船只用来招待食客,或租给外出野餐的客人沿河逆流而上。这些水上餐厅可供应包括30多道昂贵菜肴的宴席,还有供人娱乐的丝竹弹唱。入夜,小船排成长队,灯火通明,音乐和狂欢的声音响彻水面。这一场景对广州的纨绔子弟、周边地区及来自其他省份的众多游客有强烈的吸引力。除了要向掌管这条河的清朝人送"好处"之外,这些花船不必支付任何租金,也不受任何监督。然而,如果官库有亏空要弥补或发生突发事件,他们还需要缴纳新的"好处"——这种现象时有发生。

右图 | 被大火焚毁的广州花船。根据香港华芳照相馆的照片绘制。

远东战争

THE WAR IN THE FAR EAST

种种迹象表明，中日之间的争端将会是一场旷日持久的战争。尽管在战场上，清军无法与日军势均力敌，但清朝方面发现伺机而动对自身更加有利，并认为这样可以拖垮敌人。一个资源如此丰富的国家的确有能力冷静持久地对抗敌人，直到日本精疲力竭，不能进一步行动为止。日本已经动用了军事储备，征召了众多男劳力，因而面临着很大压力，其贸易同样受到巨大影响。对于日本这样一个小国家，不知还能承受多久。然而，受到不断传来的小规模胜利和日军缓慢但持续推进的鼓舞，现在日本政府准备孤注一掷。日军在鸭绿江边的义州打了聪明的一仗，占领了这个地方，并将此处作为一个有效的行动基地。而河对岸的清军拥有一个牢固而又防卫森严的阵地，正好阻挡住日军前往奉天的道路。在重型火炮和军需到达之前，山县有朋不会发起进攻。同时，大战来临之时，日本海军舰队可能会配合陆地行动。

进入清朝之前，日军已经稳定住了朝鲜这个大后方。实际上，为完全控制朝鲜，日本内务大臣井上馨已经来到汉城接替大鸟圭介公使出任全权公使，以便采用更加强硬的手段控制朝鲜。与此同时，日本舰队完全掌握了黄海海域的制海权，等待着丁汝昌提督修整舰队，重新进入战斗。据说，清军舰队已经恢复作战能力，但是无论是在陆地上还是在海上，清军都受到朝廷内意见不一和战争物资短缺的困扰。在北京，针锋相对的两派——皇帝、他的老师和兵部尚书认为战争要继续打下去，而慈禧太后、恭亲王和李鸿章急于实现和平。主和派以事实为依据，指出清朝现在内忧外患，很多省份已经准备自立，这将会是巨大的灾难，而朝廷并没有派出军队镇压。在汉口，一场由秘密帮会煽动的叛乱尚未得到遏制。然而，当下两国间并没有出现和平的迹象，好战的日方也没有停战的打算。欧洲各国联合进行干涉的提议也尚未获得支持。德国与日本关系密切，尤为反对各国基于贸易利益准备采取的计划，不会支持任何阻止日本当下胜利的建议。

下页第一幅插图表现了近期日军在济物浦登陆，准备向 25 英里外的汉城进军的

右图 | 日本军队在济物浦登陆。根据英国皇家海军"百夫长"号（Centurion）上的海军上尉思林（W. H. Thring）的速写绘制。

情景。第二幅插图记录了清军载着在黄海海战中牺牲的士兵遗体返回芝罘的场面。清朝人深受儒家学说的影响，认为人死后应魂归故里。

清朝人将阵亡的士兵带回故土安葬。根据英国皇家海军"无畏"号（Undaunted）的莫那波（D. M'nabb）的速写绘制。

图① | "致远"号管带邓世昌。"致远"号巡洋舰在黄海海战中被日军击沉。邓世昌在战斗中受伤，勉强从舰船上抵达岸边，由于伤势过重，不久后不治身亡。[1] 根据纽卡斯尔的劳斯父子照相馆拍摄的照片绘制。

图② | 日本公使大鸟圭介。据称，大鸟圭介公使因未能完成促使朝鲜进行改革的任务，被免去日本驻朝鲜公使的职务，而内务大臣井上馨将接替他。另有说法称，井上馨只是协助大鸟圭介公使工作。根据东京发行的一幅照片绘制。

图③ | 大岛义昌。大岛义昌是朝鲜日军总司令、陆军大将山县有朋的得力助手。大岛义昌相当年轻，但已经享有了战略家的名声。根据东京发行的一幅照片绘制。

图④ | 川上操六。川上操六是日军首席参谋，在东京负责朝鲜战役整个计划的执行。他相当年轻，曾多次到欧洲学习军事战术。我们非常感谢伦敦的日本领事馆提供这张照片，也非常感谢林董（Hayashi）和伦敦日本人联合会委员会的迪奥齐（Diosy）先生。根据东京一家公司拍摄的照片绘制。

---

[1] 与史实不符。参见 81 页脚注。——译者注

OCTOBER 27 1894　　◆	THE GRAPHIC	◆　SATURDAY，No.1300
1894 年 10 月 27 日	图片报	星期六　第 1300 期

亚洲战争的最新消息
ASIATIC WAR UP TO DATE

　　在平壤战役和黄海海战之后，英国媒体总体倾向于这场战争实际上已经结束了，日本媒体则宣传其以很小的损失取得了两场战役的胜利。在这两场战役中，日军官方称死亡人数大约是 500 人。那么，前一段时间从朝鲜济物浦发来的电报说，有 1800 名受伤的日本士兵在当地接受治疗，又怎么解释呢？另外，约 2100 名士兵被送回日本，显然他们受伤太重已经不能正常服役了。汉城也有"大量"伤兵，我们猜测，在这两场战斗中同样有一些海军陆战队及其他士兵阵亡。因此，如果这则来自济物浦的消息接近真相的话，日军的阵亡人数将会是原先估计的十倍。由于日军在 3 个月内将清军赶出了朝鲜，日本首相伊藤博文备受赞誉。但是 3 个月前，朝鲜半岛上并没有清军——驻平壤的清军是在日本宣战之后清政府匆忙派遣过去的，而且日本当时已经取得了制海权，如此看来这一成就便没有那么辉煌了。事实上，双方军队都没有取得值得吹嘘的功绩。同时，清朝北方的极寒天气即将到来，接下来胜利属于谁，要看"冬皇"的意思了。

远东战争
THE WAR IN THE FAR EAST

中日之间现在仍处于备战状态，而不是战争状态。除了在鸭绿江下游进行的海战——当然这场战斗也不是决定性的，还没有任何重要战事被报道过。日本军舰除了巡航和警戒，也没有做什么。目前伊东祐亨在平壤有 17 艘军舰，而清朝方面也有几艘军舰处在备战状态，或许在不久的将来双方会进行战斗。正如伊藤博文在特别招待会上指出的那样，虽说日军行动缓慢，但是考虑到巨大的军费支出，日本自宣战以来的 3 个月中其实已经做了很多。他们将清军赶出朝鲜并控制了朝鲜，即使仍有小规模的动乱发生，但朝鲜大部分地区还是和平的。朝鲜国王的二儿子以朝鲜公使的身份觐见了日本天皇，感谢他对朝鲜的保护。而在被一艘日本军舰护送回国之前，他看到日本为战争准备了数量巨大的军需物资，对日本的国力留下了深刻印象。同时，通过特别招待会可以看出，战争的延迟并没有降低日军的战争热情。"爱国主义"弥合了各派的分歧，所有成员都贡献出了战争需要的重要资源。非常值得注意的是，生活在日本的外国人更倾向于支持清朝而不是日本。显然，由于不断获胜的缘故，日本人有些骄傲了，他们拦截汉城英国领事的邮袋就可以证明这一点。

远东战争
THE WAR IN THE FAR EAST

上图｜朝鲜釜山街头的日军士兵。根据本报特约随军艺术家提供的照片绘制。

左图｜本报特约随军艺术家乔治·比戈。根据东京的山本（Yamamoto）拍摄的一张照片绘制。

右图｜在釜山街头写生：工作中的本刊特约艺术家。

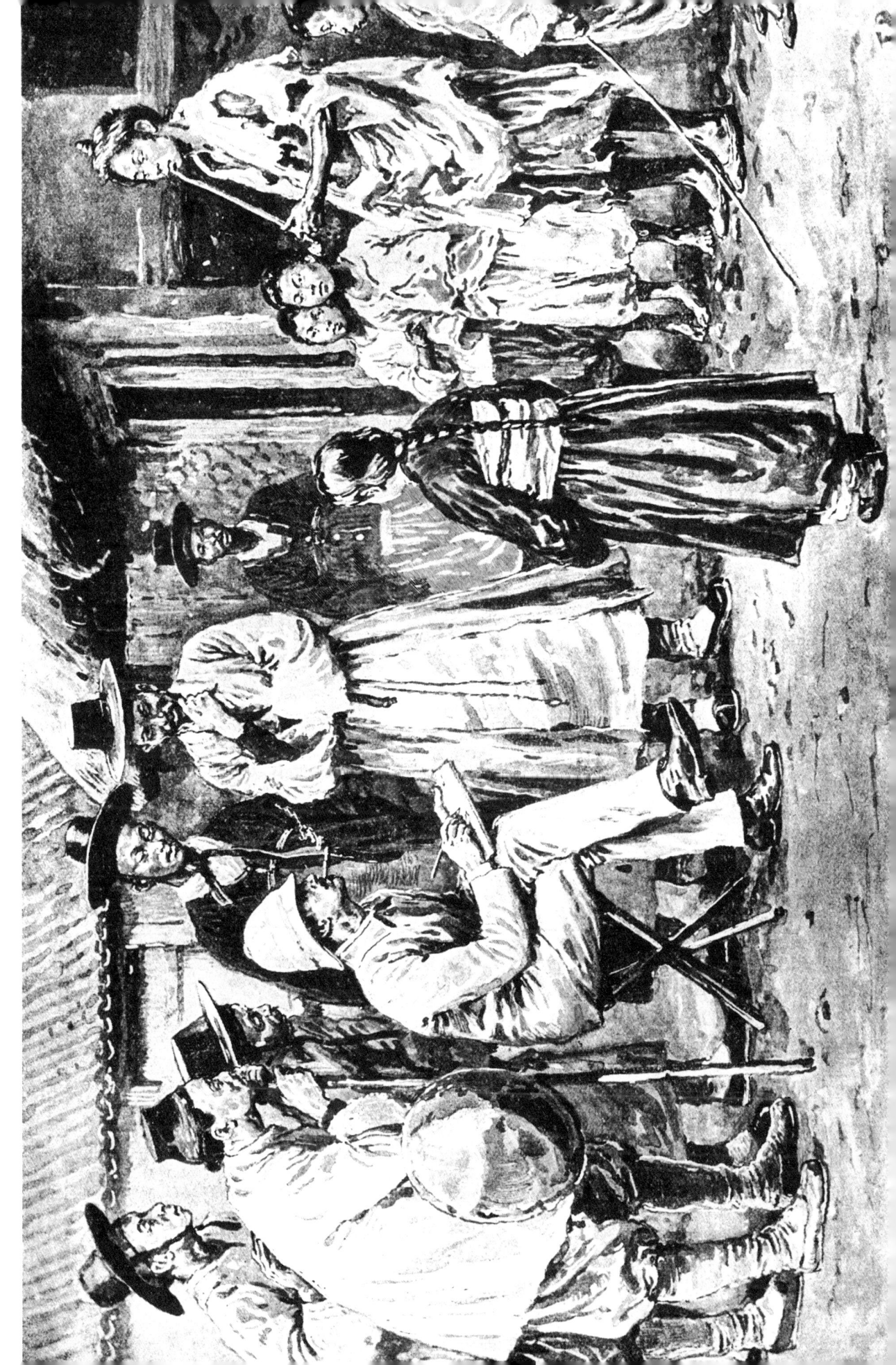

上图｜战地记者的第一个难题：采访朝鲜釜山的治安长官。根据本报特约随军艺术家提供的照片绘制。
下图｜朝鲜釜山河流上的渔船。根据本报特约随军艺术家提供的照片绘制。
右图｜即将返回日本接受治疗的士兵，在釜山等待出发。本报特约随军艺术家绘制。

为军队洗米
WASHING RICE FOR THE TROOPS

军夫们每天两次带着装满大米的铁桶到河边,为军队洗米。两个军夫抓着铁桶的把手在竹篾条制品上晃动。日军士兵每人每天供应 1.5 磅的大米(一桶大约是 30 人的口粮),此外还有鱼和蔬菜,每 15 天供应一次肉食。

为军队洗米。根据本报特约随军艺术家乔治·比戈的速写绘制。

釜山一家肉铺内景:正在切肉和卖肉的朝鲜妇女。根据本报特约随军艺术家乔治·比戈的速写绘制。

在一次军事侦察发生小冲突后，日军把伤员从前线带回营地
BRING IN THE WOUNDED FROM THE FRONT
AFTER A SKIRMISH DURING A RECONNAISSANCE

战斗结束后，在日军正规救护部队尚未到达的地方，士兵们非常聪明地搭建起临时担架运送伤员。这些担架全是用竹子做的，可以方便地将伤员送回营地。

右图 | 在一次军事侦察发生小冲突后，日军把伤员从前线带回营地。本报特约随军艺术家根据朝鲜的实际场景绘制。

| NOVEMBER 3 1894 | THE GRAPHIC | SATURDAY, No.1301 |
| 1894 年 11 月 3 日 | 图片报 | 星期六 第 1301 期 |

日军继续进军
THE JAPANESE ADVANCE

　　对于那些乐观的英国评论家，山县有朋的行动可以说让他们十分尴尬。在平壤战役和黄海海战之后，这些评论家认为日军将在一个星期内向奉天进军。但直到现在，日军才开始进攻满洲，他们还要走很长的路才能到达奉天这座清朝的"圣城"。对于这种缓慢的进展，他们不应该受到丝毫指责。在这个地势高低不平、既无道路又无补给的国家，这位陆军元帅选择谨慎地向鸭绿江上的新基地行军，正显示出他良好的判断力。同时，清朝的微弱抵抗也有可能激起他的怀疑。看上去清朝一方已经没有任何斗志了，他们要么在日军到来之前撤离防御工事，要么在战斗打响后就像兔子一样撒腿逃跑。然而，有足够的证据表明，即使在指挥不力的情况下，清军士兵也具有很强的战斗力。因此，从表面上看，清军指挥官们似乎在诱骗日本人进入满洲贫瘠的荒野，指望着这里极寒的冬天像冻死苍蝇那样冻死日军。但山县有朋元帅不太可能落入这个陷阱。我们更倾向于认为，当其他日军在更容易受到攻击的地点作战时，他们会在鸭绿江一线把进攻作为一种手段，将清军的主力部队牵制在奉天及其附近。日军第二军团已经占据整个金州半岛[1]的颈部，其最南端就是旅顺港。由于日本舰队已经停泊在这个重要港口外，港口内的驻军不可能"战略性后撤"。然而，这个港口戒备森严，据说约有 1 万驻军，因此将面临日军的长期围攻。也就是说，这里必须储备足够的粮食和弹药才能支撑清军长期抵抗。如果没有的话，在冬季结束之前，守军就会因为饥饿而将港口拱手让给日军。日军一旦得到旅顺港，北京就在他们的打击范围内了。

---

[1] 位于辽东半岛南部。——译者注

"高升"号的沉没：
英国船员正在和清军军官争辩

SINKING OF THE "KOW SHING": THE BRITISH OFFICERS ARGUING WITH THE CHINESE GENERALS

下图中，陆军上尉汉纳根正向甲板上的清军军官陈述事情经过，并告诉他们"浪速"号上的日本军官坚持要求"高升"号跟他们走。但船上的清军军官拒绝了这一要求，说他们宁愿死在原地。如果英国船员试图驾船跟随"浪速"号，或离开"高升"号，他们就会被杀死。船上的清军军官非常激动，不停地用手指掐着喉咙，想让英国船员知道不听从他们意见的后果。船长竭尽全力证明反抗"浪速"号是多么无用，但是没有成功。

"高升"号的沉没：英国船员正在和清军军官争辩。前排三名英国船员从左到右分别为：陆军上尉汉纳根、大副田泼林、船长高惠悌。英国皇家水彩画家学会的纳什（J. Nash）根据"高升"号大副田泼林先生讲述的细节绘制。

"圣城"奉天东城门
THE EAST GATE OF THE SACRED CITY OF MOUKDEN

奉天是一座繁荣美丽的城市，约有 30 万人。其除了是满族的"圣城"之外，还以牢固强大的防御工事而闻名。这些工事都按规则的平行四边形排列。目前，奉天是驻扎在朝鲜的日军的重要目标。而在清朝，它实际上是陆军部队的总部。据说，为了以防万一，多达 12 亿两白银的皇家宝藏已经转移到相对安全的地方。据了解，在过去的 200 年里，清朝皇帝循例每年都要将 600 万两白银送到这座"圣城"。

"圣城"奉天东城门。英国皇家水彩画家学会的斯塔尼兰根据麦克唐纳·韦斯特伍德（A. Macdonald Westwater）发来的照片绘制。

庆祝朝鲜国王生日
CELEBRATING THE BIRTHDAY OF THE KING OF COREA

一位演员在朝鲜高官招待英国官员的宴会上表演走钢丝。英国皇家水彩画家学会的纳什根据英国皇家海军柯尔的速写绘制。

远东战争
THE WAR IN THE FAR EAST

日本仍忙于远东战争。在山县有朋的领导下，日军开始越过鸭绿江，进入满洲。过去的几周，清军一直在满洲修建大型的防御工事。在水口镇渡河的日军先遣部队遇到了躲在防御工事里的清军，不过几分钟日军就击溃了清军。紧随其后的日军其他分队没有遭到什么抵抗，只有佐藤正大佐的一个机动纵队在虎山（Fushang）与清军进行了第二次接触，并赢得胜利。随后，日军继续推进到九连城（Ku-lien-chao）——清军曾希望在这里建立一个坚固的阵地，但是这里一个人也没有，驻守此处的1.6万名清军早已仓皇而逃，到处都是丢弃的枪支、帐篷和各种物资。

旅顺港之景。旅顺港因其开阔的码头、军火库和工厂而成为清朝最重要的港口之一，具有非常重要的战略意义。这个港口的入口很窄，两侧都是高山，防御工事很坚固。根据英国皇家海军"无畏"号随船军医麦克纳布（Mcnabb）的速写绘制。

《图片报》 | 113

鸟瞰威海卫,清军舰队正停泊在要塞中。威海卫和芝罘辖北直隶湾的南部,而旅顺港控其北部。大山岩率部经陆路从后方进攻旅顺港时,一支日本舰队正在威海卫附近巡航,并把清军舰队困在了港口。根据英国皇家海军"百夫长"号上的杜瓦(A.C. Dewar)的速写绘制。

日军逐渐逼近奉天。据报道,清军也正在路上。与此同时,日军另外一支部队将攻击清军最重要的海军基地——旅顺港。大山岩率领的一支部队已在旅顺港以北的大连湾登陆,那里可以很方便地切断旅顺港与大陆的联系,而日本另一支远征军正在途中。在威海卫炮火的掩护下,清军舰队正停靠在海湾的另一边。

自从船上的大副田泼林先生到达英国以来,关于"高升"号沉没的整个过程已经为人们所知。相对于从前语焉不详的记录,他所描述的过程并不能挽回日本人的声誉。第109页的插图可以使人清楚地了解英国船员们当时所处的窘境。

"画龙点睛"

"A FINISHING TOUCH"

"画龙点睛"。本报驻日本特别通讯员弗里普先生绘制。

NOVEMBER 10 1894　　◆	THE GRAPHIC	◆　　SATURDAY，No.1302
1894 年 11 月 10 日	图片报	星期六　第 1302 期

在芝罘举行的帆船比赛
A REGATTA AT CHEFOO

英国皇家海军"无畏"号 9 月份曾驻扎在芝罘。舰上的一名记者写道:"星期一和星期二(9 月 10 日和 11 日),舰队举行了划艇和帆船赛,'无畏'号在这两场比赛中都名列前茅。星期三和星期四,我们来到芝罘的赛马场,活动进行得很顺利。马匹个头很小,很难驯服,但它们跑起来像风一样快。星期五,舰队中所有的舰船都参加了'海军上将杯'(Admiral's Cup)竞赛。比赛中,狂风大作,刮坏了很多船上的大三角帆、船首三角帆和上桅帆,还吹翻了许多船只。经过激烈的角逐,费希尔(Fisher)船长驾驶的'无畏'号第一个到达,以 40 秒的优势击败了独桅纵帆船'塞弗恩'号(Severn)。星期六,舰队军官们举行了赛马比赛。芝罘最活跃的一周宣告结束了。舰队将于明天(9 月 18 日)前往中国香港和朝鲜。"

翻涌的海面上的娱乐活动。英国舰队在芝罘举行帆船比赛。图中,英国皇家海军"百夫长"号上的船员为求得"海军上将杯"的英国皇家海军"无畏"号而欢呼。英国皇家海军水彩画家学会的纳什根据英国皇家海军"无畏"号上的麦克纳布医生的速写绘制。

远东战争

THE WAR IN THE FAR EAST

中日之间的战争已经出现将要结束的迹象。清朝公开承认在其目前无能为力的情况下，抵抗是徒劳的，因此向欧洲寻求调解，目前正在请求与其关系最为紧密的大国帮助来实现和平。毫无疑问，清朝政府不得不做出这个决定，因为其现在实在是无计可施了——清军完全是一群乌合之众，高层官员又争论不休，再加上无计可施的无能政客，而日本凭借谨慎和令人钦佩的战略继续势如破竹地高歌猛进。夺取旅顺港似乎只是时间问题，因为日军已经在辽东半岛两端登陆，切断了这个重要港口与清朝大陆之间的联系。诚然，清朝这片国土的复杂地形可能会延缓日军两支部队的会合。但根据以往的经验，旅顺港的守军不见得会进行顽强的抵抗。而此时的清军舰队仍然躲在威海卫炮台的护卫之下。再往北，入侵的日军现在已经占领了凤凰城。凤凰城附近有一条岔路，向北直接通往奉天，因此可以说通往奉天的道路已经打开。大多数报道认为，有一支强大的清军驻守在这条道路上。但可能性更大的是，清军正集中精力保卫通往北京的道路，他们相信南北两个方向的日军一旦联合行动，将会威胁北京。在这一困局中，清朝政府撤掉了忠诚的老臣李鸿章，仟命皇帝的叔父恭亲王"督办军务"，此外还将平壤军队的指挥官卫汝贵将军和海军提督丁汝昌降职，以示对最近战败的惩罚。承认日本对朝鲜的占领和对日赔偿，被认为是清朝能够获得和平的条件，但胜利的一方肯定还会要求更多的条件。

冤家路窄：在清朝海域上，俄国海军军官造访一艘英国军舰。英国皇家水彩画家学会的纳什根据英国皇家海军柯尔的速写绘制。

NOVEMBER 17 1894　　◆	THE GRAPHIC	◆　　SATURDAY，No.1303
1894 年 11 月 17 日	图片报	星期六　第 1303 期

清朝的未来
THE FUTURE OF CHINA

不久前，罗斯伯里（Rosebery）伯爵谈到了"无头清朝"的危险。如果我们愿意相信威妥玛爵士[1]的话——世上没有人比他更了解中国——这种危险就不仅仅是我们这位富有想象力的首相凭空想象出来的了。在威妥玛看来，日本对清朝进行的毁灭性打击，很可能危及清朝皇室的存在——"如果脑袋掉了下来，四肢都会跟着倒下去"。想到清朝陷入混乱的前景，即便最胆大的政治家也会不寒而栗。突然爆发的反对势力、相互争斗的各种政治力量、几十个可能宣布独立的半自治状态的省份，这不仅对亚洲的和平，对世界的和平都将构成巨大威胁。而且清朝一旦分崩离析，或许永远不可能重建，除非采取大规模的军事行动。而军事行动的规模之大，恐怕连三国同盟[2]引以为傲的军力都无法与其相比。单想一想四亿人处于无政府状态，就足以让人喘不过气来。结果会怎样？各国的武力干预可能意味着大肆瓜分——如果清朝没有完全分裂的话。不管怎样，目前的清朝疆域将成为历史，因为即使没有外力干预，它也肯定会四分五裂。

---

[1] 著名汉学家，曾任英国驻华公使，因发明用罗马字母标注汉语发音的"威妥玛注音"而闻名于西方。——译者注
[2] 为了对抗法国和俄国，1882 年由德国、奥匈帝国、意大利结成的秘密同盟。——译者注

日本的战争速写
JAPANESE WAR SKETCHES

在胜利之后,日军的惯例是各军团举行庆功宴会。下面第一幅插图就是一位日本艺术家根据一场庆功宴所画的速写。

第二幅插图表现的是驻汉城的日本公使大鸟圭介会见一些朝鲜宫廷官员。日本公使强调改革朝鲜腐败政体的重要性。这次会见可能发生在大鸟圭介被一些朝鲜士兵袭击之后,当时他正在前往王宫将与国王进行会谈的路上。日军驱散了占据宫殿后方墙上的朝鲜人,随后公使觐见了国王。

第三、第四幅插图同样由日本艺术家创作,展现日本海军在鸭绿江口和在牙山战斗的场景。日军自然成为了画面的重心。

日军在牙山之战胜利后举行庆功宴。

上图｜日本公使大鸟圭介与朝鲜官员的会谈。大鸟圭介强调改革朝鲜腐败政体的重要性。
下图｜在鸭绿江口丰岛外的海战：日本人登上清朝军舰"操江"号。

上图｜日军在朝鲜牙山大胜清军。

右图｜检阅旅顺港守军。当时这座港口正遭受日军围困。英国皇家水彩画家学会的弗兰克·达德根据一幅快照绘制。

在清朝登山的遭遇
THE ASCENT OF A CHINESE MOUNTAIN

当地的清朝人会在特定的季节焚烧山顶上的野草,以便雨水将灰烬冲到开垦出的山谷中。看到一小群欧洲人后,他们点燃了野草,以便给来访者制造麻烦,然后,他们极其粗暴地提出赔偿要求。他们自然没有得逞,于是有人扔石头,并采用非常可怕的威胁方式。

右图 | 在清朝登山的遭遇。皇家水彩画家学会罗伯特·巴恩斯(Robert Barnes)根据一幅速写绘制。

右图① | 当地一家人划船送我们过河。
右图② | 我们聘请了一位懂礼貌并乐于助人的向导。
右图③ | 他略显忧郁,有些孩子气。
右图④ | 事实证明,攀登过程极其艰辛。
右图⑤ | 在山顶上我们忙于吃午饭,没有注意我们的向导在后方酝酿着阴谋。
右图⑥ | 直到一些流氓放火引燃了草地。
右图⑦ | 然后他跑在前面,告诉所有人是我们引起了火灾。我们被迫匆忙撤退。
右图⑧ | 当我们拒绝赔偿之后,情况变得愈发严峻。
右图⑨ | 我们离开时远没有来时那么愉快。

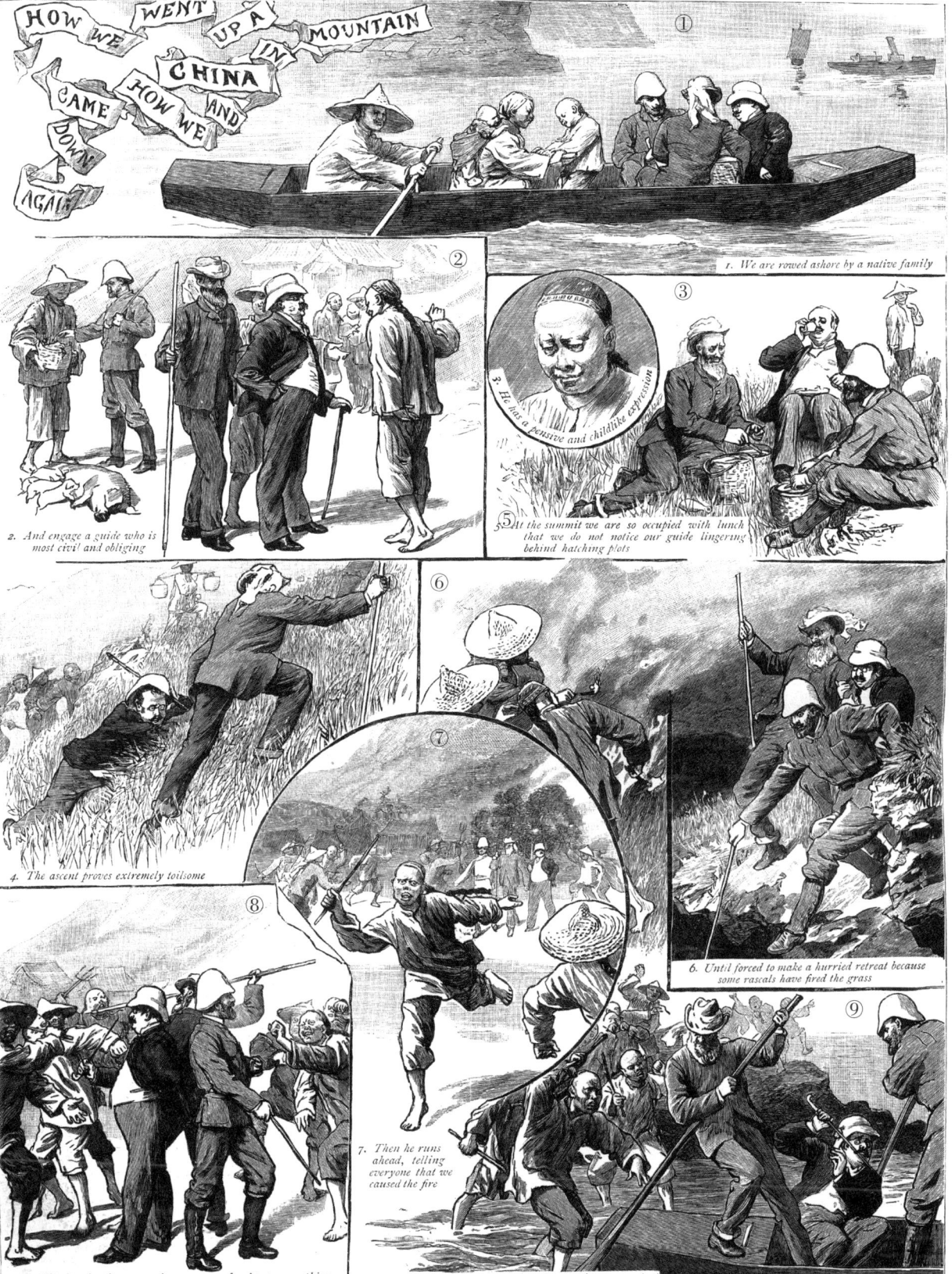

| NOVEMBER 24 1894　　1894 年 11 月 24 日 | THE GRAPHIC 图片报 | SATURDAY, No.1304　　星期六　第 1304 期 |

远东战争
THE WAR IN THE FAR EAST

　　日本对旅顺港的进攻并不像预期的那么迅速。日军将领一贯谨慎，在日军没有完全做好应对所有紧急情况的准备之前，并不急于发动攻击。尽管没有消息传来，但清军在此地表现出的战斗面貌似乎比在其他地方更好。据说，日军在旅顺港以北 30 英里处遭遇惨败，被迫撤退。对此，日军给出了不同的说法，声称他们击溃了清军。无论如何，清军除了应战别无选择。在其他情况下，他们还有路可逃，但现在他们被困在半岛上，就像捕鼠器里的老鼠一样，无路可退。因此，日军舰队在协助陆军元帅大山岩的行动方面发挥了重要作用。而清军大多数舰船仍在威海卫"休整"，为应对日军即将发起的攻击做准备。清朝政府目前已经认识到本国将领无法有效地指挥舰队，因此任命了一名英国商船船长马格禄为海军副提督。在北方，日军向东北地区进军时遭遇了比以往更坚决的抵抗。清军采取游击战术，极大地阻碍了敌人入侵的脚步。然而，一支日军在没有遇到任何抵抗的情况下占领了岫岩（Siuyen），当地的清军在日军到来前便逃之夭夭。其他方面没有新的进展。日本对和平建议充耳不闻，因此美国总统克利夫兰撤回了调解提议，美国人多少有些受到怠慢的感觉。与此同时，清朝皇帝试图通过一次外交接见赢取欧洲人的支持。

右图｜东京街头一景：人们聚集在一家书店外围观有关日军获胜的图片。

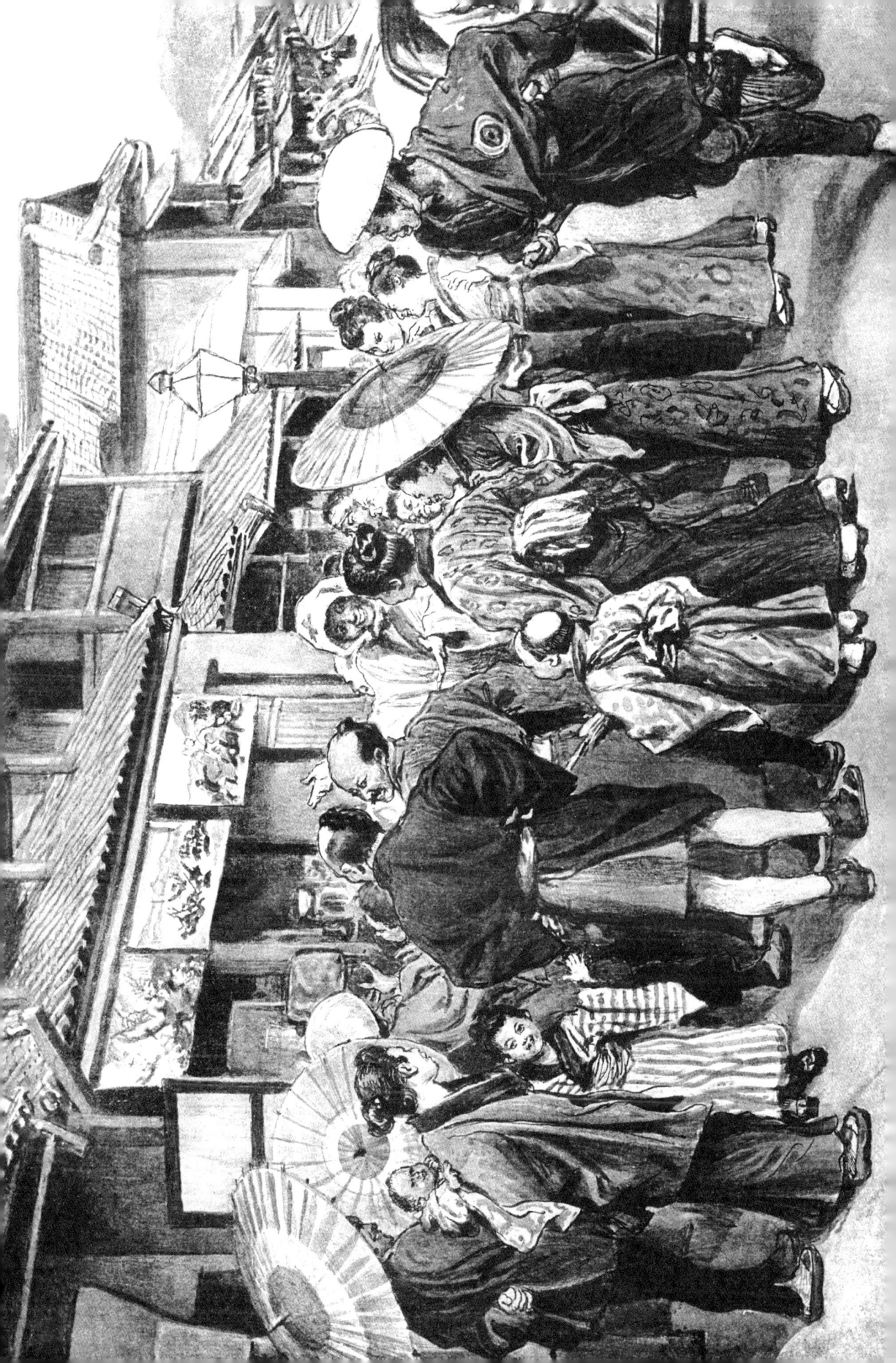

| DECEMBER 1 1894　1894 年 12 月 1 日 | THE GRAPHIC　图片报 | SATURDAY，No.1305　星期六　第 1305 期 |

旅顺港陷落
THE FALL OF PORT ARTHUR

随着旅顺港陷落,清军在当前这场战争中取得胜利的最后机会也消失了。如果清军没有完全灰心丧气,那么在旅顺港尚未沦陷的时候,他们还有挽回损失的机会。日军舰队勇猛的打击使大山岩元帅处于非常尴尬的位置,因为在这场战役里,日本

营地厨房。本报特约随军艺术家根据真实的生活场景绘制。

海军很有可能耗尽弹药，不得不回国补充。没有舰队的保护，日本陆军就有可能陷入危险的境地，清军的勇气和指挥才能就有机会表现出来。不幸的是，清军似乎没有将才，他们的士兵也同样缺少纪律性和士气。当日军在玩他们的冒险游戏时——毫无疑问，他们既依赖自己的陆军和海军实力，也依赖北京决策层的不和及堡垒里清军受到威胁时的惊慌失措——清军的表现证明其敌人的一切算计都是正确的。清军的舰队闲置着，只有在自沉时才起到一点儿作用。他们在首都的将军和政治家们无法就任何一项行动计划达成一致，而他们在旅顺港的军队则在身前的敌人和身后惊慌失措的主人之间战栗。在一片混乱中，这些堡垒是否储存了足够的食物来应对日军的围攻似乎也很值得怀疑。当然，现在游戏结束了。日军将会以旅顺港为基地。以后的战役中，他们不再会遇到任何障碍，用不了几个星期，他们就将占领北京。

平壤之战后

AFTER THE FIGHT AT PING YANG

战地一角：日军驱使清军战俘搬运死亡和受伤的士兵。本报特约随军艺术家根据真实的生活场景绘制。

远东战争
THE WAR IN THE FAR EAST

任由日军摆布

随着旅顺港陷落，清军几乎失去了最后的希望。由于害怕和绝望，他们已经完全没有能力制定和执行任何抵抗计划。因此，日军进军北京已经毫无障碍，似乎只有和谈才能阻止日军前进的步伐。夺取旅顺港的行动是在谨慎和精心筹划下完成的，这是战争开始以来日本的一贯特色。日军用整整两个星期慢慢收网。在此期间，两支日军不断前进，控制了旅顺港所在半岛的两端，并与海军舰队保持联系。这里地形复杂，没有道路，但是他们继续前进，最终穿过要塞背面的山区，两军完成会合。清军的防御工事一个接一个地被攻下，虽然他们也曾勇敢地战斗。战况十分激烈，以致日军几乎是一步一步地前进了两天。最后，一队日本鱼雷艇进入港口，才将人们的注意力吸引到海上。日军对剩余堡垒进行了一整天的灵活攻击，不但夺取了清军最重要的军火库和造船厂，还控制了北直隶湾。共 1.5 万名日军与 1.3 万名清军参战。清军阵亡 2000 余人，其余人则神秘地消失了。这显然是因为围攻的一方不愿被过多的俘虏所拖累，给他们留下了一条逃跑的通道。据说，日军只损失了 350 人，便缴获了无数枪炮、弹药和军备物资。清军舰队除了守在港口外，好像没有其他事可做。和往常一样，海面上没有看到清军舰船，不过有 12 艘舰船在旅顺港被俘获，其余的逃到了威海卫。更糟糕的是，清军最大的铁甲舰"镇远"号进入港口时搁浅了。

概要

中日之间的战争，从 7 月 25 日丰岛附近发生的第一次战斗至今，已经持续了 4 个月，其中共有 4 次重大战役——牙山之战、平壤之战、黄海海战和旅顺港之战。

7 月 25 日，3 艘日本巡洋舰与 3 艘护送运输船的清朝军舰在朝鲜海域相遇，这场战斗已经广为人知。清朝的 3 艘军舰中，一艘（救援船）被俘获，一艘（炮艇）顽强抵抗，被逼至浅海区炸毁，还有一艘（装甲巡洋舰"定远"号）逃走了。3 艘运输船中，有两艘安全进入港口，第三艘"高升"号沉没。随后，7 月 30 日，清军在朝鲜南部的牙山阵地陷落，其驻军全面向北撤退。

进攻平壤

牙山之战后,清军在朝鲜半岛上的大本营只剩平壤。平壤坐落于大同江畔,四周建有城墙,地处朝鲜首都汉城(目前在日本控制下)到满洲边境的交通要道上。这个城市在战略上的重要性是众所周知的,而清朝守军的部署非常巧妙。城外的每一处高地周围都挖了深深的壕沟,并建立了掩蔽工事以掩护步兵,克虏伯和加特林大炮被安装在整齐的护墙后面。共有约1.6万人把守这里,这是清军中素质相当不错的一支部队。

日本在牙山取得胜利后,没有浪费任何时间。8月7日,一支1.5万人的部队从汉城向北行进,直奔140英里外的平壤。9月2日,另一支1万人的纵队在朝鲜东海岸的元山登陆,向西行进。两地的距离是90英里。经过两天断断续续的战斗,平壤东部和东南部的所有外围堡垒都被日军占领了。

从南部和西南部进军的纵队,冒着炮火穿过大同江。面对没有位置架设大炮的困境,日军以极大的勇气一拥而上,越过一道4米高的护墙,占领了第一个阵地。这是唯一一处遭到清军激烈抵抗的地方,守城的是叶志超将军。9月14日午夜,日军西北纵队发起进攻。9月15日日出时,已经不再有任何抵抗,日军占领了这个方向所有的外围防御。实际上,当天下午2点左右,合围已经完成,日军命令守城者投降。

海上战斗

7月25日丰岛海战后,清军舰队就龟缩在威海卫港和旅顺港,只有一次巡航到离大陆不远的地方。然而9月中旬,对平壤的局势感到不安的清朝当局决定派遣大批部队到边境,必要时协助守卫鸭绿江北岸的要塞。舰队奉命将运兵船从旅顺港护送到鸭绿江。士兵们于9月14日登船,待15日平壤陷落的电报传来,舰队立刻出发。第二天早上抵达岸边后,舰队放下运兵船沿河上溯,然后停泊在海岸以西大约10英里处,并布置4艘战舰和6艘鱼雷艇在入海口处担任警卫。增援部队就这样毫无阻碍地下了船。实际上,在河流的上游,直到一些鱼雷艇把沉船上捞上来的人带来,人们才知道随后发生的战斗。

9月17日上午10点左右,西南方向的清军警戒人员看到几艘冒烟的军舰,(丁汝昌)提督立即命令舰队起锚,并开始对这些陌生的军舰进行侦察。其后,他命令"定远"号和"镇远"号旗舰，以及"经远"号、"来远"号、"致远"号、"靖远"号、"济远"号、"扬威"号、"超勇"号、"广乙"号巡洋舰排成一行，以每小时7海里的速度前进。但是，"超勇"号和"扬威"号拔锚时耗费时间太多，落在了后面。

逼近的舰队是伊东祐亨率领的日本联合舰队。排在前面的是由"吉野"号、"浪速"号、"高千穗"号和"秋津洲"号组成的第一游击队。这4艘速度极快的巡洋舰，能够以17节的速度航行。紧随其后的是伊东祐亨司令率领的本队，由"松岛"号、"严岛"号、"桥立"号、"千代田"号巡洋舰和"扶桑"号铁甲舰组成。还有3艘舰船，由于种种原因，伊东祐亨命令它们不要参加战斗。它们是缓慢的"比叡"号巡洋舰、"赤城"号炮舰和武装商船"西京丸"号——日本海军第一任军令部长的座舰。

所有的战斗细节现在没有必要再重述。清军舰队英勇战斗，却在战术上败下阵来，并在各个方面节节败退。不过清军舰队并非完全看不到胜利的曙光。日本"比叡"号几无完肤，在熊熊烈火中狼狈逃窜；"赤城"号舰长毙命，代理舰长负伤。但这些损失显然比不上撞击日本主力舰"吉野"号未果，后被击沉的"致远"号，以及被引燃的"来远"号和"靖远"号。

"定远"号和"镇远"号也分别受到日军5艘主力舰艇密集炮火的攻击。日军舰船一直与清军舰船保持着距离，并密集地发射速射炮弹。"定远"号和"镇远"号是清军的铁甲舰，其中一艘的一个小弹药库被引爆，另一艘的一门大炮被炸毁，死亡50人。与这两艘铁甲舰设计时的防护强度相比，这些损失微不足道，它们在这场战斗中几乎毫发无损。夜幕降临时，所有的船只都耗尽了大部分弹药，分别去接应各自的战友。日军撤退到大同江，清军撤退到旅顺港。不过，日军还是占优势的一方。几天后，他们的巡洋舰就开始在清朝的海岸巡逻了。

中日海军

如果需要解释英国对中日两国海军行动的兴趣，那么可以在与参战双方受训的情况中找到答案。从英国的角度来看，这场战事中有很大的戏剧成分，因为不仅参战双方使用的大部分武器、军舰和枪炮都是由英国制造和供应的，而且双方军舰上的战斗人员是由英国军官训练出来的，采用的也是英国的作战方法。因此，从某种程度上来说，英国现在正在观察自己的"工作成果"。有趣的是，根据这两个国家在英国的指导下吸收和获益的方式，可以清楚地看出两个国家的不同风格。

日本人的格言是"执行"，而这一格言在日本海军军官身上表现得特别明显。他们从早期培训他们的教官那里继承了语言的腔调和性格特点——勇敢、聪慧、开明、思想开放。只要给予适当的机会，日本海军军官注定会在世界历史上留下自己的足迹。从日本政府决定采用英国的海军体系替代原有的法国海军体系开始，至今已近30年，当时英国的海军体系已经得到一些有权势的日本大名[1]验证，数名英国军官和军士开始担任教官。从那时起，各个方面都表明，日本海军军官从英国教官的建议和指导中受益良多。他们的聪慧和效率数次得到出任英国驻地总指挥的海军上将的赞扬。

必须知道，与英国一样，所有的日本人都是优秀的海军，这些东亚的岛民具有航海传统。在日本内战中，英勇作战的榎本武扬[2]一直被英国海军陆战队铭记，更不要说1869年4月发生的宫古湾海战，"回天"号（Eagle）上的海军陆战队勇敢地尝试撞击"东"号（Stone-wall Jackson）的事迹。日本海军大臣西乡从道的一名亲属指挥着炮台坚定地反击了我们在鹿儿岛湾的军舰。最可惜的是，"浪速"号舰长残忍而不近人情的行动[3]，让这一传统蒙羞。

虽然清朝海军与日本海军一样勇敢，但他们没有日本海军那么敏捷、活跃和精力充沛，那些清朝南方人尤其明显。如果清朝所有的海军军官都能达到丁汝昌提督的水准，那么这场战争应该会走向另一个方向。如果当时清朝政府允许这位能力卓越的将领按照自己的设想攻击往济物浦和釜山运输军队的日本舰队，那么战争的情形会是另一番景象。每一个与他们有些联系的英国人，都知道清朝人拥有成为海军士兵的良好素质。不过，日本坚持采用欧洲式的训练方法已经超过30年了，而清军采用同样的训练方法进行持续训练估计还没有25个月。值得注意的是，7月的鸭绿江海战中遭遇不幸的"致远"号和其他几艘舰船的指挥官都来自清朝南方省份。毫无疑问，丁汝昌提督指挥下的海军军官，展示出了超越其广东和福建同僚的巨大优势，指挥舰艇他们可以和日本人做得一样好。

---

[1] 日本幕府将军的封臣。——译者注
[2] 1868年明治政府建立后，幕府海军副总司令榎本武扬率领8艘军舰北上虾夷地，成立虾夷共和国。随后举行了亚洲第一次记名选举，得到英法各国承认。成立125天后终结。——译者注
[3] 日军不顾交战原则袭击运送清军的英国商船"高升"号。——译者注

清朝人性格里的保守主义也体现在他们的服装上，尽管在平壤的清朝海军士兵的制服与英国相似，但海军军官们还是穿着传统服装。从鸭绿江海战中获悉的所有情况都显示出日军在纪律和战术方面的优势。

马格禄船长
CAPTAIN MCCLURE

新任北洋海军总教习马格禄曾是一名商船船长,在清朝水域有着长期的工作经验。在怡和公司工作期间,正是他将不幸的"高升"号从巴罗港(Barrow)驾驶出来,并管理了几年。几个月前,他接受任命,担任一艘清朝情报船的指挥官。担任船长期间,他充分证明了自己的能力,从而赢得清朝海军的重要职位。马格禄船长的父亲——已故的麦克卢尔先生是盖洛韦(Galloway)伯爵的建筑师。

北洋海军总教习马格禄船长。根据上海光绘楼照相馆(The Shanghai Photographic Enlarging Company)的照片绘制。

平壤作战计划
PLAN OF THE BATTLEFIELD OF PING YANG

战役于 9 月 15 日凌晨 3 点打响。大岛义昌所部最先发起进攻，（大同江南岸）战斗持续到下午 1 点。日军 136 人阵亡，150 人受伤。[1] 立见尚文所部在早晨 4 点加入战斗。他们在占领了作战计划图右侧的堡垒后，对城市北侧的堡垒发起猛攻。佐藤正大佐同时在侧翼发起猛烈进攻，迅速攻占了外围的堡垒。他所在的部队来自于距离平壤 90 英里的元山港。野津贯道所部在上午 7 点，出其不意地出现在清军的后方，以防他们从后方撤往山区。第二天，日军在毫无抵抗的情况下进入平壤。下面的插图由本刊在日军中的特约艺术家创作。

大同江风光。日军在平壤战役中渡河作战。

---

[1] 日本参谋部资料为死 140 人，伤 290 人。——译者注

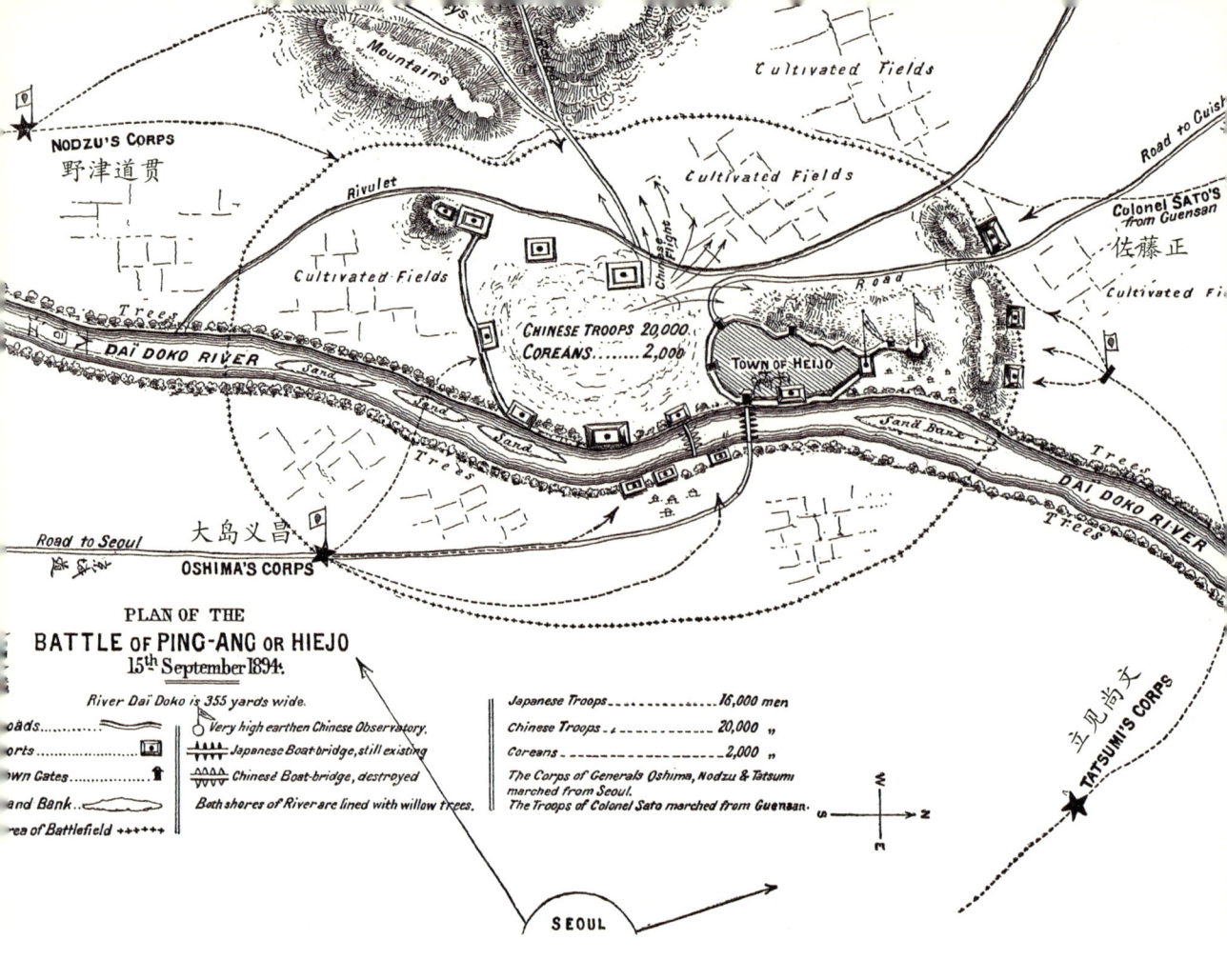

平壤作战计划示意图，显示了日军兵力布置情况和进攻方向。

平壤战场：席卷清军阵地

THE BATTLEFIELD OF PING YANG: STORMING CHINESE POSITION

　　清军在平壤的防卫布置比牙山更富技巧。城外的每一处高地都很坚固，在每个能够发挥大炮作用的地方都布置了大炮。可这些阵地却一个接一个地被日军攻破。9月15日下午2点，损失惨重的清军纷纷从各个方向撤回城区。当所有的外围堡垒都被攻破后，清军似乎放弃了抵抗，日军占领城区显得轻而易举。

平壤战场:席卷清军阵地。斯莫尔(W. Small)和弗兰克·达德根据本报特约随军艺术家的速写绘制。

日军战舰

JAPANESE WARSHIPS

下文是自中日宣战以来,参加黄海海战及其他战役的日军主要舰船的插图及说明,我们根据目前收到的资料对细节进行了修改。

黄海战役中,日方共投入9艘巡洋舰,分为两个中队,外加1艘铁甲舰、1艘炮舰、1艘武装商船和5艘鱼雷艇。他们只有1艘遭受重创,并且第二天均可再次投入战斗。[1]

"浪速"号和"高千穗"号是姊妹舰,两者均为防护巡洋舰,由阿姆斯特朗公司的劳沃克船厂建造。其参数为:舰长91.4米、舰宽14.1米、吃水5.8米("高千穗"号为6.1米)、排水量3650吨("浪速"号为3709吨)。重要部件(如机械装置等)上方的装甲甲板厚76毫米。武器装备包括两门260毫米的克虏伯火炮(分别放置在船首和船尾)。船员由炮罩保护,炮座由坚固的钢铁装甲遮蔽。此外,该舰还装备6门150毫米的克虏伯火炮和16门较小的速射炮。编制325人。"浪速"号最高航速为18节,"高千穗"号为18.5节。这两艘军舰都参与黄海海战,看上去都很幸运,只受了轻伤。中日两国正式宣战前,清军巡洋舰"济远"号向"浪速"号开火,之后"浪速"号击沉了"高升"号运输船,引起了轩然大波。那枚来自"济远"号的炮弹击中"浪速"号的军官室,但没有爆炸。[2]

穹甲巡洋舰"吉野"号由瓦茨(P.Watts)先生设计,建造于英国阿姆斯特朗公司的埃尔斯维克造船厂,是当时投入使用的航速最快的巡洋舰。其参数为:舰长109.73米、舰宽14.17米、吃水5.18米、排水量4150吨。穹甲中央隆起的部位厚43毫米,两侧坡面斜向水线下的部分厚度为100毫米至127毫米,煤储存在装甲甲板上以加强防护。它全副武装,使用阿姆斯特朗公司制造的速射炮,包括4门150毫米的火炮、8门100毫米至178毫米的火炮及22门使用1.36千克炮弹的火炮。功率为1.5万马力[3],航速23节。运输船"高升"号沉没时,"吉野"号与"浪

---

[1] 实际上日舰受创也十分严重。旗舰"松岛"号完全丧失战斗力,"吉野"号仅剩一具躯壳,"赤城"号和"比叡"号受重伤,"西京丸"号被击沉。——译者注
[2] 与史实不符。日舰率先袭击中国舰船。——译者注
[3] 1英制马力≈746瓦。——译者注

上图｜"浪速"号。
中图｜"高千穗"号。
下图｜"吉野"号。

速"号正在现场。据一个清朝人称,"吉野"号在黄海海战中遭到重创。

装甲巡洋舰"千代田"号由位于英国克莱德班克的约翰·布朗船厂建造。其水线带装甲厚92毫米,约占其长度的三分之二,船体装甲厚1英寸,上覆着煤和焦炭。此舰为双层底,其参数为:舰长92米、舰宽12.8米、吃水深度4.3米、排水量2439吨,航速19节。装备着10门120毫米阿姆斯特朗速射炮和17门其他速射炮。据说它在战斗中分毫未损。

"比叡"号由爱德华·里德（Edward Reed）设计，1878 年建成于英国赫文船厂（Milford Haven）。这艘装甲舰水线带装甲厚 88 毫米至 137 毫米，在吃水线处沿船体延伸。其参数为：舰长 67.1 米、舰宽 12.5 米、吃水 5.3 米、排水量 2250 吨。武器装备包括 6 门 150 毫米的克虏伯炮（两舷各 3 门）、2 门 170 毫米的克虏伯炮（船头两侧各 1 门，可向正前方开火）和 1 门类似的船尾炮，以及几门较轻的火炮。其试船航速为 13 节。"比叡"号、"吉野"号和"浪速"号 3 艘军舰拦截并击沉了清军运输船"高升"号。"比叡"号也参加了后来的黄海海战。其间起火严重受损，被迫进港修理。

"扶桑"号是一艘中央炮房铁甲舰，由爱德华·里德设计，于 1877 年建于伦敦波普拉区。其参数为：舰长 67.06 米、舰宽 14.63 米、吃水 5.49 米、排水量 3718 吨，

上图｜"千代田"号。
下图｜"比叡"号。

上图 | "扶桑"号。
下图 | "松岛"号。

编制377人。"扶桑"号以蒸汽驱动,航速可达13节。其武器装备包括主甲板上的4门240毫米的克虏伯炮和上层甲板上的2门170毫米的克虏伯炮。舷侧的装甲厚220毫米,横舱壁装甲厚200毫米。在黄海海战中,"扶桑"号受创,必须进港维修。

"松岛"号及"严岛"号由法国工程师白劳易设计,由法国地中海铁工及造船厂建造,均为近海防御舰艇。二者参数为:舰长99米("严岛"号为91.81米)、舰宽15.59米、吃水6.05米、排水量4278吨("严岛"号为4347吨)。武器装备包括1门320毫米的加纳炮、11门120毫米的阿姆斯特朗速射炮、6门较小的速射火炮及马克沁机关炮。其试航船速达16.5节。该舰无船体装甲,但有25毫米至150毫米厚的装甲甲板前后延伸,所有舱口都覆盖着舱口铁甲。重型火炮被放置在炮塔前方。炮塔装甲厚300毫米,炮塔顶盖装甲厚100毫米,编制360人。两舰都参加了黄海海战,"严岛"号仅受轻伤。"松岛"号为日军联合舰队司令伊东祐亨的旗舰,在日方舰队中受伤最重,起火一次,并被"镇远"号的37吨重炮击中两次,除此之外还有其他损伤，惨不忍睹。然而，伊东祐亨仍将其保留在日本舰队的前列，直至战斗结束。之后，他将自己的帅旗移至"桥立"号。

从舰艇规模和配置来看，"桥立"号与"松岛"号、"严岛"号十分相似，但是由于不堪火炮之重负，在海面上行进非常缓慢。"桥立"号在日本横须贺造船厂建造。1门320毫米的加纳炮及其炮塔位于尾部。在黄海海战中，该舰离开战场时没有受到任何实质性损害。因"松岛"号严重受创，必须被送入船坞修理，所以伊东祐亨把帅旗由"松岛"号移至"桥立"号。

上图｜"严岛"号。
下图｜"桥立"号。

黄海海战

THE GREAT NAVAL ENGAGEMENT OFF THE MOUTH OF THE YALU RIVER

邓世昌指挥的清朝海军巡洋舰"致远"号[1]，在战斗开始时接近一艘日本战舰，意图对其进行打击，却遭到附近4艘日本战舰的围攻。在联合攻击下，"致远"号水下部分被击中，全体船员随船沉没。

右图｜黄海海战。纳什根据本报特约随军艺术家的速写绘制。

---

[1] 原文有误，图中为"经远"号军舰。——译者注

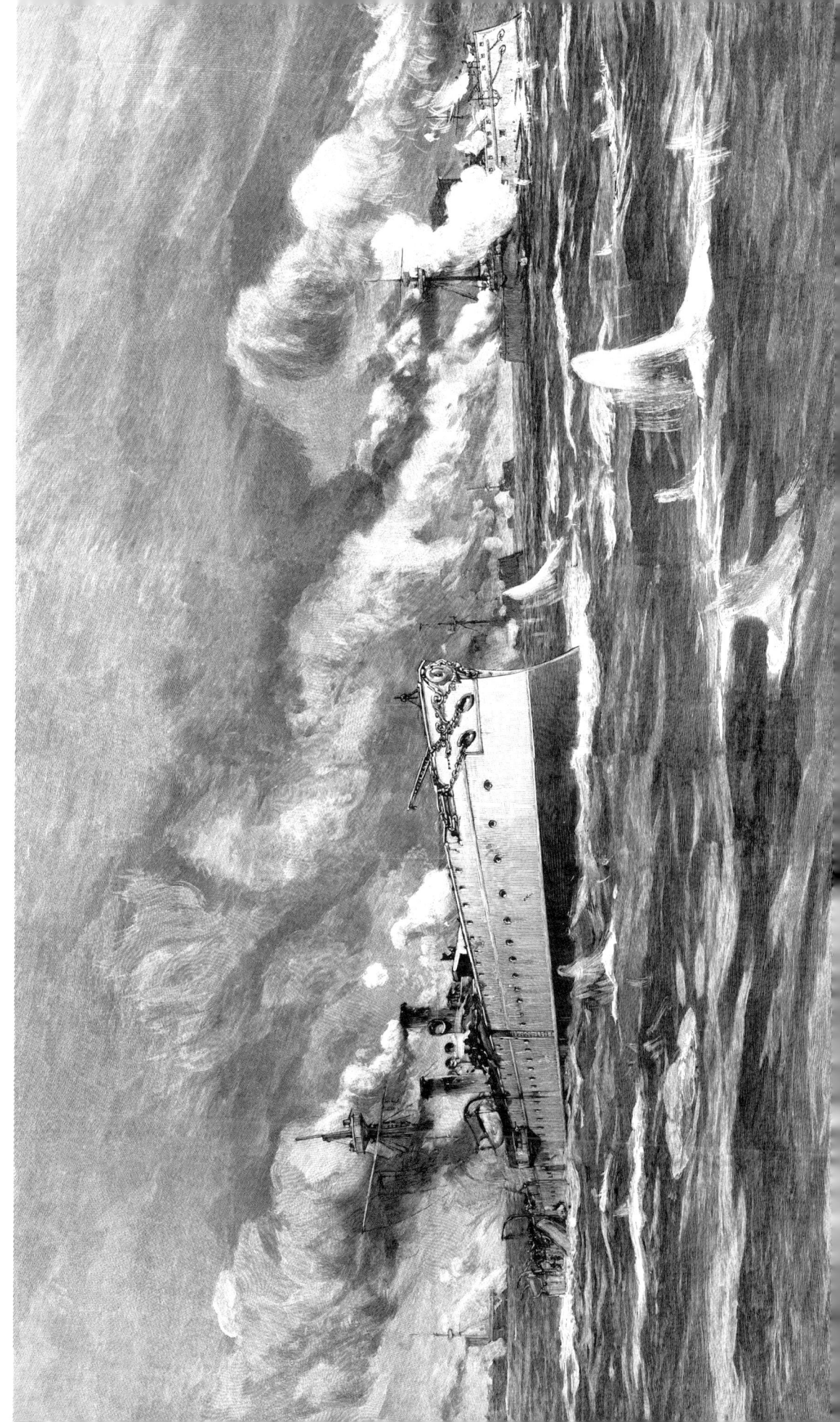

清军战舰
CHINESE WARSHIPS

下文是自中日宣战以来，参加黄海海战及其他战役的清军战舰插图及说明，我们根据目前收到的资料对细节进行了修改。

黄海海战中，清军舰队在武器装备方面落后于日军舰队，损失也在意料之中。

上图｜"经远"号。
下图｜"来远"号。

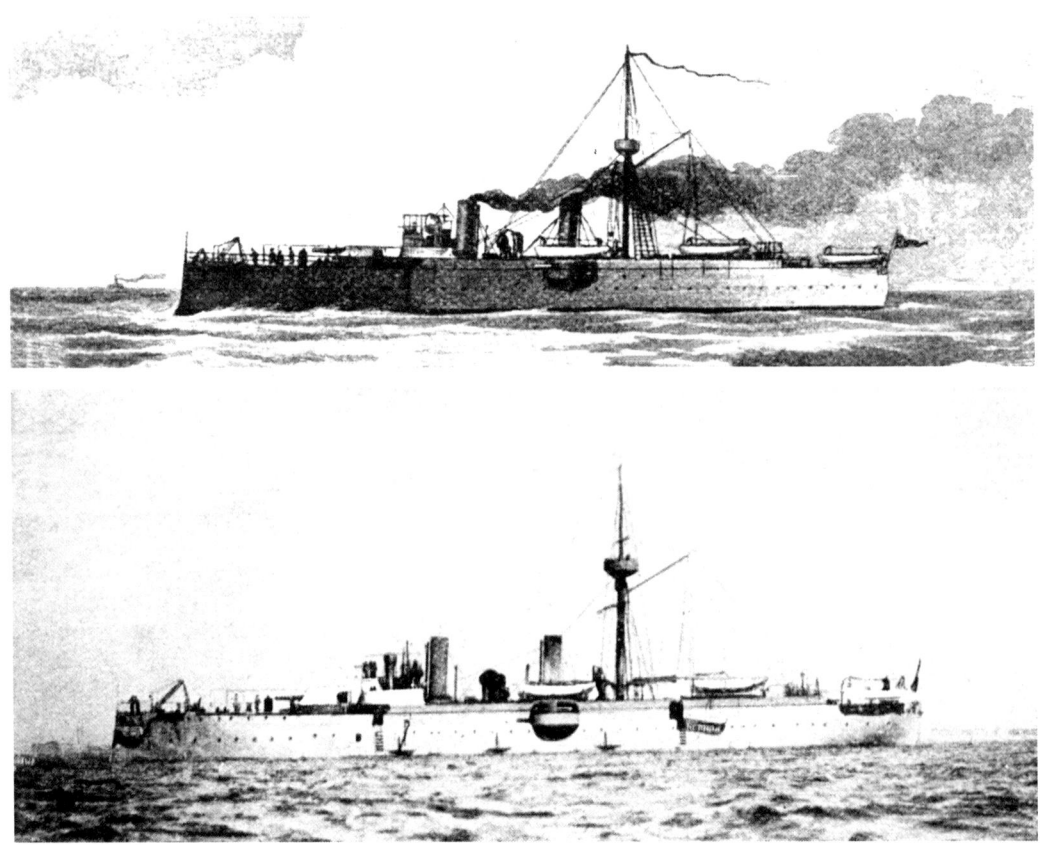

"镇远"号。

在实际参战的 14 艘舰艇、6 艘运输船和 6 艘鱼雷艇中,有 4 艘沉没。[1]

"经远"号和"来远"号由德国斯德丁的伏尔铿造船厂建造,为近海防御舰。两舰主要参数为:舰长 82.4 米、舰宽 11.99 米、吃水 5.11 米、排水量 2900 吨。水线带装甲厚 130 毫米至 240 毫米,该防护带起自轮机舱终于横越船体的 130 毫米厚的装甲隔壁。防护带前端为司令塔,其装甲厚 150 毫米,上有 2 门 210 毫米口径的克虏伯炮。此外武器装备还包括 2 门 150 毫米口径的克虏伯炮及 7 门机关炮。两舰均为双层底,试航船速达 15.5 节。两舰均参加了黄海海战,"经远"号与舰队的联系被切断后,被一艘小炮舰击沉。[2]

"定远"号和"镇远"号均为铁甲舰,由德国斯德丁伏尔铿造船厂建造,是北洋水师最强大的战舰。两舰参数如下:舰长 94.5 米、舰宽 18 米、吃水 6 米、正常排水量 7430 吨("镇远"号为 7220 吨)。每艘舰艇携带 4 门口径 305 毫米的克虏

---

[1] 北洋水师共有 2 艘战列舰、10 艘巡洋舰、2 艘炮舰、4 艘鱼雷艇参战,共损失 5 艘舰船。——译者注
[2] "经远"号在黄海海战被 4 艘日本军舰击沉,"来远"号也受创严重,后在威海卫保卫战中被日军第一鱼雷艇队偷袭击沉。——译者注

上图|"扬威"号。
下图|"超勇"号。

伯火炮,两两成对,斜连布置在类似椭圆形的炮台中,位于近乎椭圆形的堡垒中,外覆304毫米厚的装甲。2门口径150毫米的克虏伯火炮安装在主炮台的正前方和右后方,另有11门机关炮。新船的试航速度是14.5节("镇远"号为15.4节)。侧翼有152.4厘米宽、203毫米(司令塔装甲)到365毫米厚的装甲带(水线上装甲,"镇远"号为355.6毫米)。两舰均为双层底,配备150毫米厚的装甲。作为清军在黄海海战中仅有的两艘装甲舰,它们并肩战斗4个小时,共同对抗5艘日本军舰。战斗结束后,"镇远"号上共有18人死亡,42人受伤。其前炮台损坏严重,被卸下，船体上部包括桅杆、烟囱、通风机等均弹痕累累。舰上所有的木制品都被烧毁。在旅顺港接受维修后，"镇远"号在威海卫搁浅，失去战力。

"扬威"号和"超勇"号为非装甲巡洋舰，由泰恩河河畔的阿姆斯特朗公司和米切尔船厂共同制造。两舰主要参数为：舰长64米、舰宽9.75米、吃水4.57米、排水量1350吨。蒸汽机和锅炉上方的薄钢装甲甲板防护较弱。其试航船速为16节。每艘舰艇的武器装备包括2门口径254毫米、4门口径119毫米的阿姆斯特朗速射炮，以及7门轻型炮。两舰都参与了黄海海战，但与北洋水师主力舰队走散，败于日本舰队某分遣舰队的炮火下。舰体起火后，管带们命令两舰冲上岸，最后均被摧毁。

"靖远"号与"致远"号均为防护巡洋舰，由阿姆斯特朗公司建造。两舰主要参数为：舰长76.2米、舰宽11.58米、吃水4.57米、排水量2300吨。其材质为装甲，其要害部分覆有102毫米厚的装甲甲板保护。该甲板位于船体中部，高于吃水线，但侧面部分下降至吃水线以下。蒸汽机、弹药库和舵机都受这层甲板的保护。两舰都有双层底，并被细分为不同的水密舱。武器装备包括3门210毫米的克虏伯火炮（其中船首和船尾各安装一门）、2门152毫米的阿姆斯特朗火炮、8门发射2.7丁克重炮弹的机关炮和6门加特林火炮。所有的火炮都有钢盾保护。在试航中，两舰的平均速度达到18节（"致远"号为18.5节）。黄海海战后，"靖远"号返回旅

"靖远"号。

顺港，几乎毫发无伤。"致远号"在撞击一艘日本舰艇时被击沉。

"来远"号和"经远"号建造于德国斯德丁的伏尔铿造船厂，均为近海防御舰。两舰主要参数为：舰长82.4米、舰宽11.99米、吃水5.11米、排水量2900吨。水线带装甲厚130毫米至240毫米，该装甲带起于轮机舱和锅炉舱终于130毫米厚的横向装甲隔壁。装甲带前端有一处覆有150毫米厚装甲的旋转炮塔，配置2门210毫米口径的克虏伯炮。武器装备还包括2门150毫米的克虏伯炮和7门机关炮。两舰均有双层底，试航船速为16节。黄海战役结束后，千疮百孔的"来远"号驶回

上图｜"致远"号。
下图｜"济远"号。

"平远"号。

旅顺港,船尾被烧成空壳,烟囱和风筒弹痕累累。

防护巡洋舰"济远"号建造于德国斯德丁的伏尔铿造船厂。其参数为:舰长71.93米、舰宽10.36米、吃水5.18米、排水量2300吨。船的水下部分覆盖254毫米的钢制甲板,当船处于正常吃水状态时,装甲甲板的侧面部分低于吃水线144.78毫米。装甲甲板和上层甲板之间为储煤仓。武器装备包括3门克虏伯火炮(2门210毫米的位于舰首炮台,1门150毫米的位于舰尾炮台),另2门47毫米速射炮,9门单管炮。其试航船速达15节。该舰参与了黄海海战,但在战斗初期与其同伴走散。管带带领其脱离险境,返回旅顺港。据报道,在黄海海战之前,"济远"号用计接近"浪速"号并向它开火,一枚炮弹击中"浪速"号的军官室。

"平远"号为近海防御舰,建造于福建船政局。其参数为:舰长59.99米、舰宽12.19米、吃水深度4.19米至4.4米、满载排水量2650吨。"平远"号有完整的水线装甲带(238.76毫米)、装甲甲板(50.8毫米)及炮台和司令塔上的防护甲(127毫米)。炮台上配置1门260毫米的克虏伯炮,两侧耳台上各配置1门150毫米的克虏伯炮。此外,舰上还载有8门机关炮。据说,在1890年的一次试航中,其速度达到10.5节。双方交战时,该舰位于鸭绿江口,但并没有加入战局。

DECEMBER 8 1894　　◆	THE GRAPHIC	◆　　SATURDAY，No.1306
1894年12月8日	图片报	星期六　第1306期

日军的暴行

JAPANESE "ATROCITIES"

尽管目前我们得到的证据不足以证明日军在占领旅顺港时犯下了令人憎恶的不人道的罪行，但我们还是相信那里一定发生了一些令人震惊的事情。即使是最文明的国家里纪律最严明的部队，也曾有彻头彻尾的屠杀行为。然而，英国和其他欧洲国家的士兵们对于将人虐待致死并没有什么兴趣。日本人不一样，不管套上多么文明的外衣，他们的天性中仍然潜藏着残忍。

战争资源
THE SINEWS OF WAR

日本军夫正在把朝鲜钱币（中间有孔的铜钱）穿成串以便运输。根据一张照片绘制。

远东战争
THE WAR IN THE FAR EAST

　　日军占领旅顺港后，中日之间的战斗暂时平息下来。日军并没有躺在他们取得的胜利上睡大觉——他们仍然以惯常的谨慎方式秘密地准备着下一次行动。此时，清军已经放弃了抗争，急于在侵略者更加深入之前实现和平，但这种心态只能增强日军的野心。作为局势的掌控者，日本并不着急，他们提出非常苛刻的条件使双方的沟通陷入僵局，直到他们能够将清朝全然掌握在手中。另外，在大局已定之前，日本并不想让外界知晓双方已经进行和谈的消息，以免其他国家介入，阻止日本独享全部胜利果实。如果双方已经进行和谈的消息属实的话，那么无论如何，英国和俄国一定会就此事发声。据说，除战争花费之外，日本还要求清朝支付5000万两白银的赔款、朝鲜的完全独立、各种割让领土，甚至可能以占领北京作为担保。一旦清朝政府拒绝，日军将会继续进军并增加条款。日本方面正在为在整个冬天的作战进行准备。如果天气情况限制了某一路纵队的行动，那么另外一个方向的行动就会开始。

　　山县有朋的军队距离奉天已不足40英里。估计，日军不日就会占领牛庄，这是能够引发清朝恐慌的"完美"地点。在北直隶湾另一边的芝罘，难民从威海卫蜂拥而来。自从难民们说日本舰队已经在外围巡航，这里也开始人心惶惶。实际上，据说威海卫的守军已经告诉他们的长官，他们将不会与日军作战，因为日军对旅顺港的占领让他们觉得日军是不可战胜的。英国皇家海军的"海豚"号（Porpoise）目睹了旅顺港外的整个战争过程，船上军官见证了日军令人惊叹的战略和纪律性。正如伊东祐亨曾向英国军官们宣称的那样，旅顺港的堡垒非常坚固，如果有一支英勇的守军来守卫，它几乎不可能被攻破。但7名守卫旅顺港的清军将领弃城而逃，清军士兵则把仇恨发泄在那些不幸落在他们手中的日军士兵身上。日军也进行了报复，以致两天之后，旅顺港才恢复有序状态。日本陆军大将山县有朋因连续紧张的作战即将回国休养，他的老战友野津道贯中将代他指挥。野津道贯曾经是日军的最高指挥官，在平壤战役之后，山县有朋接替了他的职务。

黄海海战

THE BATTLE OF THE YALU RIVER

"赤城"号上的一位日本军官记录了"赤城"号与"定远"号之间的战斗情况。

9月15号下午1点,在大连湾,由11艘战舰和1艘由邮轮改造成的巡洋舰组成的日本舰队遭遇清朝北洋舰队的14艘战舰和6艘鱼雷艇。清军舰队的旗舰"定远"号率先开火,日舰"赤城"号、"比叡"号和"西京丸"号船速相对较慢,位于舰队后方。经过几次调动,"赤城"号很快发现自己身处战斗的核心区域,独自面对装甲远厚于自己的"定远"号巡洋舰及其他两艘敌舰。尽管实力对比悬殊,但"赤城"号勇敢的舰长坂元八郎太,手持海图,沉着地制定作战策略,指挥炮火攻击,尽力打击对手,直到阵亡。"定远"号的一发炮弹打断"赤城"号主桅,炸毁甲板上所有的上层建筑,并当场炸死了飞桥上的一名军官和两名士兵。战斗开始不到15分钟,另外一发炮弹

坂元八郎太舰长。驻圣彼得堡日本公使馆前海军武官,在黄海海战中指挥"赤城"号,在作战中战死。根据长崎的上野(H. Ueno)拍摄的照片绘制。

将这位指挥官的脑袋打掉了,他的无头尸体倒在旁边一个人的怀里。

　　海军大尉佐藤铁太郎接过指挥权,继续这场不对等的战斗。炮弹在船舷两侧同时爆炸。不久,他也多处受伤,无法继续指挥作战,指挥责任随即落在海军大尉松冈修藏的肩上。在挨个鼓励那些尚未受伤和还有作战能力的伤兵时,他被弹片击中头部和胳膊。包扎好伤口后,他继续指挥战斗。突然间,巨大的欢呼声混合着大炮的轰鸣,"赤城"号上120毫米的大炮射出了一发角度精准的炮弹,引燃了"定远"号。炮手们士气大振,继续开炮。直到"定远"号突然倾斜,船首上倾,船尾下沉,舰船及船上的所有人都沉入海中。就这样,一艘仅重662吨的钢炮艇,用120毫米口径的大炮,击沉了重达7430吨、装备着31.5吨重炮的"定远"号巡洋舰。[1] 为避免被"定远"号下沉时产生的旋涡裹挟,"赤城"号和"定远"号的友舰转向避开了。此时,天色昏暗,双方已经精疲力竭,这场不平等的战斗也宣告结束。

---

[1] "赤城"号受到重创后,伊东祐亨令第一游击队救援。"定远"号、"镇远"号两舰顽强抵抗日本舰队的围攻,虽多次中弹,几次起火,全体官兵仍然坚持奋战。——译者注

位于济物浦的红十字会医院
THE RED CROSS SOCIETY'S HOSPITAL AT CHEMULPO

济物浦红十字会医院的建筑是简陋的茅草顶木屋。医院里没有病床。根据伤员的不同情况,地面上铺着席子和絮着稻草的麻袋,供伤员休息。医院里都是民间医生,同时约有 20 名士兵作助手。急救队伍组织得很好,药品、设备和毛毯供应充足。实际上,不管是在战场上还是日本国内,那些曾目睹过日本军事医院工作的人,无不承认日本在这方面的服务工作十分优秀。

位于济物浦的红十字会医院。根据本刊特约随军艺术家的一幅速写绘制。

日军的骑兵哨。根据本刊特约随军艺术家的一幅速写绘制。

日本战地墓园

A JAPANESE CEMETERY ON THE FIELD OF BATTLE

日军第六工兵营在去往前线的路途中，停下来向在战斗中死去的同胞行军礼。军号响起，士兵们举枪致敬。

日本战地墓园。根据本刊特约随军艺术家的一幅速写绘制。

清朝皇帝的新雪橇

THE EMPEROR OF CHINA'S NEW SLEDGE

　　清朝皇帝刚刚为自己置办了一架新雪橇。这架雪橇制造于维也纳,看上去像一个装饰精致的马车车厢。当清朝皇帝出现在公共场所时,街上不会有一个人。所以这架精美的雪橇行驶在北京空无一人的大街上就是一种浪费。

清朝皇帝的新雪橇。

从塘沽港登船前往旅顺港的清军骑兵
EMBARKING CHINESE CAVALRY AT TONGKU FOR THE DEFENCE OF PORT ARTHUR

在当下的这场战争中，清军充分利用了他们仅有的一条铁路。每天都有军队经由这条铁路赶往前线。他们通常在天津站上车，坐到山海关，这段路程约为174英里。山海关是铁路的终点，也是长城的入海处。之后，军队不得不步行走完剩下的路程，赶往前线。还有一些清军士兵则乘坐火车赶往距离大沽炮台约2英里的塘沽。在塘沽，他们将登上运兵船，被送往不同的目的地。下图展示的就是清军骑兵即将登上运兵船"新裕"号（Hsin Yu），出发前往旅顺港的情景。

从塘沽港登船前往旅顺港的清军骑兵。根据塔基（T. W. T. Tuckey）在天津拍摄的一张照片绘制。

赶赴前线的士兵
经由清朝唯一的铁路去往塘沽

TROOPS FOR THE FRONT ON THEIR WAY TO TONG-KU BY THE ONLY RAILWAY IN CHINA

清朝政府充分利用了他们唯一的一条铁路,将军队和给养从天津运往新河(Hsin-ho)、大沽、塘沽和旅顺港。幸运的是,清兵并不骄纵,对于把货物塞在他们乘坐的车厢里毫无怨言。他们乘火车到塘沽去乘船。

赶赴前线的士兵经由清朝唯一的铁路去往塘沽。

远东战争

THE WAR IN THE FAR EAST

中日之间的形势几乎没有变化。和之前一样，日军悄然推进。与此同时，清军没有在日军最近的进军路线上予以坚决抵抗，而是将他们的精力浪费在守卫各个堡垒上，他们认为不久之后日军会对这些堡垒发起攻击。确实，清军与北方的两支日军断断续续地发生了一些外围战斗，但多半是游击战，抵抗的清军总是很快被入侵的日军击溃。在金家河附近，两军发生激烈战斗，但立见尚文将军的队伍战胜了清军。日军在没有遇到抵抗的情况下占领了金州。野津道贯将军（接替生病的山县有朋）率领第一军，与大山岩大将率领的第二军于牛庄附近会合，战争计划已经发生变化。日军不准备继续向奉天进发，而是考虑向北京进攻。顺便一提，清朝皇室原本放在奉天的珍宝已经被运送到了更北的地方。现在清军士气过于低落，不能积极抵抗日军。一支日军可能会在山海关登陆。山海关这座海岸边城是长城的东起点，距离北京不到 200 英里。通过这一策略，日军将会获得一条畅通的通道和一个不受约束的海军基地，并避开另一座保卫北京的城市——天津。然而，清军认为这一计划过于大胆，日军不会尝试。他们认为日军最有可能攻击芝罘和威海卫，所以正在努力加强这两处的防卫。清军甚至还担心日本会从长江进行攻击。这是因为在旅顺港陷落之后，日本军舰可以在清朝任何水域自由巡游。中日之间激战正酣，而战争的起源地朝鲜似乎被忽视了。日方对朝鲜这一隐士王国的管理并不平顺，朝鲜的阁僚们一直在计划阻止日本进行改良，并在酝酿骚乱。日本驻朝鲜公使井上馨伯爵发觉了这一计划，迅速带着告密者前去警告这些人，并威胁说日本将不再帮助朝鲜镇压当下最让他们头疼的东学党起义。最终，心怀不满的阁僚们低头认罪，危机解除。

日本陆军侦查兵在平壤附近开展侦查活动。根据本刊特约随军艺术家的一幅速写绘制。

清军士兵在北京街头操练箭术
ARCHERY DRILL BY CHINESE SOLDIERS IN THE STREETS OF PEKIN

弓箭是清军的武器。清军每年都会在北京举办盛大的阅兵式,并对箭术进行严格考核。一个士兵如果能拉动最重的弓,就会被提拔为官员,而那些神射手也会得到大家的关注。在大街上练习射箭是非常常见的景象。清朝有专门的学校训练年轻人优雅地拉弓射箭。他们持弓的方式显然与西方不同,看起来极不舒服,但他们每天都以这种姿势搭箭拉弓数小时,直到熟练地掌握这一姿势。值得注意的是,弓箭手的成绩从发力的姿势和准度两个方面来衡量。

清军士兵在北京街头操练箭术。英国皇家水彩画家学会的弗兰克·达德根据托马斯·查尔德(Thomas Child)在北京的一幅速写绘制。

打井的日本军人
JAPANESE SOLDIERS SINKING A WELL

　　到达一个朝鲜村庄后，日军的第一项任务就是打井。这样，士兵们，特别是那些住院治疗的士兵，就可以喝到水质良好的饮用水。在大多数情况下，他们很难喝到优质的饮用水，这也是很多日本士兵生病的原因。而朝鲜人并不会受到水质问题的困扰。

右图 | 打井的日本军人。根据本刊特约随军艺术家的一幅速写绘制。

向汉城行军的日军

THE JAPANESE TROOPS ON THE MARCH TO SEOUL

在朝鲜,一支日军的到来引起了十分麻木的当地居民的极大兴趣。他们坐在路边,望着这不寻常的奇观,要么惊奇地张大了嘴,要么抽着他们长长的、形状奇特的烟斗暗自称奇。

右图｜向汉城行军的日军。根据本刊特约随军艺术家的一幅速写绘制。

| JANUARY 5 1895 | THE GRAPHIC | SATURDAY, No.1310 |
| 1895 年 1 月 5 日 | 图片报 | 星期六 第 1310 期 |

远东战争
THE WAR IN THE FAR EAST

平壤之战后，日本军官审问清军俘虏。根据本刊特约随军艺术家的一幅速写绘制。

牛庄山（Kosan）战役中，日军骑着鸭绿江河谷进军。根据本刊特约随军记者米家的一幅速写绘制

远东战争
THE WAR IN THE FAR EAST

　　10月23日，一支由大约155名来复枪手组成的的日军先遣队，在陆军大佐佐藤正的带领下，试图跨过鸭绿江。为阻挡日军登陆，清军在此处修建了防御工事，但工事上的一处缺口，使得日军先遣队没有受到任何阻拦就跨过了鸭绿江。日军随即对此处的清军阵地发起进攻。清军在这一阵地上只驻扎了少量炮兵和步兵，而且在第一回合较量结束后，他们就逃跑了。日军迅速占领了该工事。

右上 | 第一次跨过清朝和朝鲜两国的边境：日本工兵架设的一座横跨鸭绿江的浮桥。

右下 | 在陆军大佐佐藤正的带领下，一支日军步兵团穿越鸭绿江后，袭击了一处清军阵地。根据本报特约画家乔治·比戈先生的速写和照片绘制。

THE FIRST CROSSING OF THE BOUNDARY BETWEEN COREAN AND CHINESE TERRITORY: A PONTOON BRIDGE, THROWN ACROSS THE YALU BY JAPANESE ENGINEERS

远东战争
THE WAR IN THE FAR EAST

随着和平谈判的迫近,中日双方均有逐渐减弱交战强度的迹象。清朝政府再次试图换将以改善战局——任命前任两江总督刘坤一取代李鸿章和恭亲王,成为清朝军队的总指挥。然而,刘坤一很清楚,目前清军毫无取胜的希望,这一职位也充满风险。他请求朝廷允许他告病辞职,但遭到朝廷拒绝。在缸瓦寨(Kungwasai)之战中,清军一改往日旧习,顽强抵抗。日军尽管最终取得了胜利,但损失惨重。大迫尚敏少将带领的先遣部队当时已无力支撑,直到桂太郎中将从海城率领援军抵达,方确定胜局。此战之后,日本方面至今尚未有重要的军事行动。尽管天气恶劣、大雪不断,但因给养充足,日军对恶劣天气的承受能力超出了预期。当地集市也重新开业了,日本货币可以自由流通。那些因为日军到来而逃走的村民也返回家园,恢复了正常生活。

战场上的情景
SCENES OF THE CAMPAIGN

在中日战争中，日本艺术家们在表现战斗情景时总是在重复同样的故事——日军的勇猛和清军的懦弱。在敌人出现的那一刻，清军仍在勇敢地加固他们的工事，但是一旦敌军冲破防御工事，清军就会迅速放弃抵抗，四处溃逃——就像前文插图中所展现的战争之初的高山郡之战一样。平壤之战也是一个典型的例子。在一场夜袭中，清军发现被日军包围后，要么在绝望中溃败逃跑，要么立刻投降做了俘虏。数百名清军士兵躲藏在城市的废墟中，当他们被找到并带到日军军官面前接受审问时，都惊恐异常。据说在平壤之战中，清军俘虏的数量达到1.4万人。他们每1000人为一组，被押解着列队穿过城市，前往日本。

后来，当日军试图穿过鸭绿江向清朝东北地区进发时，清军仍然坚持他们之前的战术。山县有朋大将以一贯小心谨慎的作风，在鸭绿江南岸等待他麾下的军队全部就位。这样一来，清军就有大量时间在鸭绿江北岸筑起坚固的工事。然而，清军在水口镇的一处工事，仅有700名骑兵和步兵，及两门大炮，不能实现有效防御。于是在一个清晨，日军工兵在鸭绿江上架起一座浮桥，一支由1600名来复枪手组成的先遣队过桥攻击了该阵地。战斗仅仅持续了数个回合，清朝守军就丢盔弃甲，逃之夭夭了。日军以极短的时间占领了该阵地。如此一来，在没有阻拦的情况下，日军主力部队数小时内就登陆鸭绿江北岸。第二天，经过3个小时的进攻，山县有朋在虎山取得了重大胜利。按照既定计划，日军第二天应该进攻九连城——这是清军防线上的一处要塞，但在实施包围的过程中，日军发现九连城的守军已经撤离了。九连城的清朝守军约有1.6万余人，但他们在宋、刘两位守将的带领下逃跑了。于是日军不费一枪一炮就占领了九连城。尽管清军在九连城建造了优良的炮台和坚固的阵地，但是大炮的数量还不足以进行防御。尤为难得的是，各炮台之间由挖掘良好的壕沟相连通。现在，所有这些都落到了日军的手中。另外，除了30门大炮之外，那里还有大量的弹药、数百杆毛瑟枪、300顶帐篷、数车大米和饲料。

平壤一处清军堡垒，可以俯瞰大同江。根据战斗结束之后拍摄的一张照片制版。

JANUARY 12 1895	◆	THE GRAPHIC	◆	SATURDAY,No.1311
1895 年 1 月 12 日		图片报		星期六 第 1311 期

旅顺港沦陷之后的景象
SCENES AFTER THE FALL OF PORT ARTHUR

攻陷旅顺港后,日军毫无顾忌地屠杀中国人:男女老幼都被残忍杀害,数以百计的尸体遍布街道。

日军攻陷旅顺港,升起日本国旗后,日方船只立即驶入内港。威利(C. W. Wyllie)根据皇家海军上尉思林的速写绘制。

日本军夫处理港内的清朝人尸体。英国皇家水彩画家学会的斯塔尼兰根据英国皇家海军麦克纳布的速写绘制而成。

旅顺港沦陷后，
清军士兵在日军的追赶下仓皇而逃

AFTER THE FALL OF PORT ARTHUR:
CHINESE SOLDIERS FLYING BEFORE THE VICTORIOUS JAPANESE

占领一处要塞之后，日军向山下推进，越过浅滩，向对面的防御工事发起进攻。在这场战役后发现了数以千计的空弹壳，由此可以想象日军在过河之时面临何种情势。在这样的火力之下他们仍继续战斗，并且把清军逼上了山坡。山上到处都是厚外套、子弹袋，以及清军在逃窜中丢弃的各种物品。

旅顺港沦陷后,清军士兵在日军的追赶下仓皇而逃。英国皇家水彩画家学会会员的纳什根据一位英国军官的速写绘制。

远东战争
THE WAR IN THE FAR EAST

在欧洲人看来，清朝方面的拖延和日本方面的谨慎，无疑使得当下这场战争的进展愈加迟缓。尽管少数英勇的清军将领在拼尽全力牵制日军向奉天和北京进军，但日军仍在对清朝步步紧逼。在该地区，3支清朝军队徘徊在日军中将野津道贯所率领的日本第一师团周围。日军在继续前进之前，必须清除掉这些障碍，所以预测双方随时可能会发生战斗。在和平谈判悬而未决时，日军无论如何都不会停止他们向胜利前进的步伐，甚至可以说，日军很可能期待和平谈判毫无结果。清朝方面对和平谈判也并不抱太大的希望，因为其不想割让任何领土，只想将同意朝鲜独立作为战争的赔偿。在多次耽搁之后，清朝和平谈判代表张荫桓出发前往日本。同时，美国前国务卿科士达先生也出发前往日本，他将在谈判期间为清朝全权公使提供帮助。与此同时，朝鲜获得了自治权，朝鲜国王正式宣布国家独立。宣布国家独立的仪式在汉城的王室宗庙内举行。

占领旅顺港
THE CAPTURE OF PORT ARTHUR

回顾战争过程，攻占旅顺港是最令人惊心动魄的一幕。当这一坚固的堡垒落入日本人手中时，清朝的失败就已经注定了。在旅顺口，清朝丢失了其最主要的海军港口。这是一个重要的军事基地，扼守着北直隶湾的入口。旅顺港位于辽东半岛顶端，守卫着北直隶湾的北部入口，就像威海卫守卫着南部入口一样。在过去的12年里，这一港口逐渐成为一个一流的海军基地，有着极好的造船厂和可以满足最大规模军事人员需求的港口设施。如果这里有一位能力卓著的将领和一支英勇的守卫部队，那么堡垒坚固、武器精良的旅顺港可谓固若金汤。另外，如果清军舰队能够指挥得当，他们也可以将敌人有效地阻挡在大海上。但是旅顺港的守军与他们那些几乎毁掉自己国家的战友一样，因为软弱与胆怯而将这个极好的阵地丢掉了。

当然，日军在发动袭击时秉承了一贯谨慎和精明的战术。两周内，日军两支部队分别从朝鲜半岛两端出发，逐步接近，最终将旅顺港与大陆隔离开来。陆军大将大山岩是最高指挥官，陆军中将山地元治将军是其得力助手。由于唯一的一条军用道路严重失修，部队和大炮穿过朝鲜半岛北部山区并非一件易事。深深的沟壑两侧是陡峭的悬崖，当士兵们往上攀爬时，土石不断滑落。11 月 20 日，日军穿过山区，经过几场小规模的战斗后，占领了一个名叫土城子（Do jo shu）的村庄。这里有一条道路可穿过峡谷，直接通往旅顺港。21 日清晨，日军到达要塞周围，他们主要的进攻目标是案子山（Table Mountain）上的堡垒。陆军大将大山岩率领中路军；在右翼的是陆军中将山地元治的部队；位于左翼的是陆军少将长谷川好道率领的部队。这些部队都部署在艰险的山区。

上午 7 点，日军率先开火。在短暂的炮战之后，日本陆军部队唱着《军舰进行曲》，开始向案子山上的堡垒发起冲锋。尽管清军发射的炮弹在队列中炸出一个个缺口，但日军两个营的士兵还是紧咬牙关，快速冲上了陡峭的山坡。战斗只持续了一小会儿，日军就高喊起了"胜利"。清军逃回城里，将阵地让给了日军。就这样，一步又一步，日军逐渐向前逼进。在这一过程中，日军炮兵充分发挥了作用，他们持续而快速地发射炮弹。清军守卫着他们的阵地，但当日军到达近前时，他们就逃走了，绝不进行白刃战。只有一支清军主动发起攻击。一支约为 2000 人的部队试图阻击日军右翼，但迅速被西宽二郎将军指挥的日军击溃了。这一天缓慢地逝去了，日军最终到达城区附近的练兵场。在这里，日军冒着雨点般的子弹，三次尝试越过一条小河，实际上此时他们已经到达城区。他们暂停片刻，重整第一师团，然后开拔入城，并迅速拿下城区的堡垒——黄金山（Golden Hill）。在没有任何抵抗的情况下，他们穿过街道、越过码头、登上山顶进入堡垒。这一天日军大获全胜。第一天的战斗全部由陆地部队完成，海军舰队没有参与，这也省去了海军鱼雷艇佯攻来吸引海岸要塞注意力的工作。不管怎样，日本国旗在旅顺港升起，宣告旅顺港的陷落，数艘军舰进入港口，但大多数军舰是在第二天所有用于保卫港口的水下水雷被引爆后才进入港口的。8 名英国人和数名其他国家的军事人员随船到达。

胜利"蒙尘"

A TARNISHED PAGE OF GLORY

旅顺港被包围后,陷落是不可避免的。当地军民对此深感恐慌。数千人逃往山中,其他人则试图乘船逃离,但很多人没能在胜利的一方进城之前找到安全的避难所,他们的命运非常悲惨。现在,有邮件详细描述了日军对失败一方的暴行,那无疑是非常残忍的。疯狂的日军撕下了伪装的西方式的文明面具,故态复萌,退化为凶残的野蛮人。在占领旅顺港之后,他们对普通人进行了长时间的屠杀。军官和士兵们一样,闯进居民家中,将他们拽出房子,冷血地将他们杀死。当时身在旅顺港的几名西方记者,都开始担心自己的性命——几名记者家里的仆人被杀死。街上堆满了男人、女人和孩子的尸体,呈现出各种挣扎或者祈求的姿势。在城里某处,25 具遭受各种刀伤的尸体堆在一起后,又遭到来复枪近距离射击,一半都烧焦了。日本苦力们被派去清理街道和收拾尸体,但他们中的很多人用更恶劣的方式对待这些尸体。那些试图乘舢板逃跑的人也遭到日军枪击。这长达 5 天的恐怖统治,其可怕程度令人难以形容。

JANUARY 19 1895　　◆　　THE GRAPHIC　　◆　　SATURDAY, No.1312
1895年1月19日　　　　　图片报　　　　　星期六　第1312期

日本与西方诸国
JAPAN AND THE POWERS

  大家越来越觉得只要是中日之间的战斗，结果一定会是日军轻松取胜，所以最近双方在盖平的遭遇战没有引起大家的重视。然而这场战斗很值得注意，因为在这场战斗中，清军第一次展现了英勇。他们不仅坚守阵地，而且当日军援军到达，改变

日军在鸭绿江边的宿营地。根据本报特约随军艺术家的速写绘制。

日军侦察兵正向旅顺港进军。根据本报特约随军艺术家的速写绘制。

了战场的力量对比时,他们还一度进行反击。报道还称,这支被打退了的部队撤退时秩序井然,并在后方数英里外的另一处新阵地展开防守。日本政府如果考虑到清朝人在道德品质上的提升,他们也许会做更好的选择。因为这种情况持续下去,必然会延长日军向北京进军的时间,仅在清朝东北地区的战事就将会让日军精疲力竭。众所周知,日军虽然是胜利的一方,但同样损失惨重。现在他们已经将能够动用的兵力全部投放在战场上了。与此相反,清军几乎还尚未动用自己的储备力量。相对于4亿的人口来说,他们损失的士兵数量简直微不足道。然而,日军的表现使得事情朝着相反的方向发展,前景不容乐观。可以确定,舰队司令斐利曼特曾不止一次收到这样的指令,意即防止日本这条"剑鱼"刺中清朝这条"巨鲸"的要害。现在,英国和俄国之间已经就战争结束后的利益分配达成一致。可以肯定地推测,在清朝沿海地区的俄军舰队收到了与英军舰队同样的命令。这样一来,如果英俄两国将来以半外交、半武力威胁的方式联合施压,迫使中日间恢复和平,人们也不会感到意外。

清朝皇帝在北京皇家园林的湖面上乘坐雪橇
THE EMPEROR OF CHINA SLEDGING ON THE LAKE IN THE PALACE GARDENS, PEKIN

每逢夏日,紫禁城内的太液池[1]开满荷花,而到了冬天,湖面结冰之后,宫里的人们会在湖面上滑雪橇。第一个利用这个机会来找点乐子的是皇帝陛下,他刚得到一架奥地利制造的新雪橇。

右图 | 清朝皇帝在北京皇家园林的湖面上乘坐雪橇。英国皇家水彩画家学会的弗兰克·达德根据北京的托马斯·查尔德提供的素材绘制。

---

[1] 太液池是唐朝的皇家池苑。此处指的是北海。——译者注

远东战争
THE WAR IN THE FAR EAST

日军在清朝东北地区愈加深入，战事就愈发困难。由于主力部队离基地太远，不管是鸭绿江基地还是旅顺港，在目前这种情况下保持联络线安全畅通都是一个重要问题。清朝东北地区冬天极端的寒冷再一次严酷地考验着这些习惯了温和气候的人们，这无疑极大地拖慢了日军的行动。尽管进展缓慢，但是他们的付出也得到了回报。通过占领盖平，日军完全将辽东半岛掌握在手中。现在他们的军队从海岸一边延伸到另外一边。盖平位于辽东湾东岸，营口以南 20 英里。营口是一个港口，位于繁荣的城市牛庄。清朝的聂士成将军为保卫盖平，将其麾下 4000 多名士兵布置在盖州河岸边。日本陆军第二军在陆军少将乃木希典将军的率领下，从两翼对其进行夹击。攻击使得位于中间位置的清军陷入混乱。经过几个小时激烈的战斗，盖平陷落，清军杂乱无序地逃往牛庄。聂士成将军本人险些被俘，日军杀死了他逃跑时乘坐的马车的马匹，并打伤他的大腿。在几名忠诚下属的保护下，他最终安全逃走了。当时，宋庆将军率领大批士兵在不远处待命。但当他得知同僚战败的消息后，这位谨慎的将军撤到了高坎（Ku-ho-hai）——该处集结了大量的清军。

目前日军第一军和第二军的部分力量实现了整合，下一步的军事行动目标可能是牛庄和营口港，目的是将宋庆将军的部队驱逐到辽河的另一侧。如果日军能够保持这样的推进速度，日军联合部队将能在春天开河时抵达辽东半岛最南端，届时日本海军舰队就能够将援军送至山海关登陆，帮助日军主力部队向北京进军。同时，在北直隶湾的另一边可能有新进展。日本陆军第三军正离开日本，明显是向威海卫进发。和谈公使仍在上海逗留，清朝人对和谈一直反感的态度。事实上，清朝人民对真实情况一无所知，他们的统治者有意歪曲了事实。在很多偏远地区，人们既不知道有关战争的任何消息，也对"一些类似于英国的国家"茫然无知。如果他们看到从鸭绿江到辽河之间，被逃跑的清军劫掠过的城市和乡村，一定会大惊失色。城市和乡村的居民及他们的家园都消失了，什么都没留下。

| JANUARY 26 1895　1895年1月26日 | THE GRAPHIC　图片报 | SATURDAY, No.1313　星期六 第1313期 |

远东战争
THE WAR IN THE FAR EAST

战事再一次变得激烈起来。和往常一样，静静地做好准备工作之后，日军突然将其第三军运抵山东半岛海角，准备占领清军第二重要的军港——威海卫。此时，清军的主要注意力仍被北方的战事所吸引。日军舰队驶过芝罘，袭击了位于其西方约40英里的防卫强大的登州府。登州府隔着北直隶湾与大海另一侧的旅顺港恰好遥遥相对。在禁受了足足一天的炮击后，登州府落入日军之手。同时，日军第三军大约2.5万人，乘小船在威海卫以东35英里的荣成湾登陆。威海卫港位于两个战场之间。威海卫港和旅顺港一样，堡垒森严、装备良好，守军多达1.1万人。据说，清军剩余的舰船也停泊在该海港内。但是即便如此，之前的经验也表明，不知威海卫能否逃脱其姐妹港——旅顺港的命运，其前景并不乐观。

遗失在西方的中国史

英国画报看甲午战争（下）

赵省伟 编　张维懿 兰莹 译

中国画报出版社·北京

| FEBRUARY 2 1895 | THE GRAPHIC | SATURDAY, No.1314 |
| 1895年2月2日 | 图片报 | 星期六 第1314期 |

被占领的旅顺港
SCENES AT THE CAPTURE OF PORT ARTHUR

旅顺港被轰炸之后：忠诚至死。

日军占领大连湾后，在旅顺港的防御工事上使用一门新缴获的大炮进行训练。根据本报特约随军艺术家提供的照片绘制。

等待摆渡过白河的清军士兵
CHINESE SOLDIERS WAITING TO BE FERRIED OVER THE PEIHO

站台上到处都是一袋袋的食物、弹药箱和士兵们稀奇古怪的行李。士兵们都裹着几层蓝色的棉衣，看起来就像气球一样。他们有的蹲着，有的四处闲晃。他们那巨大而笨拙的旗子，在防冻时派上了用场。

等待摆渡过白河的清军士兵。根据本报特约随军艺术家提供的速写绘制。

白河岸边的清军露营地

A CHINESE BIVOUAC ON THE BANKS OF THE PEIHO

远处的河岸上有帐篷和简陋的露营地，正规军和非正规军的士兵们蹲在那里。他们穿着棉衣或羊皮袄，缩成一团。幸运一些的人以小火堆取暖。薄薄的烟柱几乎融入了白色的雾中。

白河岸边的清军露营地。根据本报特约随军艺术家提供的速写绘制。

旅顺港沦陷：日军进入旅顺港
THE FALL OF PORT ARTHUR: THE ENTRY OF THE VICTORIOUS ARMY

尽管下面这幅插图有些阴森可怕，但是鉴于最近关于日军占领旅顺港的讨论，本刊予以发表。

旅顺港沦陷：日军进入旅顺港。根据本报特约随军艺术家寄来的照片绘制。

远东战争
THE WAR IN THE FAR EAST

日军从陆地上和海上同时向威海卫张起了一张大网。日军先是在威海卫以东 30 英里的荣成登陆，继而攻占了威海卫以西大约 30 英里的宁海，然后从两个方向推进，在威海卫会和，成功地将山东半岛与大陆隔离开来，就像他们在辽东半岛所做的一样。从海上撤离的通道由海军司令伊东祐亨率领的舰队把守。他已经与威海卫守军互射炮弹，交过手了。据说，北洋舰队的所有船只都被封锁在该海港内，包括黄海海战后剩下的两艘最大的装甲舰，所以威海卫仍然是一块难啃的硬骨头。大山岩大将从旅顺港渡海而来进行指挥，进攻计划明显是按照他之前在辽东取得胜利的思路制定的。日军沿海岸线全面部署，以阻止清军援助被围的威海卫守军。他们还可能会封锁芝罘，防止清军突围。然而，芝罘是一个贸易港，也是外国舰队的集结地，日军并不急于骚扰该港。当然，当地的外国居民相当紧张，外国海军和水手奉命登岸，维持秩序，防止当地人生变。在满洲，断断续续的战斗仍在持续，清军将领们为了挽救自己的祖国做着最后的努力。清朝的宋庆将军再次从牛庄向乃木希典将军领导的日军发起进攻，但在日军的炮击下，清军很快便颓然撤退了。尽管多是败绩，但清军的努力仍足以阻止日军前进的步伐。同时，清朝的和谈公使有希望于本周抵达横滨。

日军军舰炮轰旅顺港附近的村庄
JAPANESE MEN-OF-WAR SHELLING VILLAGES NEAR PORT ARTHUR

旅顺港陷落后，日军军舰在旅顺港和大连湾海岸巡航，炮轰沿岸村庄。本报刊登的下面这幅速写创作于旅顺港被占领后的第三天。

日军军舰炮轰旅顺港附近的村庄。从左到右分别为："高雄"号（Takao）、"比叡"号（Heiye）、鱼雷艇、"神户"号（Kan'go）、鱼雷艇、"扶桑"号（Fuso，旗舰）。英国皇家水彩画家学会的纳什根据英国海军斯凯尔顿（R. W. Skelton）的速写绘制。

战火中的清朝
CHINA UNDER ARMS

4日早晨，晨曦初露的时候，我沿着毫无风景可言的渡船码头行走。白河岸边白雾弥漫，河面上漂浮着雪白细碎的薄冰，地面上和树枝上都覆盖着厚厚的白霜；总之，和前一周一样，那是一个冰冷刺骨的早晨。在早晨的微光中，对面河岸上的东西只能看到淡淡的影子。渡船上满载着渡河的士兵，船上还有他们的篮子和用来抬包袱的杆子。他们身上都裹着数层蓝布棉袍，衣物足以御寒，但使得他们看起来像是一只只蓝色的气球。一个小商贩不小心掉到水里，幸运的是他抓住了渡船的绳子。后来，两三个人伸手抓住他，像拉麻袋一样把他拉上了船。

在河对岸，车站周围都是帐篷和简陋的露营地。士兵们身穿棉袄或羊皮袄，三三两两或蹲或坐地缩在那边。有些幸运儿烤着一小堆火，火堆的薄烟无声无息地消散在晨雾中。更幸运的是那些手里有点儿余钱的士兵，他们正在小商贩的摊位前吃着馅饼和鱼糕。帐篷里面的环境绝对不符合欧洲军官的要求，因为里面就像"苹果派"一样混乱，篮子、麻袋、木杆和其他难以名状的包裹杂乱地放置着。来复枪随意放在这些杂物中间。这些枪支有时候就像柴火一样被捆在一起，有时候被堆在帐篷前面、暴露在晨雾里。刺刀因沾满污渍而变成棕色，而很多带弹匣的来复枪的枪栓位置都缠着布条——这真是一种聪明的预防措施。从一个军人的视角来看颇为令人惊恐的是，这些来复枪没有枪带和子弹袋或子弹筒，至少我是完全没有看到。车站的月台上满是装着食品的麻袋、弹药箱和士兵们奇形怪状的包裹。士兵们要么蹲在周围，要么在周围溜达。车站所有地方都成为宿营地。我注意到他们利用手边巨大笨重的旗子来勉强抵御寒冷，这些旗帜多得令人吃惊。步兵旁边是一些骑兵，他们那外形粗犷、体形较小的白色战马与人群挤在一起。这些骑兵穿着款式不同的温暖的羊皮袄。有些骑兵还戴着巨大的皮帽子。而步兵只有深蓝色的棉布头巾，裹成各种不同的样式，他们的辫子也裹在头巾下面。几门大炮和有顶棚的双轮马车让熙熙攘攘的队伍显得更加杂乱。人群中站着一群身着华丽的毛皮和丝绸服装的官员。这并不是战争的场景，但看到一位军官对着下属夸夸其谈，而下属们置若罔闻，特别有画面感和真实感。

一辆火车正在装车，诸多离奇的物品被一起装进车厢——成捆的旗子、篮子、箱子、麻袋、灯笼、鼓、轮子、帐篷、锅、炮架等，天知道还有什么其他东西，真是一幅令人不可思议的景象。一起装车的还有被捆在一起的来复枪。如果一位英国军官看见他们搬运这些枪支的方式，头发都会愁白的。这么多的人和物品上车会用很长时间。经过一个小时左右的混乱，火车启动了。在登车过程中，最引人注目的事件是一位老将军和一位没能将自己的战马很快弄上车厢的骑兵之间的骂战。

清朝人的咒骂是真的咒骂，他们直截了当地侮辱对方，连对方的祖宗也不放过。这位老将军冲他的对手大发雷霆，当他的仆人拦住他并把他拉开时，他还在愤怒地喘息。有人告诉我那个骑兵免不了受到惩罚，如果他不及时开溜的话，肯定要挨一顿板子。在我们出发的时候，有个动作笨拙的人想要爬上正在行驶的火车。他立刻惊慌失措起来，不知道怎么爬上去。一些人冲上去帮忙，将他拉起来，毫发无伤地扔进行李堆里。

对于在列车上工作的少数外国人，这些清军士兵完全不会去冒犯他们。为避免麻烦，我独自坐在车厢里做笔记或者画速写，这时他们会透过窗缝偷偷看我。但是，列车上的服务人员总是不客气地将他们赶走。这些军人事先得到警告，不准骚扰车上的外国人，他们大部分都愿意遵守这一规定。但是，其中的一些人看起来并不值得信任。

一位欧洲雇员告诉我，9月份的时候，这些士兵的行为举止完全不同。有一次，由于他们对待外国人的态度太差，以致火车司机将火车头开走了，留下满载着士兵的车厢停在铁轨上。这时地方政府才明白，没有外国雇员铁路运输将会停滞。于是他们开始采取措施，防止激怒外国雇员。这表明如果愿意的话，他们可以控制人民对外国人的憎恶。但不幸的是，他们并不总是愿意这样做。尽管清朝政府对战争的过程一直秘而不宣，但这些蒙昧无知的士兵，还是从那些从朝鲜返回的士兵那里了解到了清军遭到日军痛击的事实。也许，他们现在对外国人所持的态度，可以归因于外部环境的压力。没有任何借口或者原因，可以让他们过度兴奋。为引导他们按照要求行事，这些士兵显然收到了一点报酬。他们无疑也曾得到许诺会发生好事——最后可能会变成沉重的打击——在此刻还相信这种许诺会实现是愚蠢的。但是在环境影响下，或者因为一则能让他们轻信或深信的谣言，就能让这些木讷呆滞、双眼无神的士兵短时间内转化为愤怒的暴民。

本刊特约记者于天津

夜间登陆的日军

DISEMBARKING JAPANESE TROOPS BY NIGHT

日军士兵应该是这世界上最沉默、最服从的士兵了。在他们登陆的过程中几乎听不到一点声音。上岸后士兵们就在海滩上安静地站着,直到收到向营地进发的命令才行动。登陆过程持续到深夜的情况经常发生,每到这时,海岸边每隔一定距离就会生起篝火,场景十分特别。在一系列行动中,马匹经常缺乏水和饲料,这种状况在运输途中尤为突出。恶劣的天气同样增加了它们的痛苦,许多马死掉或不得不被杀死。

夜间登陆的日军。根据本报特约随军艺术家的速写绘制。

| FEBRUARY 9 1895　1895年2月9日 | THE GRAPHIC 图片报 | SATURDAY, No.1315　星期六 第1315期 |

大山岩大将在旅顺港码头举行午宴
LUNCH GIVEN BY MARSHAL OYAMA AT THE DOCK SIDE, PORT ARTHUR

为了庆祝在旅顺港一战中大胜清军，大山岩大将在码头边为他的军官们和外国记者举行了盛大的午宴。午宴上的一支军乐队演奏的音乐使得气氛活跃起来。

大山岩大将在旅顺港码头举行午宴。根据本报特约随军艺术家寄来的照片绘制。

战斗结束后，日本军官确认死者身份
JAPANESE OFFICERS IDENTIFYING THE DEAD AFTER AN ENGAGEMENT

战斗结束后，日本军官确认死者身份。根据本报特约随军艺术家的速写绘制。

威海卫和牛庄
WE-HAI-WEI AND NIUCHUANG

此后,日本可能不会再像过去一样,将中国视为最值得尊敬的老师了。不过,可以肯定的是,随着战事的持续,清军的作战能力在不断提升。只要将威海卫守军的顽强抵抗与日军轻取旅顺港两场战事进行对比,就可以认识到清军已经开始显示出他们的耐力。在满洲同样如此,野津道贯将军明显感觉到他必须竭尽全力才能保持住前进的态势。在其前方,牛庄仍未攻克,而此时清军却变得愈发英勇,逐渐显示出由防守向进攻转变的倾向。无疑,一对一来说,日军士兵显然仍旧优于清军士兵。但是情况并不是一对一,而是一对十。因此,如果在威海卫阵亡的日军人数达到清军阵亡人数的四分之一,那么日方的损失就分外严重,胜利的代价就很大了。无论是军事方面还是经济方面,日本已经征召了本国最后的后备力量,再没有经过训练的士兵,也没有获得第三次借款的机会了。而事实上,清朝还拥有无限的资源,而且只要能够守住北京,清朝在持久战方面的优势会越来越明显。

远东战争
THE WAR IN THE FAR EAST

威海卫的陷落标志着日军的又一次重大胜利。从荣成湾登陆后,日军在10天内占领了所有的陆地防御工事。他们一步一步逼近威海卫。30号清晨,大山岩大将率领日本陆军第三军行动,同时海军司令伊东祐亨率领舰队封锁了海港,以吸引清军舰船和海岸上的火炮。日军第一次攻击的目标是清军的左翼和中路,并迅速攻克了一个又一个堡垒。双方最激烈的战斗发生在百尺崖(Pai-chi-yaso)西南方向的高地。占领了这些高地后,日军就控制了港口的东部入口,并且可以将炮口指向清军舰队。当天下午较晚的时候,最后一座炮台——赵北嘴炮台被日军占领,这标志着日军在陆地上的战斗完全胜利。但此时,坚果的果仁仍然是完整的。港口里有防御森严的刘公岛,更不用说还有清军战舰。此时刮起了让人睁不开眼睛的暴风雪,战事被推迟了数天。零下 26 摄氏度的气温使船上甲板和大炮都被冰层覆盖，大山岩大将返回荣成，只留下一支小规模的分遣队进行警戒。

到了周六，天气情况好转，日军对威海卫城区和刘公岛展开了攻击。日军从海岸炮台攻击，清军从岛上的堡垒反击。双方炮火互射，硝烟蔽海。之后，日军登陆刘公岛，以必死的决心进行战斗，并获得了立足之地，双方人员都损失惨重。然而，在尚未被占领的堡垒中，清军仍坚守着阵地，直到最后一刻。然而，他们的失败只是个时间问题。严格来说，对于日军来说，占领威海卫的精神价值大于战略价值。由于宋庆将军在牛庄外围驻有重兵，加之他对敌作战取得了小规模胜利，使得清军对自己在威海卫的失败无动于衷，而是将全部希望集中在大反攻上。现在刘坤一总督接过了最高指挥权，所以可以期待不久就会发生一场战斗。从和平谈判的失败可以看出，清朝对于实际情况是多么地置若罔闻。在广岛进行的和平谈判中，清朝公使明显只是一个传话人，在不请示北京政府的情况下，他没有权力决定任何细节。日方自然停止了和谈。

为清军搬运军需物资的苦力

COOLIES CARRYING SUPPLIES FOR CHINESE TROOPS

清军抵达通州之后，房屋之间肮脏的道路显得愈发狭窄，不停地发生堵塞。尽管队伍都呈一列纵队向前进，但向一个方向行走的人必须停下来，相向而行的队伍才能通过。在这样的一次停顿中，我看到了一队苦力和乞丐，这是人世间我见过的最可怕的苦难场景。他们双腿干瘪，蹒跚而过，头发蓬乱，肩膀上扛着装满了粗制红糖的席纹布口袋，努力保持着平衡。不时地会有人因为脱力而使得肩上的货物掉落。当这个人抬起脸，露出绝望无助的表情时，人们简直不忍心看。这样穷苦的可怜人有数百名，他们全身只有一片麻袋片蔽体。轮到我们前进的时候，我看到他们互相帮扶着将布袋放到肩膀上。他们三个人努力完成的事，只需一个健康人就够了，这使得他们成为旁观者的笑料。

为清军搬运军需物资的苦力。根据本报驻清朝特约艺术家的速写绘制。

成群的士兵和苦力聚集在通往北京的八里桥

GROUP OF SOLDIERS AND COOLIES AT PALIKAO ON THE ROAD TO PEKIN

在接近八里桥的大桥时,我们注意到在成群的苦力中间,很多士兵在路边的棚子下吃喝。他们穿着新制服,大部分是有大红镶边的蓝色外褂,前胸和后背是清军士兵特有的白色靶形图案(里面写着汉字),有几个士兵穿着带黑色天鹅绒镶边的红色外褂。所有士兵都缠着蓝色头巾,穿着厚底官靴。在路上,我们还遇到一些穿着又脏又破的制服、扛着口袋和包袱、头戴硬质圆帽的人。

成群的士兵和苦力聚集在通往北京的八里桥。根据本报特约随军艺术家的速写绘制。

日军船只在花园口卸载士兵
JAPANESE TRANSPORTS DISEMBARKING TROOPS AT KWA-YEN-KO

下图所示的清朝村庄大约有 400 栋房子。根据日语的发音,这个地方名叫"海石洼"(Hi-Shi-Wa)。

日军船只在花园口卸载士兵。从左到右分别为:清朝村庄、大山岩将军所率军队的营地。根据本报特约随军艺术家的速写绘制。

| FEBRUARY 16 1895　1895年2月16日 | THE GRAPHIC 图片报 | SATURDAY, No.1316　星期六 第1316期 |

清朝之前景
THE PROSPECT IN CHINA

3个月前，平壤战役之后，外交家和军事战略专家们众口一词地说，清朝和日本之间的战争将会在一两周内结束。之后，清朝一次又一次地经受了毁灭性的打击。如今再也没有人敢说中日之间什么时候才能恢复和平。实际上，有迹象显示，清朝方面正在悄悄部署，准备战斗到底。威海卫陷落后，清朝立刻召回了和谈公使，皇帝在一份圣旨中称他已经做好了死在北京圣坛上的准备。人们认为这一圣旨开启了一种令人惊恐的可能性。战火已经烧到清朝境内，而清朝方面绝不屈服的态度，使得这场战争一定会走向最为灾难性的结果。日本是否有能力攻入北京，很值得怀疑。这不但会给日本国内并不充裕的资源带来负担，而且在这一军事行动中，日本将无法利用海军优势，而对手却可以布置无穷无尽的军力，即使这些士兵未经训练。清朝东北地区的战况在某种程度上已经向我们展示了这一类战争的困难之处。宋庆将军仍然把守着通往奉天的道路，日军想要打到北京，还需要很长时间。假如真到那个时候，罗斯伯里伯爵[1]所说的"群龙无首的清朝"可能就实现了。届时，如果和平局面仍未实现，各国必然会进行干涉。因为纵然清朝政府可以内迁，但无论是英国还是俄国都不会允许他们现在控制的清朝海岸线被日军占据。如果这种情况发生，各国肯定会共同向清朝政府施加压力，迫使其同意一个条款合理的和平条约。

---

[1] 当时的英国首相。——译者注

清朝水域结冰
ICEBOUND IN CHINESE WATERS

一位驻牛庄的记者写道:"欧洲人和其他居民害怕逃亡者和被遣散的清军士兵,纷纷向各自的政府请愿,请求保护,结果形成了当下奇怪的局面。由于这里极其寒冷(零下30摄氏度的天气时有出现),辽河湍急的水流冲下了大块的流冰,使得停泊在河里的船只都困在了原处,因此必须在外滩挖掘干船坞。下图中这两艘船被拖进干船坞时遇到一些困难,动用了数百名纤夫。船只周围用泥土筑起防御工事,船舱上还盖上苫布,人们采取一切措施保障船上人员的安全。也许,"作者补充道,"我们与外界的联系将被切断,这个国家的混乱状态使得正常的邮递服务难以维持。这个地方挤满了欧洲人,主要是来自清朝内地的传教士,另外还有大量清军从这里奔赴前线。"

在牛庄保护欧洲人和其他居民的英国海军"火炬"号(Firebrand)和美国海军"海燕"号(Petrel)。英国皇家水彩画家学会的纳什绘制。

在交战后火化死者的尸体
BURNING THE BODIES OF THE DEAD AFTER AN ENGAGEMENT: THE "YAKIBA" OR JAPANESE CREMATION

日本军事当局认为，很有必要将阵亡或因疾病死亡的士兵和苦力的尸体进行火化，这是一项预防传染病爆发的措施。他们把尸体放进棺材里，再把棺材放在柴堆里，然后用油浸透的稻草和其他可燃材料完全覆盖棺材。通常，火葬都在选好的固定地点进行。

在交战后火化死者的尸体。根据本报特约随军艺术家的速写绘制。

天津的蒙古族骑兵赶往前线
TARTAR CAVALRY AT TIENTSIN ON THEIR WAY TO THE FRONT

蒙古族骑兵骑着他们那些粗壮的小白马混在人群中。在棉布制服下,他们还穿着按个人喜好制作的暖和的羊皮大衣,有些骑兵还戴着大皮帽。步兵们头上缠着各式各样的深蓝色棉布头巾,下面露着小辫子。

天津的蒙古族骑兵赶往前线。根据本报特约随军艺术家的速写绘制。

远东战争
THE WAR IN THE FAR EAST

  经过一系列艰难的战斗，日军最终完全控制了威海卫及其港口。在战场上，双方都以极大的勇气和顽强的决心在战斗。这是一场你死我活的决战，尽管日军官方在说明损失数字时轻描淡写，但作为胜利者他们同样付出了巨大的代价。与防守森严的刘公岛上的争夺战和海战相比，本报上周刊载的日军占领陆地防御工事的战事仅仅算是一个前奏。在这场战斗中，日军的水雷部队起了关键作用。他们夜复一夜地试图潜入海港入口，用炸弹和水下水雷攻击清军战舰。日军小船失败了三次。第四次潜入时，他们趁着夜色成功进入海港，用两颗射得很准的鱼雷炸沉了清朝海军的旗舰"定远"号。不过，他们也暴露了自己的位置，激烈的炮火迫使日军紧急撤退，他们的船只损坏严重，只有一艘完好无损地逃了出来。天气也非常糟糕，须崎上尉和他的两名侦查员在接近清军舰船时被冻死了。第二天晚上，日军再次进行尝试。他们炸沉了"镇远"号和其他一些舰船，其中"镇远"号是清朝的第二大装甲舰。当黎明到来的时候，伊东祐亨司令的部队与陆地上的炮台一起猛烈轰炸，以掩护日军的鱼雷艇，直到停靠在海湾里的清军水雷艇舰队不顾一切地冲向海港入口，成为日军鱼雷艇的牺牲品。清军12艘鱼雷艇中只有2艘突围。失去最强大的战舰之后，清军丧失了信心，不久刘公岛就被攻占。

  毫不夸张地说，日军通过数天持续的进攻，一个接一个地攻下了这些炮台。现在，只需要对付清军舰队剩余的那些舰船了。这些船挤在港口的一个角落里，日军舰艇持续机警地监视着它们，以防这些猎物逃出去。与占据旅顺港之后的情况相反，威海卫的日军受到最严格的纪律约束。一旦清军舰队被解决，公众的注意力将会集中到清朝东北地区的军事行动上。只要勇气还在，清军有足够的兵力应对一场大规模战斗。同时，日军受到严寒天气的困扰，在与鸭绿江基地之间长长的联络线上，很多士兵死于严寒。

芝罘
CHEFOO

芝罘的安全成为欧洲人特别关注的一个问题，因为现在日军已经有余力将注意力从威海卫转到芝罘上了。港口里的外国船只听到交火的声音便胆战心惊，交火的声音明显来自从威海卫战斗中撤退下来的清军军舰。日军就在城门外，当地人极有可能对"洋鬼子"发动突然袭击。令人欣慰的是，战舰上的海军士兵和当地欧洲人中的志愿者组成了巡逻队，保护着欧洲人。

一名记者写道："芝罘——距离上海500英里，乘坐蒸汽船沿着海岸航行需要两天——是距离战场最近的港口。在每次交战之后，受伤的军官和士兵都会被运到这里。从这里向东经过5个小时的航程可以到威海卫，向北经过9个小时的航程可以到另一个军港——旅顺港。在过去的几个月中，这里的海湾挤满了欧洲各国的炮舰，最多时有16艘之多，英国是其中的代表。1894年，有15艘英国炮舰、3艘法国炮舰、4艘德国炮舰、1艘西班牙炮舰和2艘俄国炮舰出现在这里。因为锚地不够安全及经常刮起北风，英国舰队并不愿在这里过冬。上周，在一场大风中，"百夫长"号在此地拖锚。当它停下来时，水深只有0.9米。芝罘大约有100名外国人，另外，还有100个在中国内地会学校（China Inland Mission School）[1]读书的孩子，他们每年有10个月的时间待在这里。这是一个特别有益健康的城市，被称为"清朝的布莱顿（Brighton）[2]"。夏天，来自上海、天津和北京的游客会到此地游玩。这里有3家轮船公司，提供从天津到这里往返的班轮。这些船大约有30艘，排水量从800吨到1160吨不等，每天从芝罘和北边的天津各发两班。其中一家公司——轮船招商局已经将其在天津的尚未被日军扣押的所有船只转让给了一家德国公司。

---

[1] 即芝罘学校（Chefoo School），1880年由中国内地会创始人戴德生牧师创办，被誉为"苏伊士运河以东最好的英语学校"。——译者注
[2] 英国南部城市，著名的海滨疗养圣地。——译者注

鸟瞰芝罘及其海湾。根据莫里（E.Murray）在第一小塔上（the First "Baby" Tower）上创作的速写绘制。

在北京的一次皇家接见
AN IMPERIAL AUDIENCE AT PEKIN

我们在北京的特约记者写道:"与皇太后六十大寿相关的庆典以一场觐见作为结尾。所有的外国公使都出席了此次觐见。这是一个重要事件,标志着围绕在皇帝周围、将其与外界隔离的障碍进一步被打破。因此,举办觐见活动的场所安排在了'紫禁城'——也叫做'皇宫'。这是外国公使第一次被赐予这样的恩惠,他们获准走进黄瓦高墙内,异族人的靴子踏上了清朝最为高贵的土地。这一特许是在所有宫廷官员以清朝风格的外交手段,极力拖延和反对之中实现的。如果不是因为当下的危急状况,清朝方面不会做出任何让步。

"紫禁城内宫殿众多,举办活动的场所非常难选。最终,朝廷选择了一座古老的建筑作为活动的场所。去过现场的人向我形容,这座建筑物看上去就像一座谷仓。为了这一活动,建筑物被清理干净,四周悬挂起帷幔。这座建筑被称为'文华殿',意为'文化之光大厅',这也是选择这一建筑作为活动场所的重要原因。英国公使欧格讷先生在使馆一等参赞宝克乐先生和其他四名使馆成员的陪同下,乘坐由骑兵护送的绿呢大轿进宫,此外,清朝政府还特别指派了一名官员随行。英国公使和他的随员们得到皇帝的特许,获准通过大殿前侧中间的台阶,进入大殿面见皇帝。在昏暗之中,皇帝端坐在大殿后部,坐北朝南,面对着大殿的入口。皇帝宝座所在的高高的地台两侧有丹墀,前面悬挂着黄色桌布的桌子上摆放着一些装饰品。宝座上是一动不动、身穿丝袍、脸容瘦削的年轻皇帝。他头戴一顶精细的黑色皮毛制成的朝冠,下方是大大的眼睛和雅致的小嘴,牙齿很白。这是一张满是忧伤的孩子气的脸。他身后是一架屏风,屏风上满是中国文字。据说,皇太后就坐在屏风后面,这样她就可以在不被看见的情况下了解事情的发展。地台下方两侧站着两位皇室亲王。在更低一点的位置上,各级官员沿着两侧依次排开——他们的着装都很隆重。

"欧格讷先生带领着他的随员首先在门槛处鞠躬;在进入大殿数步之后再次鞠躬;最后,当皇帝开始说话的时候,他们在距离宝座更近一些的位置再次鞠躬。之后,恭亲王从他们手中接过文件,走上御前左侧的台阶——在中国以左为尊,然后在御案边跪下来,将文件呈送给皇帝。皇帝低声说了几句话作为回应。随即,恭亲王走下台阶,典礼就结束了。英国公使和公使馆的其他成员鞠了一躬,面向着宝座退到右侧。"

如果最近的圣旨真实可信的话,那么皇帝还不像他的谋臣们那样盲目。他以一种东方人少有的直白,宣称清朝大难临头,因为"我们很无能,且所用非人"。然而,皇帝陛下没能鼓起勇气否决那些无能的大臣的意见,自己决定事务,而是说,如果日军打到北京,他就死在祭坛上,或将权力交回到皇太后手中。也许,那位真正统治着清朝的女士有意派出全权和平公使,而这位新的公使不会像他们的前任那样束手束脚。

英国驻华公使欧格讷。根据卡拉斯托亚诺夫(Karastoyanoff)拍摄的照片绘制。

北京紫禁城内的一次皇家接见。斯麦尔（W. Small）根据参赞宝克乐先生提供给本报驻北京特约艺术家弗里普先生的素材绘制。

| FEBRUARY 23 1895 ◆ | THE GRAPHIC | ◆ SATURDAY,No.1317 |
| 1895年2月23日 | 图片报 | 星期六 第1317期 |

东方的和平前景
PROSPECTS OF PEACE IN THE EAST

从清朝政府任命李鸿章与日本进行和平谈判一事可以明显看出,清朝最终下定决心面对这一不可避免的局面,并急于叫停这场损失惨重的战争。虽然屡遭清朝统治者贬斥,但这位前直隶总督仍愿接受这项任务,展现出他崇高的爱国精神,让所有知道他的人深感敬佩。这位杰出的政治家为朝廷忙碌了一辈子,对于晚年的他来说,这绝不是一项愉快的任务。在为国家奉献多年之后,他亲眼看到自己的工作成果被那些不负责任的阴谋家毁坏,而他现在能为国家做的最后一项工作就是在一份条约上签上他的名字。而这份条约,可以说是中国有史以来所遭受的最大屈辱。这样一份外交文书正式表明清朝承认他们所痛恨的"倭人"取得了胜利。即使条约中的条款没有这般严苛,但丝毫也减轻不了这件事给每个爱国的中国人所带来的耻辱感。无疑,即使搭上自己的脑袋,李鸿章也会尽全力为中国争取利益。在外交方面,他没有什么回旋的余地。日本是一个诡计多端的民族。在这个时间点上,他们清楚地知道自己的目的。毫无疑问,日本人已经从两个方面精确地计算过了:一方面是在欧洲各国的限制下,他们能提出的最高要求;另一方面是战败的对手的经济情况。日本人太聪明了,绝不会犯俄国在圣斯特法诺所犯的错误。[1] 在这样的前提下,李鸿章除了接受日本的要求外别无选择。我们也可以相信,对于这样一个不可避免的结局,李鸿章不会在上面浪费太长时间。

---

[1]1878年3月3日,俄国与土耳其签订了《圣斯特法诺条约》。后来,英国、奥匈帝国联合向俄国施压,迫使俄国做出了重大让步。——译者注

日军将领

DISTINGUISHED LEADERS OF THE JAPANESE FORCES

海军大将西乡从道

海军大臣西乡从道出生于萨摩藩。自日本天皇重新掌权以来，他担任过很多职务。1874年，他在征战中国台湾的过程中崭露头角。当西乡伯爵的长兄率众反对明治政府时，他留在东京帮助明治政府一方。他现年50岁左右，在当下这场战争中有出色的表现。

海军中将伊东祐亨

伊东祐亨指挥了黄海海战。他与日本海军结缘要追溯到大约30年前英国炮轰萨摩时期，这一事件使他将投身海军作为自己一生的追求。他熟习英语，曾经在美国学习海军战术。他参加了日本内战期间日本天皇的支持者和幕府将军支持者之间的海战。目前，他是日本海军联合舰队司令。

上排从左到右：西乡从道、伊东祐亨、野津道贯、大山岩、川上操六。下排从左至右：桦山资纪、桂太郎、大迫尚敏、大岛义昌、福岛安正。

陆军中将野津道贯

野津道贯子爵是萨摩藩人。他的军人生涯开始于明治维新时代。当时他领导一支日本天皇的军队,在日本内战中脱颖而出。在当前这场战争中,特别是平壤一战,让他声名鹊起。目前,他接替陆军大将山县有朋成为军队的最高指挥。

陆军大将大山岩

大山岩是占领旅顺港的日本第二军司令。大山岩很好地掌控着军队并通过野战电报机控制着日本军舰和鱼雷艇,巧妙地计划和执行了对旅顺港的进攻。陆军大将山县有朋在家养病时曾致电大山岩大将,对其攻占旅顺港的战术表示赞赏。

陆军中将川上操六

川上操六是日本参谋次长,是一位杰出的战术专家。他是当前这场战争计划的主要制定者。这一计划成功后,他将备受赞誉。他大约45岁,看起来很像欧洲人。他曾在欧洲和美国研究西方军事体系。1894年10月,日本国会在广岛举行会议时,他曾出席并向日本天皇报告朝鲜战事的进展和计划。

海军中将桦山资纪

桦山资纪是萨摩藩人,50多岁。他以勇气和决断力著称。当前这场战争爆发时,他被任命为海军军令部长。他曾经担任海军大臣。黄海海战中,他在巡洋舰"西京丸"号上观战。当时,日军舰队的指挥权在海军中将伊东祐亨手中。

陆军中将桂太郎

从清朝东北地区去往牛庄的一支日军,就在桂太郎的指挥之下。他战胜了析木城(Si Mi Tcheng)的清军,占领了由5000人守卫的海城。清军逃往辽阳。在一场艰难的战斗之后,他在海城外8英里处打败了清军的宋庆将军。然而,冬天阻碍了其向牛庄方向进军。

陆军少将大迫尚敏

大迫尚敏指挥着一个旅团。在去往牛庄的路上，这支部队在战斗中脱颖而出。这位将军对红家堡子发起突袭，集结在那里的清军溃走。与清军相比，日军的损失可以忽略不计。在多场战斗中，特别是在占领海城的战斗中，他展现出了巨大的勇气和对战术的熟习。

陆军少将大岛义昌

大岛义昌隶属于长洲藩。他参与了日本明治维新和平定西乡隆盛叛乱的战争。数年前，他获得少将军衔，成为步兵第九旅团长。当下这场战争爆发时，他指挥一个混合旅团前往汉城，并在早期的战斗中表现突出。他在平壤受了伤，但仍然留在军中向清朝东北地区进军。

陆军中佐福岛安正

1893年，当时还是陆军少佐的福岛安正，骑着马从柏林出发，到达釜山。釜山是朝鲜南端的一座港口城市。他精通对日本军队非常有用的欧洲军事技巧，而这也是他在当下这场战争中得以快速升迁的原因。他被任命为清朝东北安东地区[1]的民政长官。

---

[1] 今丹东。——译者注

远东战争
THE WAR IN THE FAR EAST

　　清朝这个一直对局势视而不见的人终于睁大了眼睛。现在，一系列的灾难在威海卫舰队全军覆没时达到顶点。北京政府再也不能自欺欺人，再也不能在全国上下掩饰自己在面对敌人时的无可奈何了。因此，清朝政府匆忙将已经革职的前直隶总督李鸿章官复原职，并任命他为最高级别的和谈公使，将其派往日本，以保证日方对他的尊重。清朝政府为和平所做的努力是否真诚，只有时间可以证明，但这次一开始就与以往不同。然而无论如何，这件事都会耽搁许久，因为李鸿章首先要进京觐见皇帝，然后到天津向美国前国务卿科士达先生进行咨询——清朝政府之前请求过他的帮助。也许清朝政府是鼓励这种耽搁的，尽管希望渺茫，但他们仍然盼望清军在满洲能够取得一些巨大的胜利，以提高他们在谈判中的地位。然而，目前东北地区的清军只是勉强重新组织了一次对海城的反击，他们从三个方向对日军阵地展开了攻击。清军共动员了 1.5 万人，但是 3 个小时后就败下阵来。日军则和往常一样，损失很小。而在其他战场，日军依然保持着优势。日军占据了守望北直隶湾南北两侧的两座要塞，有足够的船只和储备提供供给，他们可以在海上不受丝毫影响的情况下，威胁北京。实际上，清军已经没有能够进行海上作战的舰船了，同时日军占领的那些港口也不需要严防死守，因为清军已经逃得很远了。

威海卫终曲

THE LAST CHAPTER AT WEI-HAI-WEI

威海卫保卫战中的荣誉应该授予清军的北洋舰队。当英勇战斗到最后一刻、无法再进行抵抗时，舰队指挥官与舰船一同沉入海底。弹药用尽，水雷艇全部被摧毁，那些最优秀的战舰被击沉，此时北洋舰队提督丁汝昌别无选择，只能派出一名军官向日军舰队司令伊东祐亨将军投降，他唯一的要求就是保住所有士兵的性命。这件事安排好后，丁汝昌和很好地指挥了刘公岛防卫战的北洋护军统领张文宣、"镇远"号管带杨用霖从容自尽。丁汝昌还给日军总司令写了一封信，解释他们自杀的原因。从清朝人的角度来看，这位不幸的舰队指挥官本来就没有活下来的希望，因为即便在战后活下来，被递解到北京后，刑部也不会对他手下留情。皇帝会在盛怒之下将与威海卫陷落有关的官员全部判处死刑，并命令地方官员将所有逃兵斩首。海军副提督马格禄——这位英国船长不久前被任命为清军舰队的第二指挥官，顺利完成了此次投降过程。刘公岛上炮台里的士兵先被解除武装，然后被带到岸上，被押解到安

马格禄船长。马格禄船长是已故的老麦克卢尔先生——盖洛韦伯爵的建筑师——的儿子。他曾前往巴罗接收"高升"号，并掌管该船多年。后来，他成为清朝政府的海军顾问。1894年11月，他被任命为海军副提督。在他的主持下，威海卫的清朝海军舰队正式向日军投降。照片由光绘楼拍摄。

全距离的旷野上,重新得到自由。之后,舰艇上的军官和士兵也得到了同样待遇。这些清军似乎对他们能够保全性命感到非常意外。实际上,海军副提督马格禄对日方的目的怀有疑虑,并就此问题向日军舰队司令伊东祐亨提出保证俘虏安全的要求,伊东祐亨骄傲地回答,他说话算话。所有帮助清军的欧洲军官都前往芝罘,只有美国人浩威(Howie)例外,因为他没有遵守他的承诺。他曾经在神户被逮捕,并保证不会参战,他将会被送到军事法庭。日军将俘获的清军军舰进行维修,再次投入使用,并试图将沉没的装甲舰打捞出来。目前形势下,台湾的骚乱令人颇为不安。生活在台湾的英国人向香港发电报求助,为此,巡洋舰"水星"号(Mercury)立刻被派往台湾。

已故的清朝海军提督丁汝昌。北洋舰队的指挥官,在威海卫被击败后自杀身亡。照片由泰恩河畔纽卡斯尔的门德尔松照相馆提供。

| MARCH 2 1895　　　　◆　　　　THE GRAPHIC　　　　◆　　　　SATURDAY, No.1318
| 1895 年 3 月 2 日　　　　　　　　图片报　　　　　　　　　　　星期六　第 1318 期

远东战争

THE WAR IN THE FAR EAST

目前，中日战争的进程十分缓慢，其中，人们最为关注和谈的进展。通过上次失败的和谈来看，清朝政府处理这方面问题并不专业。但从朝廷给予李鸿章绝对权力一事看，清朝政府目前热切期望和谈。这位和谈公使甚至可以在不请示北京的情况下，签订和平条约。然而，清朝对于和谈仍不是特别急切，李鸿章现在依然在国内。而日本也处在矛盾之中：一方面，国内期待日军继续向前推进，直至占领清朝核心地区；另一方面，担心不与清朝和谈会冒犯欧洲各国。

毫无疑问，日本在这个问题上是矛盾的。最坚定的反对党甚至希望政府投票决定再次大规模借贷，来继续支持战争的开销。日本方面的军事计划一直严格保密，但有消息称第五军正在广岛集结。同时，日本政府公开宣称国内还有 17.5 万人可供战事招募。另外，守卫被占领的要塞只需要很少的部队，大山岩将军在威海卫的军队很快就可以从战场上脱身，与这支新组建的军队会合。很多无足轻重的炮台被夷平了，而重要的一些炮台大多都安装了新的大炮，日军可以轻松地将这些地方掌握在手中。另外，除了其战略价值，威海卫还为占领者提供了大量宝贵的军需品，更不用说那些清军舰艇了。这些舰艇经过简单修补后，已经被送往日本接受全面维修。

莱州附近的清军在前往烟台的途中。根据本报特约随军艺术家的速写绘制。

日军的战争图片
JAPANESE WAR PICTURES

　　中日之间的战争给日本艺术带来一些新的特点。到目前为止，日本本土的战争画都不考虑透视原理，描绘的都是狂野的、英勇的武士双手挥舞着巨大的刀剑，以及一些细节逼真的屠杀场面。但这场战争爆发后，日本天皇的全新军队展示出了什么才是有价值的东西，那些军队艺术家放弃了对飘荡的袍子、剑和日本旧式服装的描绘，转而去呈现兼具欧洲和远东风貌的场景。我们的彩色增刊中刊登了其中的一些杰出作品。那些士兵——尤其是那些不蓄须的——的脸庞，还是我们之前在很多花瓶和扇子上看到过的武士的样子，只是服装不一样。那些上衣、衬衫和裤子使艺术家展现了新的表现方法，而双手持握的巨剑也被欧式的大炮取代。这些艺术家满腔热情地将螺栓和齿轮的细节表现出来。画面上充满了欧式帽子、欧式匕首和欧式装饰，还出现了大量的欧式望远镜。日本曾数以千计地进口望远镜，这些望远镜甚至作为个人物品分发到了士兵手中。艺术家、水手和士兵，所有人都迅速地拿起新武器，使用新方式，这充分说明了日本人的多才多艺和超强的适应能力。

接到开拔命令的日本炮兵连长。本报特约随军艺术家根据真实的生活场景绘制。

接到开拔命令的第十步兵联队士兵。本报特约随军艺术家根据真实的生活场景绘制。

战斗中,军舰开炮时的场景。根据日本艺术家的彩色速写绘制。

日本"鸟海"号军舰在旅顺港附近海域侦察
THE JAPANSE WAR VESSEL "CHOKAI KWAN" PATROLLING THE COAST NEAR PORT ARTHUR

不速之客闯入中国海域。根据本报特约随军艺术家的速写绘制。

MARCH 9 1895	THE GRAPHIC	SATURDAY, No.1319
1895年3月9日	图片报	星期六 第1319期

李鸿章奉命赴日

LI HUNG CHANG'S MISSION TO JAPAN

　　李鸿章现在正在去往广岛、与日本协商和平条款的路途之中。当然，这位杰出的清朝政治家将会在与天皇政府的谈判中尽力争取最优条款。然而，他也会发现，自己并没有什么外交转圜的余地。条款将会很严苛，因为日本本就不是一个有雅量的民族，而清朝又是那样富有。李鸿章只能在日本人拟好的条约上签字。日本天皇的要求不会太复杂：放弃对朝鲜的宗主权、以战争赔偿的名义赔付数亿两白银，也许还有暂时占据旅顺港和威海卫、割让台湾岛或其他一两个小岛。这些就是日本政府要求的极致了。因为一旦超出这条件，日本势必将与西方国家产生矛盾。日本的政治家如此敏锐，他们不会冒着与西方国家发生龃龉的风险，使自己国家在远东的胜利蒙尘。只要和平条约的要求保持在我们指出的范围内，就不会引起西方的任何兴趣。公众真正的兴趣点在于未来——这场即将结束的战争，可能对远东的政治和社会状况带来惊人的变化。有年轻而易受影响的年轻君主的保护，有清朝皇太后——这个时代最非凡的女性的信任和支持，李鸿章重新得到重用。而和平条约引发的清朝国内的需求和自然产生的报复欲望，将会强化这一成果。因为在目前的情况下，清朝几乎不可能征集到巨大的战争赔款，也不可能重新组织起与其地位和抱负相称的防御力量。我们相信清朝会像我们一直盼望的那样，开放国门，因为在有着巨额国债的情况下，清朝不会继续限制贸易。而清朝国力恢复得越快，对于远东的和平和稳定就越有利。日本人太善变，太善于吸收，太具有革命性，无法赢得西方国家的完全信任。若想要东亚保持稳定，需要有一个强大的、文明的、保守的中国。

张荫桓

HIS EXCELLENCY CHANG YEN HOON

在派李鸿章和谈之前，清朝派往日本的第一任和谈公使是张荫桓。

张荫桓作为清朝皇帝的全权公使前往日本，就两国间的和平条约进行谈判。但是，日方拒绝与其谈判，因为他们发现他并没有获得清朝政府的完全授权。张荫桓曾担任清朝驻美国、西班牙和秘鲁公使，现年59岁，祖籍广东，现任总理衙门大臣。他的秘书兼翻译梁诚（Liang Shung）陪同其前往日本。

张荫桓。照片由英国皇家海军预备队（R.N.R.）的鲍尔斯摄于皇家邮政轮船（R.M.S.）"中国皇后"号（Empress of China）的甲板上。

远东战争
THE WAR IN THE FAR EAST

清朝的繁文缛节耽搁了清朝与日本之间的和谈，损害了清朝的既定目标。珍贵的时间被浪费在如初步的预备性谈判、准备精心制作的国书等处。而李鸿章必须再次在天津逗留，与清朝政府的美国顾问科士达先生交换意见。和谈有可能先安排在日本的马关，这座城市位于日本的西南海岸。如果和谈进展顺利的话，将移师至日本天皇所在的广岛继续进行。毫无疑问，和谈的主要麻烦将会是领土割让问题。清朝已经准备好赔付战争赔款，而除了赔款，日本还要求割让土地。清朝方面的拖延正中日方下怀。在满洲再次发动攻击的时机已经成熟，日军大部队已经从后方赶到前线，支援野津道贯将军和乃木希典将军统率的前锋部队。这支联合部队攻击牛庄沿途的清军阵地，并以此展开他们的攻势，迅速扫清了障碍。他们同样战胜了通往辽阳的道路上的清军。这样一来，日军既可以通过辽河联通牛庄及其港口，也可以以同样的方式联通重要城市奉天。在北直隶湾的另一边，日军在占领威海卫之后，似乎别无所图，他们的前哨都已撤回。然而，山东地区的居民都深陷恐惧之中，唯恐日军会重演旅顺港的恐怖事件。在很多村庄，清朝妇女杀死自己的孩子并自杀，以免落入日本侵略者之手。

本刊战地艺术家的速写
OUR WAR ARTISTS' SKETCHES

比戈先生是本报在日军的随军艺术家。他的速写栩栩如生地展现了战争的过程。彩色增刊展示了跟随日军行军的日本苦力。这些人个头很小,但非常强壮,可以轻而易举地扛起令人吃惊的重量。朝鲜马匹很少,不过,日本人认为作为运输工具,苦力在各个方面都比马匹更令人满意,因为他们消耗少、扛得多,并且更为可靠。朝鲜警察是很重要的角色,尽管并没有太多的工作需要做。朝鲜人看起来迟钝、面容凄苦,但他们一般很安静,只有内讧时例外。发生内讧时,他们会在暴怒中打斗数天。不过,由于他们一般会拉帮结派,警察不愿意费心去管他们。警察身着常见的朝鲜服装,戴着巨大的光面帽子,穿着棉裤。这种裤子在朝鲜很普遍。警察的主要工作是惩处那些犯了奇怪罪行的人,这些罪行在英国只会被治安法庭处以罚款,但在朝鲜,则会被处以严重的鞭刑,甚至死刑。如果朝鲜人不是动辄得咎的话,那些警察的日子会比现在轻松很多。因为一般来说,这些呆滞和冷漠的朝鲜人实在是太温顺了,会让一个英国警察无事可做。

下页的插图是弗里普先生根据目击者的描述绘制的一幅速写。清军的军需部门非常原始,士兵们缺少什么只能自己解决,特别是在清军的大溃败中,以致出现抢劫民众的情况。另外一幅插图表现的是一名清军士兵抵抗恶劣天气的穿衣方式,并展示了一种颇具特色的携带给养的方式。另外一个目击者说,他接近清军的露营地时,总会看到清军士兵在搬运白菜。士兵们已经习惯了糟糕的伙食,只要有馒头、白菜和一点点米饭,就足以支撑他们做很多工作。在很多情况下,那些沦为俘虏的士兵的境况要好过他们的同胞——那些被日军追击着从积雪遍地的朝鲜撤往中国满洲的清军士兵。这些撤退的士兵自然会遭受饥饿之苦。然而,日军对这些清军俘虏的方式令他们大为吃惊,因为他们熟悉的东方方式是将俘虏处死以免造成麻烦,减少监禁他们的花费。战争的结果显示出,欧洲人的指导和对欧洲方式的模仿使日本受益良多。尽管清军从欧洲购买武器弹药、聘用欧洲军官,但他们还保持着旧习惯,并没有比使用弓箭和火绳枪的时代进步多少。清军士兵只是一群拿着武器的乌合之众,只有在无路可退时才会爆发足够的勇气。他们对战争毫无兴趣,对长官也毫无信任。

清军士兵掠夺朝鲜民众。根据本报特约随军艺术家的速写绘制。

他们极其憎恨和嫌恶日本人,这种情绪在交战中,和他们在刚刚去往朝鲜、第一次在这块有争议的土地上与日本人发生战争时一样原始。

上图 | 肩挑给养的清军士兵"总有军事任务需要完成"。根据本报特约随军艺术家的速写绘制。
右图 | 日军押解清军俘虏。根据本报特约随军艺术家的速写绘制。

在荣成湾登陆的日军准备进攻威海卫
THE JAPANESE LANDING TROOPS IN THE YUNG CHIN BAY FOR THE ATTACK ON WEI-HAI-WEI

英国军舰游弋在清朝水域，保障通商港口中的英国国民的安全。该船目睹了荣成湾的日本军队预备攻击威海卫的场景。天气晴好，但气温很低，地面上覆盖着积雪，奇怪的是山顶上是光秃秃的。有52艘日本军舰停泊在那里，其中有战列舰，也有装甲舰。同时，在靠近威海卫的地方，一些日军炮舰炮击了岸边的村庄，为日军清路。

在荣成湾登陆的日军为进攻威海卫做准备。根据"埃德加"号（Edgar）上的皇家海军士兵劳埃德-托马斯（C.E.Lloyd-Thomas）的速写绘制。

| MARCH 16 1895　　◆　　THE GRAPHIC　　◆　　SATURDAY，No.1320 |
| 1895 年 3 月 16 日　　　　　　图片报　　　　　　　星期六　第 1320 期 |

远东战争
THE WAR IN THE FAR EAST

　　相比之前的灾难性事件，日军近期的一系列胜利对清军的士气打击更大。局部地区的一些胜利，使得清朝人确信他们在满洲的军队重新获得了失去已久的好运，但是眼下清军全线溃败，使得他们不可能再保持这样自欺欺人的想法。3 支日军几乎同时向辽河沿岸的清军阵地移动。陆军中将桂太郎自南部向辽阳进发，在他接近这座城市之前清军没有做出任何阻拦，此时日军援军已经到达，正协助进攻。一旦占领辽阳，通往 40 英里外的奉天的通道就打开了。在进军路线的中部，野津道贯将军率领第一军主力逼近牛庄，在苦战 13 小时后，日军完全占据了此地。若想取得牛庄之战的完全胜利，必须占领牛庄的港口——营口。这一任务交给了第一军的乃木希典将军，由他率队向南进攻。守卫营口的是宋庆将军麾下的部队，他们在盖平进行着徒劳的抵抗。乃木希典将军反败为胜，迫使宋庆将军退回营口。在营口，日军经过短暂的努力击溃了清军。下一步，日本第一军将和第二军会合，之后他们将共同向大房山（Ta-Fan-Chin）进军，这座城镇位于辽河另外一侧，宋庆将军的余部驻扎在这里。经过 1 小时激战，日军再次取得胜利，清军狼狈逃窜。

　　也许，这些胜利中最重要的一点是日本占领了一个港口——营口，他们的军队可以从这里通过水路穿过北直隶湾直达靠近北京的港口，而不用冒险在陆路上长途跋涉。如果中日和谈的进展不能再快一些，日军很可能就要如此操作了。李鸿章或许无法如先前预计的那样于下周二前到达马关港，而每耽搁一天，清朝的立场就会变得更被动一些。因此，在认识到自己几乎不可能从日方获得比较宽和的条款后，北京政府正在向英国、法国和意大利政府寻求帮助。

日军的风格
TYPES OF THE JAPANESE ARMY

在当前这场战争中,日军的战略战术和战斗力令欧洲人大吃一惊。不过,无论是从天性还是从后天训练方面来说,日本都是一个好战的民族。在古代,封建制度促进了其常规的军役制度的发展,而在现代,古老的武士精神仍隐藏在表面的文明之下。在军事训练和消遣活动——如风行于日本的娱乐项目和嗜血的本土戏剧中,日本人的战争本能表现得十分突出。因此,日本的军人极具可塑性,欧洲的训练方法一经采用,就可以将其打磨成为一流的战士。从将军到最普通的士兵,日本人向世人展现出他们是最优秀的战斗者。军官的战术素养和判断力与士兵们的勇气和坚韧完美配合,在西式军服下,这些日本军人仍旧是冷血的东方人。一个欧洲士兵可能会怀念战场上激动人心的军乐队、旗帜和军号声,不过,日本军队中没有这些,他们有的只是行军时吼唱的爱国歌曲。日本军队给每个士兵发放了一套便于行军的装备——换洗的内衣、替换的靴子、过滤袋、望远镜、水壶、草鞋,以及一个装着四天给养的袋子,里面是压缩米饭。日本士兵每人还有一件带兜帽的大衣、一杆带弹匣的来复枪、弹药和一把刺刀。在彩色增刊里,本刊特约艺术家比戈的速写展示了一些装备了现代化武器的日本士兵,而军官的穿着完全不同。军需物资由苦力搬运。大米是最主要的食物,大量给养很容易运输。

日本军夫的点名和给养分配

THE JAPANESE COOLIES' ROLL CALL AND DISTRIBUTION OF RATIONS

部队的跟随者（军夫）一下船，或者到达一个停歇的地方，就开始点名并分发小袋大米和鱼干。每人都会得到自己的那份米。米用干净柔软的日本纸包起来，此外还有一条鱼干。这种配给每天3次，规律得令人吃惊。当然，进行战斗时除外。

日本军夫的点名和分配给养。根据本刊特约随军艺术家的速写绘制。

| MARCH 23 1895 | THE GRAPHIC | SATURDAY, No.1321 |
| 1895 年 3 月 23 日 | 图片报 | 星期六 第 1321 期 |

远东战争

THE WAR IN THE FAR EAST

中日之间要恢复和平了吗？现在，这个问题很快就会有答案了。中日两国的代表已经在马关港会面。李鸿章独自一人前来捍卫清朝的利益。而日本则占人数优势，他们有两位能力卓著的人——首相伊藤博文和外相陆奥宗光。清朝政府深知自己处在不利地位，因此极力争取欧洲各国的支持。他们将主要的希望放在俄国身上。因其在远东的位置，俄国对于日本的扩张行为自然不会感到高兴。然而，清朝曾咨询过密切关注此事的 3 个欧洲国家——英国、法国和俄国，并且相信上述三国已经达成共识。迄今为止，在日本提出要求之前，一切都只是猜测，而日本天皇政府已经商议完毕了。和谈期间，李鸿章或许会要求签署一份停战协议。但需要注意的是，陆军大将小松宫彰仁亲王被派往前线，担任在华日军的总司令。这说明，日军在满洲很可能将有大动作。特别是上周，日军一直非常平静，而这种平静通常预示着会有大规模行动。

MARCH 30 1895　　◆　　THE GRAPHIC　　◆　　SATURDAY, No.1322
1895年3月30日　　　　　　图片报　　　　　　　星期六　第1322期

李鸿章
LI HUNG CHANG

　　无论是从清朝还是日本的角度来看，都很难想出任何比试图刺杀李鸿章更像恶作剧的事件了。原本很快就会有结果的和平谈判，肯定会被推迟。这样一来，北京的主战派就有新的理由煽动年轻的清朝皇帝继续进行对日战争。目前，对于和平谈判的临时中止，日方更应该高兴。他们计划，不仅要让清朝臣服于其脚下，而且要让整个世界都看到清朝这种屈辱的姿态，特别是清朝的那些偏远省份。但是，如果日本的智慧和谨慎比得上他们的勇敢和野心的话，这些岛民应该为他们一直以来的敌人架起一座金桥。胜利的一方向失败的一方提出的和平条件越宽松，欧洲就越不可能干涉其中。在上海和香港，人们认为日军在战争成果的刺激下膨胀不已，他们甚至认为自己的战争资源超过了俄国。对于这样一个刚刚兴起的国家，这是一个危险的美梦。然而，这种膨胀的情绪现在越发严重。外国批评家认为，日本在外交事务中将谋杀作为一种手段，这个国家已被杀人狂魔附体了。巧合的是，在清朝最杰出的政治家遇袭的同时，日军进攻了澎湖列岛。

在三山湾 [1] 协商威海卫投降事宜
THE NEGOTIATIONS FOR THE SURRENDER OF WEI-HAI-WEI TAKING PLACE IN "THREE PEAK BAY"

在三山湾协商威海卫投降事宜。从左到右分别为：日本旗舰"松岛"号、挂着白旗的清军炮艇、日本巡洋舰"吉野"号、德国旗舰。A. R. A. 的威利（W.L. Wylie）根据皇家海军军医麦克纳布的速写绘制。

---

[1] 中日两国称之为阴山口。——译者注

战地速写

SKETCHES FROM THE SEAT OF WAR

本篇的第一张插图展示了挂在城门上的一个人的头颅。这个人在日军占领牛庄前夕进入了牛庄。据称，他是奉一位清朝将军之命，宣扬外国人的货物不安全。道台立刻命人砍掉了他的头，并挂在城门上示众。驻扎在牛庄的英国"火炬"号上的

以儆效尤：一个宣传假消息的人的头颅被挂在牛庄的城门上。根据英国皇家海军潘尼医生的速写绘制。

潘尼（Penny）医生发给了我们这幅速写。他说，尽管他们预计日军会进攻牛庄，但他们尚未感到恐慌。因为当时陷落于日军之手的地方，欧洲人既没有遭受日军侵袭，也没有受到战败军队骚扰。下页的第二幅插图临摹自本刊在清军中的特约艺术家弗里普先生的速写作品。图片描绘了一幅军营中常见的场景。画面中间是一名专业的说书人和魔术师。他身边围着一圈身穿各式衣物的士兵。说书人讲述清军的勇猛和敌人的可怕、残忍，深深地吸引了周围的士兵。

第三幅插图是本报特约艺术家在山海关创作的一幅速写作品。山海关坐落在辽东湾旁，位于通过牛庄的道路上。山海关是当时清朝铁路的终点站，是一座具有重要意义的城市，大约有2万名居民。长城的东起点，就在该城东南方向四五英里外的辽东湾。在描述这座城市时，弗里普先生说，"山海关是驻扎在盛京的清军的军需物资的贮藏地"。军队和物资正在通过长城上的豁口，形成一条无边的长队，火车也从这里通过。加固堡垒的工作在夜以继日地进行。如果占领了山海关，日军就可以长驱直入进入北京。为了加强这里的安全、防御日军可能的攻击，清军显示出了少有的积极性。长城并没有得到很好的维护——实际上在很多地方，墙砖和烽火台全都不见了，已经看不出来是一道墙了。在雨水的作用下，长城内部的泥土被冲刷下来，顶部变成一道尖锐的脊，其上部宽度仅能供一人行走。山海关附近的长城有两处因洪水造成的豁口，城市两边各有一个。长城的建设者在长城上建造了拱形结构以使洪水流过，但是这一结构显然没有起到排水的所用，洪水冲毁了长城，留下这些豁口。长城尽管有很多问题，但仍将是日军最难跨越的障碍。不过，既然他们能够如此轻易地占领旅顺港，打下山海关也只是时间问题。到那时，北京只能任由侵略者处置了。

去往牛庄路上,清朝军营里的说书人。根据本报特约随军艺术家的速写绘制。

山海关附近的长城豁口。这一豁口是由洪水造成的,是以山海关为终点的铁路的通道。军队和军需物资不停地从这里经过。山海关不仅是一个重要的军需存储点,也是去往北京的通道上的要塞。根据本报特约随军艺术家的速写绘制。

| APRIL 6 1895 | THE GRAPHIC | SATURDAY, No.1323 |
| 1895年4月6日 | 图片报 | 星期六 第1323期 |

李鸿章
LI HUNG CHANG

　　李鸿章也许要向自己祝贺，因为遭到刺杀，他为自己的国家立了大功。上一任的清朝公使在和谈期间没能使战事暂停，还要在不可能的情况下为清朝谋求利益。而这次，为表示对和谈公使遇袭的歉意，日本天皇决定无条件休战至4月20日。如果和谈在这一天之前破裂，那么休战也将就此停止。有些奇怪的是，休战的区域不包括中国台湾地区。台湾目前岌岌可危，因为日本已经完全占领了澎湖列岛。南京也被吓了一跳，因为日本突然攻占了位于江南沿海地区的海州（Hai chow）。显然，日本侵略者是将目光投向了距海州76英里的大运河，这是向北京运输军队和补给的主要路径。和谈或许很快就会恢复，因为李鸿章几乎已经痊愈了，袭击他的人被判处无期徒刑。

北京护城河上的公共冰车和溜冰者
OMNIBUS SLEDGES AND SKATERS ON PEKIN CITY MOAT

虽然北京的纬度比伦敦低,但这里的冬天比伦敦要冷得多。12月开始结冰,一直持续到来年3月,在此期间烟台以北所有的河流和海面都会结冰。清朝人从不放弃任何赚钱的机会,等到冰足够厚的时候,他们就做起冰车的生意。届时护城河上挤满了随时待命的公共冰车。如果无法从桥下通过,而不得不走城门的时候,拉车人就会把冰车背在背上,走到下一段冰面上,乘客们就步行跟在后面。这种冰车的制作工艺十分粗糙——就是一张桌腿上钉着滑行装置的桌子,拉车人鞋上绑着防止打滑的皮毛。当冰车速度足够快的时候,他就坐在冰车前面用脚踢冰面;待到速度降下来后,他再跳下来继续拉车,如此往复,直到旅程结束。清朝人并不精通滑冰,他们脚下的布鞋在冰面上极不方便。有些人穿着冰鞋,但冰鞋的结构非常简单,仅是用皮带子系在脚上。

北京护城河上的公共冰车和溜冰者。英国皇家水彩画家学会的弗兰克·达德根据北京的托马斯·查尔德提供的素材绘制。

《每日图片报》和威廉皇帝
THE *DAILY GRAPHIC* AND THE EMPEROR WILLIAM

3月12日的《每日图片报》刊登了日军轰炸威海卫的速写。此时,德国帝国议会正进行第三次预算案审议,新的巡洋舰资金未经讨论就投票了。这在很大程度上要归因于刊登着如下图片的《每日图片报》的巨大发行量所形成的深远影响。德国首相兼国务大臣冯·伯蒂歇尔(Von Boetticher)博士将很多份这期报纸分发给议会众人。下图中描绘的是正在观望日军轰炸和进攻清朝要塞的外国军舰。这些军舰引起了人们的特别关注,而图中的德国旗舰几乎是各国军舰中最小的一艘。冯·伯蒂歇尔博士曾将自己那份报纸交给德皇御览,德皇在上面批注:"这真是德国的耻辱。"

日军轰炸威海卫。前排军舰从左到右分别为:英国皇家海军"斯巴达"号(Spartan)、英国皇家海军"埃德加"号、英国皇家海军"百夫长"号、德国旗舰。

奔赴战场：一名日军士兵向他的家人告别
OFF TO THE WAR: A JAPANESE SOLDIER BIDDING FAREWELL TO HIS FAMILY

奔赴战场：一名日军士兵向他的家人告别。根据本报驻日本特约艺术家的画作绘制。

《远东》[1]

THE FAR EAST

现在是人们环球旅行的好时机，每个曾经去过东方海域的人几乎都出版了一本关于日本和远东的书。然而，亨利·诺曼先生绝非一个环球旅行者或特派员。那些人每到一处港口，只匆忙收集些资料，然后便将这些见闻增添到自己的相关研究中去，而诺曼先生已经在他笔下的国家生活了三四年，并对于那些需要解决的问题进行了深入研究。他的书分若干章节，前三章是关于欧洲各国在远东的情况，如英国、法国、俄国，随后的两章是关于西班牙和葡萄牙的，这两个国家是最早向这一地区渗透的欧洲国家。之后，他将注意力转向东方——清朝、朝鲜、日本（对于朝鲜和日本，他在书中描写得很简短，因为他已经出版过一本类似的书）、暹罗、马来亚。现在日本显示出世界一流的军事实力，并可能成为未来远东最重要的一股势力。他尝试揭开东亚各国之间的矛盾关系。他的书没有涉及印度，因为那是一个相对独立的帝国。但是即使不考虑英国最大的从属国印度，英国在远东地区的利益也超过欧洲其他国家的总和。清朝海域和全球其他地方一样，我们都在为制海权和随之而来的贸易特权而战。诺曼先生在总结敌对各国的立场时提到："英国永不停歇地以船为犁，在每一片海域上耕耘，英国商人经营着这些海外贸易的十分之九，英国顾问支配着各国国王，而英国的意见在每一场变故中都被优先考虑。现在，一场巨变正在改变这种状况，并将在未来成为远东的主旋律。这场巨变会产生怎样的影响呢？"

诺曼先生关于这一课题的研究和在远东诸多国家的调查，清晰地显示出其与西方各国在其他地方的属地一样，受到同一法则的支配。作为殖民者和管理者，英国人善于管理东亚国家。无论在什么地方，只要英国人得到一处立足之地，那里的商业就会变得繁荣，该国也会得到良好治理。法国当下这种到处殖民的狂热可能不会持续太久，这一消息很是让人高兴。这种狂热背后的主要动力是对英国的嫉妒。如果不是由于这个原因，长久以来法国人口的下降和其在远东殖民地的巨大花费就足

---

[1] 作者为安文·费舍尔（T. Fisher Unwin）。文中内容主要引自亨利·诺曼（Henry Norman）的《远东的民众与政治》（*The Peoples and Politics of the Far East*）。

以使其意识到：与殖民地之间薄弱且管理不善的附属关系是其国力衰弱的源头。继续在马达加斯加冒险之前，法国最好先将国内的秩序整顿好。

尽管这似乎难以置信，但却是事实。这些年，法国历经数十次远征，花费数百万法郎，损失数万士兵的生命，才刚刚平定东京[1]的骚乱。而越南其他地区的安全形势则一天不如一天，几乎每一趟贵重物品的运输都需要军队护送。

诺曼先生接着写道：

法国管理下的远东地区的主要特点就是不稳定。没有人相信，在流沙般的基础上，能够筑建起繁荣的未来。作为一个关心法国的英国人，在越南东京听到法国人谈话肯定颇为烦恼。在我两次访问期间，他们至少对我说了五十次"啊！要是你们英国人得到东京该多好啊"。最近他们的情况有所好转，因此对英国的敌意又在滋生。但我深信，如果现在进行一次无记名投票，尽管他们对自己的祖国有着无尽的热爱，但他们仍然愿意将印度支那交给英国。然后，他们就可以在不受任何人阻碍，不受任何行政机构禁止的情况下进行贸易、制造、创业和发展。实际上，法国移民对于他们的管理者的态度可以总结为一句感叹。我曾在一个法国人的嘴里听到过这句话，当时正在工作的他看到政府官员走近，说："他妈的！政府的人又来了！"

这种愚蠢无能的管理的结果是越南东京每天耗费法国纳税人 4881 法郎——包括周日——每天都要耗费这么多。而且，这个国家的进口总额是出口总额的 4 倍。法国和暹罗之间的故事很有教育意义。

再说俄国在太平洋上的基地海参崴，这当然是一个纯粹的军事基地。诺曼先生重点关注了正在修建中的贯穿西伯利亚的大铁路。这条铁路将使俄国有能力把军队从欧洲大量地运送到太平洋沿岸的一处港口。在强大的太平洋舰队和充足运力的保障下，俄国可以碾压远东地区除日本之外的任何地方。这条铁路对清朝领土和英国贸易构成了威胁。因为几乎整个远东都将在俄国的控制之下，除非英国能抛下她的自大和冷漠。在这种情况下，清朝是问题的关键所在。诺曼先生认为，正是这片满

---

[1] 越南北部地区。——译者注

是留着辫子的人民的土地，将其他国家分隔开来。清朝南部国境线以北，实际上只涉及3个国家的利益——英国、俄国和日本。三国之间的利益并不冲突，其目标并不会伤害其他国家。这3个国家应该联合起来。

所以，我们首先来思考日本的情况。在一份英国、日本、俄国的三方协议条款中，日本首先要获得朝鲜的实际控制权；其次是得到清朝的合理赔款；再次是得到清朝的台湾；第四是获得所有能俘获的清朝海军力量；第五是立刻获得在上海港收取关税的权力，直到赔偿到位。最后，日本将获得无价的好处，那就是将来再也不必恐惧清朝。然后，我们来考虑俄国的情况。俄国将获得下列好处：第一，西伯利亚铁路周边的三角形领土；第二，必然会在西伯利亚铁路的尽头获得一个冬季不冻港——这需要得到日本的同意；第三，在与清朝接壤的3000英里长的薄弱且难以防卫的国境线上，俄国将不再担心清朝。那么，在这种安排下，大英帝国的位置在哪儿呢？首先，必须保证有一个不可或缺的海军港口——舟山、威海卫或者其他地方；第二，整个清朝的巨大市场必须向全世界开放，英国在各国之中照例享有主导权；第三，需要在英属九龙和香港之间建设一条铁路，广东省广州市的发展必须在英国掌控之下；第四，所有的担忧——数量繁多，程度甚深——关系到英国在远东的前途，都将被打消。在如此安排之下，英国就再也不需要美国表示深深的同情了。

这一段充分总结了诺曼先生对于当下中日战争结果的见解。这本书过于面面俱到。在短短的篇幅内，只能简要做一番概述，不可能详尽描述除新加坡之外的英国立场。在英国和法国的对抗方面，尽管由于法国恼怒，这件事现在似乎非常重要，但在不久的将来，它肯定会被日俄之间更加激烈的争斗所掩盖。日俄两国的野心之大与法国不相上下，但两国进行对抗的能力远超法国。战争的爆发已经将沉睡的东亚唤醒了，"强大的清朝"这一说法已经成为过去。事实上，一个朝气蓬勃同时又野心勃勃的日本取代了清朝的位置，其结果就是东亚的政治和商业平衡局势正在被打破。英国必须做好应对新秩序的准备，否则将会被充满野心的对手挤到一边。在这一关键时刻，诺曼先生的书出版了。这本书不是出自官方之手，而是来自于一位受过良好教育的观察家，否则其中的言论可能会遭到"英格兰本土主义者"（Little Englander）的唾弃。幸运的是，大众都能读到这本书。在当前这场危机中，诺曼先生为英国做出了贡献，之后我们就可以共享他的辛劳所带来的好处了。

溃败逃散的清军

ROUTED CHINESE FLYING BEFORE THE VICTORIOUS ENEMY

溃败逃散的清军。根据本报特约随军艺术家的画作绘制。

| APRIL 13 1895　1895年4月13日 | THE GRAPHIC
图片报 | SATURDAY, No.1324　星期六 第1324期 |

日本的和平条款
THE JAPANESE TERMS OF PEACE

当伊藤博文简要陈述日方的和平条件时，李鸿章的表情既有趣又好笑。你可以想象一下，这位清朝政治家始终不动声色，直到日本首相开始涉及清朝人特别关切的部分。然而，发现日本这一胜利的岛国摆出西方各国，特别是英国惯有的恩人姿态时，天朝上国的尊严一定被深深刺痛了。发表在《洛杉矶高级政治》(*La Haute Politique*)上的日本文章耍了些小聪明，但更多的是厚颜无耻。为各国设一个圈套是聪明的，但是这个圈套如此笨拙就显得愚蠢了。伊藤博文似乎想通过炫耀对清朝政府施压，以便在清朝获取跟英国贸易界和制造业一样的特权，而英国会因此受到蒙蔽，从而允许日本占据中国的台湾和辽东半岛。我们认为，这一诡计有些许成功的可能性。据说，英国和俄国是一条心，日本将不会从战败者手中获得一寸领土。也许，英国和俄国可能会放弃他们在中国台湾问题上的反对意见，但两国绝不会允许日本占据一片能把北直隶海湾变成日本内湖的土地。对此，欧洲各国即将说出自己的最后决定。

东京街头一幕：日本男孩嘲弄清朝人
A STREET SCENE IN TOKIO: JAPANESE BOYS JEERING AT CHINESE RESIDENTS

留在日本的少数清朝人有时会冒险在东京街道上散步。他们在街上走动，并不大惹人注意，但日本的男孩，和其他国家的男孩一样，没有怜悯之心。他们冲着这些不幸的人们的耳朵，高声唱着当时在东京流行的关于这场战争的各种讽刺歌曲。

东京街头一幕：日本男孩嘲弄清朝人。根据本报特约随军艺术家的速写绘制。

日军士兵在广岛卸下战马

JAPANESE SOLDIERS DETRAINING CAVALRY HORSES AT HIROSHIMA

日军士兵在广岛卸下战马。根据本报特约随军艺术家的速写绘制。

国内外新闻
AT HOME AND ABROAD

从日本向清朝提出的和谈条款来看，日本并不宽容。日本所提的条件进一步体现出日本人的狡诈。日方充分认识到任何过高的索求都将会导致欧洲干涉，所以他们抛出一项对各国都有利的提议，试图抵消要求清朝割让领土等条件产生的影响。他们提出：清朝的 3 条河流——扬子江、吴淞江和西江——要进一步向欧洲各国开放；并在目前通商口岸的基础上增加数个城市；允许外国人在清朝任何地点建厂并进口机械——这一条款将会开放清朝东南部大片富饶的地区。那里人口稠密，生活着两三百万勤劳的清朝人。作为最邻近的国家，日本当然会是清朝这一让步中获益最大的一方，而欧洲各国也能分享利益。还有一些日本独享的条款，如朝鲜独立、一笔巨额的战争赔偿、清朝割让台湾和辽东半岛给日本。最后一项是症结所在，清朝自然不会同意旅顺港成为亚洲的直布罗陀。可以考虑的时间越来越短了，休战的截止日期 4 月 20 日马上就要到了。令人高兴的是，李鸿章的健康状况有所恢复，可以在他儿子的协助下继续进行和谈。但前线的清朝将军们对休战毫不尊重，他们对于日方的通知给予心不甘情不愿的回复，还堂而皇之地杀害了和平信使。

清军士兵在山海关练习射击
CHINESE SOLDIERS PRACTISING AT TARGETS AT SHAN-HAI-KWAN

　　清军士兵正在山海关练习射击，射击的靶子是一块约 0.18 平方米的金属板，悬挂在两根立柱之间。射击距离在 70~140 码。"我没见过，甚至没听说过比这更远的射击距离。"我们的画家说，"我也没在任何地方见过被安放得如此远的靶子。"

右图｜清军士兵在山海关练习射击。根据本报特约随军艺术家的速写绘制。

APRIL 20 1895	♦	THE GRAPHIC	♦	SATURDAY, No.1325
1895年4月20日		图片报		星期六 第1325期

中日和平条约
THE CHINO-JAPANESE TREATY

　　李鸿章的外交技巧还是那样高超。他推动达成的和平条约显然使得日本把自己塞进了一个真正的马蜂窝里。西方各国当然会坚决反对一份不仅罔顾他们的愿望，还践踏了国际社会权益的和平条约。清朝人狡猾地鼓励入侵者扮演"夏洛克"[1]的角色，这是一个相当好的外交策略。当然，这也反映出他对日本人的治国才能毫不信任。也许这个主意就是要在各国之间搬弄是非，就像好事者在伦敦市长就职日（The Lord Mayor's Day）那天向人群中扔铜币一样。据说，英国和俄国已经达成协议，一致同意必须尊重清朝的领土完整。如果这是他们的共同意见，他们一定会强烈反对这样一份条约。因为按照条约，清朝将失去所有被日军侵占的土地，包括旅顺港和威海卫、辽河以东的所有领土，以及面积广阔的台湾岛。如果清朝割让了如此大面积的领土，日本当然就可以有效地控制清朝，就像一个强壮的警察控制着一个喉咙被紧紧扼住的虚弱的罪犯一般。如此一来，清朝就会完全丧失独立地位，几乎就完全没必要实施攻守同盟了。在陆海军事务及其他方面，北京朝廷将只能唯日本之命是从。简而言之，这份条约会让一个巨人成为一个侏儒的属臣。

　　没人相信具有爱国之心的李鸿章会听任他的国家永远处于如此屈辱的地位，因此，他会迎合欧洲各国。这位清朝政治家明显将自己的希望寄托在欧洲各国的干涉上。同样明显的是，伊藤博文坚信相互猜忌的欧洲各国为了各自不同的利益，不可能整体行动，一致反对这一条约。接下来的时间里，就要看李鸿章的外交技巧，或者说他的日本对手是否能够对当下的形势做出准确判断了。

---

[1] 莎士比亚戏剧《威尼斯商人》中的放高利贷者。——译者注

东京的清军战俘:每日散步
CHINESE PRISONERS IN TOKIO: THE DAILY PROMENADE

每天下午,在东京的清军战俘都可以在宽永寺(the great Temple of Monseki)的庭院里活动 1.5 小时。每到此时,总有一群好奇的日本人盯着他们看。

东京的清军战俘:每日散步。根据本报驻日本特约艺术家的速写绘制。

中日和平

THE PEACE BETWEEN CHINA AND JAPAN

　　中日之间随时都有可能宣布恢复和平。实际上，除了接受日本的条件外，清朝别无选择，但清朝仍然坚持反对割让辽东半岛和具有重要意义的旅顺港。尽管李鸿章已经获得充分授权，可以在不请示朝廷的情况下做任何决定，但他还是请示了北京。周二，在日本的最后通牒下，清朝皇帝发布了一道谕旨，授权李鸿章在和约上签字。周三，全权公使在和约上签字的消息正式公布。就目前我们所知的消息，按照该条约，清朝同意支付日本战争赔款 2 亿两白银，将辽东半岛北纬 40 度以南的地区和台湾割让给日本，另外开放包括北京在内的 5 个新的通商口岸。条约规定，厘金手续费不得超过百分之二。日本人有权在清朝开办棉纺厂和其他工业项目。起初，有消息称中日两国将建立攻守同盟，但这一消息遭到日本驻英国公使加藤高明先生的驳斥。

| APRIL 27 1895　　　◆　　　THE GRAPHIC　　　◆　　　SATURDAY，No.1326 |
| 1895年4月27日　　　　　　　　图片报　　　　　　　　　星期六　第1326期 |

日本与其他各国
JAPAN AND THE POWERS

现在，李鸿章极有可能正躲在袖子后面大笑。他机敏的外交手段值得特别奖赏。如果欧洲大陆的报道可信的话，那么俄国、法国和德国已经在准备浇灭日本的妄想。这些国家为日本这个岛国试图吞并清朝沿海部分地区的贪婪之心所震惊。如果日本这一不道德的要求获准，俄国就极有可能已经接管辽东半岛了。同时，法国受到激励，也可能会占领台湾。而德国，只要有一点儿好处，例如澎湖列岛，柏林方面就可能倾举国之力来争取。这不是玩笑，远东现在的政治局势看起来就如一只多刺的豪猪。日本要采取什么样的政策，才能避免在和平条约中与三国利益相冲突？对于不熟悉这一地区的人来说，日本表现出不服输的想法显得非常荒诞。然而，事实并非如此。通过俘获清朝军舰，日本海军现在的战斗力得到极大加强，与3个国家在邻近水域的海军联合势力相比，日本海军有能力给出出色的表现。此外，日本政府也会向英国提供优厚的条件，使这个海军实力最为强大的国家置身于联盟之外。现在的局面就是如此，法国在世界的很多地方还有许多事务待处理，而德国的海军力量不值一提，日本的主战派实际上只要对付俄国即可。这一预期丝毫也没有吓到这些矮小而贪婪的岛国人。实际上，日本最重要的一些政治家毫不遮掩他们的主张，日本注定要阻止俄国在远东的扩张。正如与欧洲大陆相隔绝的英国，人口比日本还少，却在中亚和东欧实现了这一目标。

日本的未来
THE FUTURE OF JAPAN

从今以后，日本会主宰东亚吗？自从中日两国正式恢复和平，日本作为胜利者获利极丰之后，这一问题一直萦绕在欧洲人的头脑中。无论是从政治角度还是商业角度看，局势的突然变化一定会给东西方之间的关系带来同样剧烈的变化。那些在亚洲有着重要领地和贸易联系的西方国家，自然会感到他们的利益受到强大而富有进取心的日本的威胁。如果中日和平条约中的条款全部落实，那么日本不仅将会以强大的海军控制清朝海域，而且由于获得辽东半岛，日本通过半岛上的重要堡垒旅顺港，将拥有最有利的陆地阵地，从而可以挫败其他任何国家东进。除此之外，日本还将控制朝鲜和中国台湾。我们不得不承认，德国的抱怨毫不夸张，"日本就像是一条将清朝紧紧缠绕起来的带子，只要其愿意，就可以让欧洲与清朝隔离"。

去往东京途中的清军战俘
CHINESE PRISONERS ON THE WAY TO TOKIO

当一支由 34 名清军战俘组成的队伍抵达新桥（Shinbashi）时，天一亮就在那里等着围观他们的人群用高声嘲笑迎接他们，并向他们扔石头。尽管警方采取了预防措施，并出动了几辆公共汽车，但在押送战俘上车去往火车站的时候，他们仍然费了很大的力气才把激动的人群控制住。接下来，战俘们将乘坐火车前往东京附近的佐仓市。

右图 | 去往东京途中的清军战俘。根据本报特约随军艺术家的速写绘制。

远眺宜昌——长江上的一座通商口岸
VIEW OF ICHANG, A TREATY PORT ON THE RIVER YANG-TSE-KIANG

位于长江左岸的宜昌是一座重要的商业城市,对于周边的茶叶产区来说尤为如此。3年前,宜昌在暴乱中几乎被大火夷为平地,但新建筑从灰烬中拔地而起。宜昌正在迅速发展。在宜昌的欧洲社区中,有36名欧洲人(包括6名女性)、4名传教士和一个当地的邮局。这个邮局自己发行邮票——据说是清朝最好看的。清朝与日本的战争使得宜昌的清朝人以更加友善的眼光看待外国人,传教士可以自由进出这座城市。宜昌的贸易额也在增加,特别是与重庆之间的贸易,因此宜昌未来势必会有很大发展。

远眺宜昌——长江上的一座通商口岸。根据从长江对岸一座小山上拍摄的照片绘制。

MAY 4 1895　　◆　　THE GRAPHIC　　◆　　SATURDAY, No.1327
1895年5月4日　　　　　图片报　　　　　星期六　第1327期

日俄关系
RUSSIA AND JAPAN

　　新闻界和外交界就中日和平条约争论不休。在各种混杂的言论之中，一个确凿无疑的事实正浮出水面，那就是真正的争端将发生在日本和俄国之间，法国和德国与此事几乎无关。对于法德两国来说，日俄两国谁控制朝鲜都无关紧要，保障清朝领土的完整同样无足轻重。实际上，曾有一段时间，法国竭尽全力粉碎庞大的暴政机构，然而，时至今日，它却因为需要出兵镇压马达加斯加，而无法大声主张自己在中国台湾的利益。德国参与了此事，其站在俄国一边的唯一合理理由是德国皇帝想要恢复与俄国的亲密关系。三国联盟[1]使得德国不能在欧洲争取到俄国的友情，但德国在亚洲却不存在这种麻烦。同时，德国皇帝很有可能也不会为俄国沙皇在这一地区陷入长期而耗费精力的斗争而心怀内疚。封锁日本沿海地区，让东京政府屈服投降，说起来很容易。欧洲大陆的一些报纸也将其视为解决目前复杂局面的光明大道。但是，如果没有英国和美国的帮助，这3个国家将会发现他们需要竭尽全力才能保全自己的舰船。在与联合舰队的对抗中，日本不仅能够保住自己现在所得的利益，而且在各国增援力量从欧洲到达远东之前，任何情况都可能发生。

---

[1] 三国同盟（Triple Alliance）是德国、奥匈帝国、意大利在维也纳结成的秘密同盟，这标志着欧洲列强两大对峙军事集团的一方初步形成。——译者注

日方射击对清军铁甲舰造成的影响
EFFECTS OF JAPANESE FIRE ON CHINESE IRONCLADS

下图 | 日方射击对清军铁甲舰造成的影响。英国皇家水彩画家学会的纳什根据考尔德（J. Calder）拍摄的照片绘制。

图① | 在牙山海战中两次被日军击中的"济远"号司令塔。

图② | 牙山海战中，炮弹对"济远"号手操舵和吊艇引擎的影响。

图③ | 牙山海战中，"济远"号的主炮炮罩被一颗6磅的炮弹击中。炮弹击中顶部，又从侧面穿出来。

图④ | 黄海海战后"来远"号的后甲板。整艘舰艇后半部分所有木制结构都被烧毁，舰艇的甲板梁、侧衬板和框架都已弯曲开裂。

图⑤ | 黄海海战后"镇远"号的上层建筑局部。图中展示的是大炮射穿的地方。图片上的人是炮兵军官哈卜门（Hekman）先生。

图⑥ | 黄海海战后"来远"号的风斗。一颗炮弹在里面爆炸，共炸出46个洞。

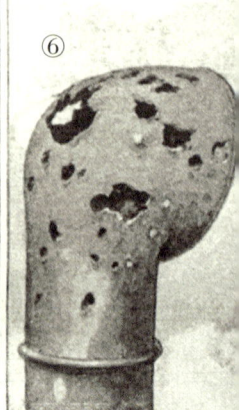

MAY 11 1895　　　THE GRAPHIC　　　SATURDAY, No.1328
1895年5月11日　　　图片报　　　星期六 第1328期

日本虚情假意的屈服
JAPAN'S MOCK SUBMISSION

日本曾宣布永远不会放弃辽东半岛，但最终还是放弃了。对于熟悉东亚政治的人来说，这一点也不值得惊讶。所有东方人在讨价还价方面都很精明。在远东这个"集市"上，伊藤博文每时每刻都在用尽计谋卖个好价钱。毫无疑问，他非常想要控制这个地方，以确保日本的铁腕能牢牢地扼住清朝的咽喉。然而，早在战争结束之前，他就曾得到警告，俄国不会允许这种事情发生。他也应该能够预测到法国对此持同样的态度。

因此，对辽东半岛的要求只是为了有个讨价还价的机会。而伊藤博文很可能因其在此笔交易中表现出的"聪明才智"而受到好评。通过表面上接受这三个大国的联合抗议，他强有力地重申了条约中的其他条款。与此同时，他找了个借口，要求清朝提高赔偿金额，并在法国和俄国之间播下了分歧的种子——因为后者同意将中国台湾割让给日本。在朝鲜问题上，没有什么比其独立自主更符合日本的利益的了，而且俄国也使之成为条约的必要条件——日本将可以自由地通过商业手段在半岛内施加支配性的影响力。由此伊藤伯爵一跃跻身于"科学外交"的前列。

在长崎举行的天皇寿辰庆祝活动
CELEBRATIONS AT NAGASAKI IN HONOUR OF THE MIKADO'S BIRTHDAY

日本人在一年中最重要的庆祝活动中采用了海军表演的形式。他们以实物教学的方式来提升民众的战争意识。一枚突然炸响的水雷向观众宣告表演开始。之后,两枚微型水雷被迅速发射出去。尽管这些水雷没有命中清军装甲舰模型,但它们爆炸时,仍收获了观众雷鸣般的掌声。在另一处,一头用稻草和绳索扎成的巨大的猪被固定在浮筒上。炮弹对这头猪的破坏作用非常明显。水下一声巨响,紧接着一片巨大的水花之后,这头猪飞到空中,被炸成碎片。一个木制的清朝人从猪肚子里掉出来,漂浮在水面上。一名身穿古代武士服装的人划船过去,用一根木制长矛将木头人刺穿后将其带回岸上。

右图 | 在长崎举行的日本天皇寿辰庆祝活动。罗尔斯顿根据莱昂内尔·巴尔夫(Lionel C.Barff)的速写绘制。

| MAY 15 1895 | THE GRAPHIC | SATURDAY, No.1330 |
| 1895年5月15日 | 图片报 | 星期六 第1330期 |

国内外要闻
AT HOME AND ABROAD

在外交方面，中日两国之间还有很多事情要做。居中调停的 3 个国家想让日本尽快撤出辽东半岛，并催促日本政府确定赔偿数额，以便尽快解决这件事。同时，俄国也十分烦恼，因为在秩序恢复之前日本不会退出朝鲜。现在朝鲜国内混乱的状况给了日本一个很好的理由，来保持对这一名义上"独立国家"的控制。

| JUNE 1 1895　　1895年6月1日 | THE GRAPHIC　图片报 | SATURDAY, No.1331　星期六 第1331期 |

国内外要闻
AT HOME AND ABROAD

"老虎勇士"（Tiger Braves）是对清朝政府最新的称呼。这个称呼是伯明翰的张伯伦先生取的。因为这些清朝人和这个名称的原型[1]一样，总是想要通过咆哮和滑稽的动作威慑别人，而他们自己除了会翻跟头之外，什么也干不了。张伯伦先生接着说，这是十分荒唐的，导致他们执政无力的并不是这些表演把戏的使臣，牺牲掉的不是真正的国家利益，而是牺牲掉了哈科特（W. V. Harcourt）爵士所认为的能够让正直的人认同政府所必需的东西。

胜利之后的日本也无法得到休整，他们接下来要征服中国台湾。尽管中国台湾被迫割让给了日本，但有捕风捉影的消息说，清朝政府秘密诱导当地军民反抗占领者。甚至还有消息称，法国和俄国支持清朝这表里不一的举动。但不管怎样，日本不是好惹的，一支日本舰队已经抵达台湾海岸。

---

[1] 即绿营军中的藤牌兵，因身着虎纹军服而著名。——译者注

| JUNE 1 1895 | ♦ | THE GRAPHIC | ♦ | SATURDAY, No.1331 |
| 1895年6月1日 | | 图片报 | | 星期六 第1331期 |

国内外要闻
AT HOME AND ABROAD

  从各方面情况来看，日军将会在中国台湾轻松取胜。一只相当强大的军事力量，包括陆军和舰艇，已经被派往该岛。第一批日本近卫师团士兵在澳底港（Lotei）[1]登陆后，立刻击败了一支清军。这支清军以常见的方式溃逃了。之后，日军继续向前推进，占领了台湾岛南端的重要城市基隆。

---

[1] 位于中国台湾的东北角，是座优良港湾。——译者注

JUNE 15 1895	THE GRAPHIC	SATURDAY, No.1333
1895 年 6 月 15 日	图片报	星期六 第 1333 期

向威海卫进发的清军

CHINESE TROOPS ON THE MARCH FOR WEI-HAI-WEI

向威海卫进发的清军。本报特约随军艺术家绘制。

| JUNE 22 1895　　1895年6月22日 | THE GRAPHIC　图片报 | SATURDAY，No.1334　星期六　第1334期 |

英国皇家海军"利安得"号上的海军陆战队登陆中国台湾
LANDING A GUARD OF MARINES FROM H.M.S "LEANDER"

《马关条约》中将中国台湾割让给日本的消息一经宣布，就在岛上纪律涣散、粮饷不继的清军士兵中引起了极大骚动。清朝官员警告外国领事们，一旦发生叛乱，他们没有能力控制这些清军士兵。在岛屿北部的淡水，士兵们哗变并杀死了他们的长官，他们认为他贪污了他们的军饷。这一突发事件让外国军民心生警惕并申请保护。德国旗舰已经派出了25人。过去的一段时间，一直驻扎在中国台湾的英国军事人员也派出陆战队登岸保护侨民。30人在淡水离船登岸，"利安得"号上的35人在安平（Auping）登岸。在安平，他们租用了一艘蒸汽艇，由水手操纵，并装配了一挺机关枪。利用这艘蒸汽艇，英国海军陆战队在拂晓时分开始组织警卫力量。这艘蒸汽艇可以穿过狭窄蜿蜒的水道，将他们快速运送到登陆地点。在清军尚未察觉到任何异常时，英国海军陆战队已经在岸上的新营地安顿下来。

英国皇家海军"利安得"号上的海军陆战队登陆中国台湾。英国皇家水彩画家学会的纳什根据皇家海军中尉黑尔（R.Hale）的速写绘制。

JUNE 29 1895　　◆	THE GRAPHIC	◆　SATURDAY，No.1335
1895 年 6 月 29 日	图片报	星期六　第 1335 期

国内外要闻
AT HOME AND ABROAD

中日两国再次正式恢复友好关系，日本驻华公使已经回到北京。"说到远东问题，通过支持俄国与日本对抗，法国还是有所收获的。"在拖延了许久之后，清朝与法国签订了非常有利于法国的条约，确定了两国在中南半岛（Indo-China）的边境问题，并对各种商业和经济问题做出安排。清朝最终能够做出决定，要归功于俄国对其的影响力。

《伦敦新闻画报》

JULY 28 1894
1894年7月28日

THE ILLUSTRATED LONDON NEWS
伦敦新闻画报

SATURDAY, No.2884
星期六 第2884期

中日夹缝中的朝鲜
COREA, BETWEEN CHINA AND JAPAN

据说,因日本插手朝鲜事务,中日两国实际已经宣战。尽管此传闻仍存疑,但目前两国军队及军舰正向朝鲜海岸集结。朝鲜是位于中国黄海和北太平洋之间的广阔半岛,其南部海岸与日本列岛一水之隔。下页图片其一展示的是坐落于朝鲜东南端的釜山港,距日本最南端的贸易港——九州岛西海岸的长崎——约160英里。长崎与釜山

朝鲜东南端釜山港,自北面拍摄。

朝鲜国王女侍。

之间有日本蒸汽机船的定期航线,全程16小时。釜山港口条件优良,南北长3~4英里,东有一座长条状岛屿为其提供庇护。该国部分地区林木茂盛,部分地区是地形较为平缓的开阔平原,海岸线后几英里处有绵延的山脉。日本人、清朝人和朝鲜人有各自的定居点。其中,日本人的定居点有2000余个,在数量上占绝对优势。朝鲜人勤于耕作,谷物和蔬菜品质优良。晒干的鲨鱼翅——鱼翅对他们来说堪称美味珍馐。在那里可以捕获一种体长超3英尺的巨型鲈鱼,以及体长足有2英尺、厚如大菱鲆、口味绝佳的比目鱼。朝鲜当地人身材高挑,五官端正,肩膀宽阔,生性怠惰。无论男女皆着当地土布——一种灰白平纹粗棉布。地位较高的人头戴高顶帽,帽内衬有马鬃,其尺寸及形制与主人的社会地位相对应。神职人员头上的帽子宽3英尺,将脸完全遮住。这个国家很不好战,因此朝鲜人宁愿选择每年向清朝和日本政府纳贡,使本国不受侵扰,也不愿蓄养军队。

据称,日本炮舰已经开始轰炸朝鲜海岸的某些区域,但这一传言可能无法得到证实。目前驻扎在济物浦的英国海军舰队已向朝鲜首都汉城派遣海军,以保卫英国领事的居住区。

香港鼠疫疫情
THE PLAGUE AT HONG-KONG

根据上周的报道,香港已有 2500 余人死于这场可怕的流行病。英国政府官员、医务人员和欧洲各国的居民委员会为此不幸事件大伤脑筋。格里菲思(D. R. Griffith)先生发来的照片,展示了受灾城市中的某些场景和事件。在本地人所住的街区里,住宅的每个房间都被分成小隔间,每个小隔间里居住着不同的家庭。男人、女人和孩子挤在一起,几乎没有走动的空间。现在他们都已迁出住宅区。肮脏的隔间之间的木板已经被拆掉,并由希罗普郡轻步兵团的士兵运走(如插图所示),为了防止其表面附着的污浊物引起传染,这些木板已被焚烧。

希罗普郡轻步兵团的士兵们正在焚烧从传染者房屋中移走的木隔板。

西区坚尼地城中由竹子搭建的码头。

受雇的苦力们抬着上有遮阳篷的担架,把部分病人送到玻璃厂大楼的临时医院——那里的病人死亡率一度超过80%。其他病人则被送到香港岛西端坚尼地城中由竹子搭建的码头上,那些希望被送回广东老家的人将在这里搭乘舢板——这是中方管理者特别提供的服务。死者则躺在太平间——医院后面的一处席棚里,随后被汽艇送至沙湾(Sandy Bay)安葬。这里的服务人员是欧洲人,他们也会在运尸车上等待,因为很少有中国人愿意接触鼠疫患者的尸体。传播鼠疫的本地人居住于坚道(Caine Road)下方,那里有阶梯可攀爬至坚道。此处位于太平山,背山临海,地理条件不利于恢复健康。这里的每层楼、每个房间都已被出租,或被分成多个小隔间以便再次转租,甚至每个20平方英尺左右的房间被塞进了60人或15个家庭。通过此处的大体情况,我们可以看出,正是当地人违反公共卫生规则这一可悲的行为,才导致这种破坏性的瘟疫滋生传播。住户们从不打扫房间,木制品和破败的家具已经被有毒及有害的细菌浸入,必须尽快进行处理并焚毁。现在这些街道已被封锁,位于玻璃厂的临时医院也被正规医院取代。显然,彻底的城市管理改革势在必行,这将涉及大规模的公共工程。

| AUGUST 4 1894 | THE ILLUSTRATED LONDON NEWS | SATURDAY,No.2885 |
| 1894年84月28日 | 伦敦新闻画报 | 星期六 第2885期 |

无题
UNTITLED

7月24日，也就是上海发来电报的同一天，中日两国在朝鲜的战争似乎一触即发。在汉城，守卫朝鲜王宫的卫队与驻该市的日军进行了激烈的战斗。

汉城的宫城：背景是朝见国王的大殿。

朝鲜略观
VIEWS OF COREA

朝鲜位于东亚的中国黄海和太平洋北部的日本列岛之间的广阔半岛上。居民属单一的蒙古人种。与世界上其他同样庞大的族群相比，朝鲜对现代文明不感兴趣，受欧洲的影响较少。长期以来，它拒绝所有外来的商业交往，同时抵制其强大邻国的思想和习俗。据估计，朝鲜人口约为 900 万，种族特征与中国人和日本人有相当大的区别。在某种程度上，他们使用的语言与日本岛和琉球群岛上的语言类似。尽管他们使用汉字来表达事物和思想，但汉字的使用却并不普遍。他们既信奉佛教，也认同中国老子的思想。然而与中国不同的是，朝鲜的政体不是绝对的君主政体，其政治制度还涵盖世袭特权贵族和神职人员。朝鲜国王是位善良的人，和蔼近人，但非常软弱，完全受王后控制，王后一族非常强大。因此，鉴于有两三千名日本商人或实业家在朝鲜东南端定居，日本近日开始插手朝鲜事务，并要求其采取某些行政改革。朝鲜的主要港口和城镇位于西部，与中国隔海相望。国王居住在距济物浦港约 25 英里的首都汉城。插图展示的即济物浦港的风景。

济物浦的领事馆山和港口。

上左｜一位朝鲜将军。
上右｜朝鲜国王及王储。
下图｜汉城的英国总领事馆。

中日海军对比
THE CHINESE AND JAPANESE NAVIES

鉴于对东亚两大巨头——清朝和日本之间敌对局势的关注，二者的舰队力量成为人们权衡审视两国军力的重要方面。两国的敌对来源于两国在朝鲜半岛上进行的对优势（"势力范围"）的争夺。朝鲜半岛位于两国海岸之间，目前为止还被视为独立的国家。7月27日，我们收到了关于两国军队冲突的报道：清军巡洋舰"济远"号[1]、"广乙"号及一艘通报舰，在护送7艘运兵船时，被日本3艘军舰截击并驱散。清朝海军共有5支舰队[2]，分别驻扎在广州、福州、上海、白河及北部沿海地区。其中，实力最为雄厚的北洋舰队拥有巨型装甲舰"镇远"号和"定远"号。两艘军舰均由钢铁制造，正常排水量为7430吨（"镇远"号为7220吨），马力6000匹，安装有双螺旋桨，水线上装甲厚355.6毫米，水线下装甲厚304.8毫米。每艘军舰携带4门305毫米的克虏伯火炮，2门口径为上述克虏伯火炮一半的火炮。此外，舰队中还有"平远"号、"经远"号和"来远"号。它们的参数大致相同，均为装甲巡洋舰，排水量2900吨，水线带装甲最大厚度240毫米，主炮为13.5吨的克虏伯炮，其中2艘航速可达15.5节。此外，非装甲巡洋舰和炮艇的数量也相当可观，而且还有水炮台（Floating Batteries）及1艘鱼雷艇。

务实高效的日本海军有4艘铁甲舰、8艘防护巡洋舰、几艘非装甲巡洋舰和驱逐舰（它们的首要价值并非体现在作战上）及40艘鱼雷艇。装甲舰队包括"扶桑"号、"龙骧"号（Rio-Jo）、"比叡"号和"金刚"号（Kong-go）。"扶桑"号是一艘铁甲舰，排水量3718吨，航速13节，装备有4门240毫米克虏伯炮。其连装炮塔位于船身中线，于1878年在伦敦波普拉区（Poplar）建成。"龙骧"号也在英国建造，是一艘古老的宽舷船，建成时间可追溯到1864年。"比叡"号是一艘装甲舰，于1878年在英国赫文船厂建成。其姊妹舰"金刚"号则于1877年在厄尔斯船厂（Earles）下水。最后提及的2艘船没有水线带装甲，远逊于日本巡洋舰"千代田"号（排水

---

[1] 原文为Chen-Yuen，与史实不符，应为"济远"号。——译者
[2] 清朝后期先后建立了北洋、南洋、福建、广东4支舰队。——译者注

量 2439 吨，航速 19 节，装备速射炮）、"浪速"号和"高千穗"号（排水量 3709 吨，2 门 260 毫米口径炮及 6 门较小火炮）。此外，还有 5 艘实力出众的军舰："秋津洲"号、"桥立"号、"严岛"号、"松岛"号和"吉野"号。上述所有舰艇均为排水量超过 4000 吨的钢制高速船舶，前炮台有厚 300 毫米的钢甲保护，配备有口径 320 毫米的火炮及 12 门速射炮。"吉野"号尤为神速，时速可达 23 节，1.5 万匹马力。这艘船由英国泰恩河畔的阿姆斯特朗公司埃尔斯威克船厂建造，并为炮塔加装装甲。"浪速"号和"秋田"号亦是如此。"吉野"号是现役最强大的巡洋舰之一，船身由钢铁制造，长 109.73 米，宽 14.17 米，全船双层底，由双螺旋桨驱动，最大装煤量 1000 吨。武器装备包括 4 门 150 毫米口径火炮，能发射 45.4 千克的炮弹。火炮位置允许 3 门火炮同时向正前方开火，另有 8 门 120 毫米口径的大炮，其中 2 门（一大一小）可向船尾发射 22 枚 1.4 千克的炮弹，其余 6 门安装在舷侧，此外还有 5 根鱼雷发射管。上述巡洋舰都装配有不薄于 50 毫米的保护性装甲。日本海军舰队中有炮舰和鱼雷舰，军官和船员都能熟练操作。清军炮艇中有一两艘的名称取自希腊字母表，例如"阿尔法"号（Alpha，"策电"号）和"德尔塔"号（Delta，"虎威"号）。除清军的几艘巡洋舰外，这些炮艇也由阿姆斯特朗公司的埃尔斯威克船厂建造。

清军蚊炮船"策电"号。

上图 | 日军战舰"浪速"号。
下图 | 清军蚊炮船"虎威"号。

中日之战：朝鲜的一处休养所。

AUGUST 11 1894　　●　　THE ILLUSTRATED LONDON NEWS　　●　　SATURDAY, No.2886
1894 年 8 月 11 日　　　　　　　伦敦新闻画报　　　　　　　　星期六　第 2886 期

人物
PERSONAL

　　据说，亚洲最引人注目的人物之一——李鸿章遭贬黜，这一事件受到媒体广泛报道。这位清朝著名的总督现已垂垂老矣。在过去的 30 年中，他是清朝外交政策的实际掌舵人。所有与其打过交道的欧洲人都十分尊敬这位外交家，他的洞察力和坚韧不拨的精神给他们留下了深刻的印象。或许，清朝外交活动的大部分内容就是与"洋鬼子"周旋。特别是在道格思（Robert Douglas）先生的新书中，有很多对清朝人故意违反条约的严重抗议。这种批评不会过多困扰李鸿章。他很有可能并不在乎年轻无知的皇帝对他的侮辱——据说他被剥夺了穿黄马褂的资格。不管穿不穿那件衣服，李总督都有可能继续掌权。不过，如果对日战争延长，日本人将会对他那种"锲而不舍"的耐心心存戒惧。

无题
UNTITLED

  日本政府已通知外国代表：已与清朝处于战争状态。据报道，日军在袭击清朝在朝鲜西海岸的一处阵地时遭到重创。中日宣战前，英国商船"高升"号在朝鲜水域被日军击沉。日本驻英公使已得到指令，对因不知这艘船的真实身份而造成的后果深表遗憾。据说，"高升"号的船长及在清朝服役的德国军官汉纳根上尉已经获救。预计，英国将会要求日本对"高升"号上遇难者的亲属、船主及货主进行赔偿。清朝皇帝授予李鸿章总督军事指挥全权。各国纷纷派遣战船前往朝鲜，维护本国国民在朝的利益。英国宣布中立，警告国民不要违反《外国征兵法案》。此中立态度已传达给李总督，并在清朝国内广泛流传。一支由1万名训练有素的清朝士兵组成的援军，受命从天津前往朝鲜。一旦交通和军需方面的困难得到解决，可能会有更多援兵紧随其后。

朝鲜概览

SKETCHES IN COREA

中日两国间的海陆战争骤然爆发。这两位对手意在统治或控制位于直隶湾以东几百英里、日本诸岛以西的朝鲜半岛。两大强者无论谁在海上或陆地上胜出,羸弱的朝鲜的内政独立状态都将完结。凡是了解朝鲜民族厌战性格的人似乎都认为,若未被外来征服者强迫,朝鲜人很可能不会加入作战的任何一方。然而,他们定会因为自己无忧无虑的生活被扰乱而感到惊恐与烦恼。他们亲切善良,但又极其懒惰——在这方面,他们与不安分的日本人和勤劳的清朝人形成鲜明对比。

朝鲜人自幼就整天抽烟。他们的烟斗足有 3 英尺长。不管做什么工作,他们都能设法把这些巨大的烟斗叼在嘴里——这是一个谜,因为露在外面的烟杆长得惊人。甚至可以说,他们的衣服并非以针线连缀,而是用米浆黏合,因为朝鲜裁缝不愿费力缝合。中上层阶级戴透明的由马鬃编结而成的大圆锥形黑帽子,其结构与藤椅底部的外观相差无几,相当通透。这顶帽子的"妙处"在于它无法遮风挡雨,也无法遮挡阳光。朝鲜人主要以碎豆子、腌肉和鱼为食,住在土砖建造的小屋里。每个家

汉城王宫正门。

身着朝服的朝鲜官员。

庭都会豢养一头猪。由于佛教僧侣曾在汉城发动过一场叛乱,因此汉城禁止佛教僧侣进入,违者会被处以死刑。佛教在朝鲜的传播率极低,全国佛教徒的人数很少。人们认为魔鬼栖息在枯树上,为了供奉它们,路过的人会向树扔石头,或在树枝上系一块彩色布条;遇到麻烦时,他们会把米和酒当作祭品,放在树下的小房子里。妓生(Ki Sang)或朝鲜舞女,通常是宫廷侍从的妻子。[1] 她们受雇为参加官方宴会的客人提供娱乐。朝鲜舞中,舞者的脚的位置几乎不动,身体则随着音乐摇摆。这种舞蹈与日本舞很相似,同样很优美。高级官员的宫廷礼服相当昂贵,长袍前面的深蓝色补子由厚厚的真丝绸缎制成,上面有精美的刺绣。这种宫廷礼服最古怪的部分是腰带——它比全身最粗处还要宽2英寸,由小木片支撑,覆以皮革,并根据主人的身份等级,分别用龟壳、玉或宝石装饰。帽子由骆驼毛毡制成,上面镶着红蓝羽毛和一个颜色合适的纽扣。颔带由玉珠串成,相当宽松,因此朝鲜人为防止帽子移位,经常张着嘴。除汉城的宫廷卫兵外,朝鲜士兵只佩剑和弓箭等武器,算不上真正的军事力量。日本派兵进入朝鲜时,意图在朝鲜国内推行某些行政改革。而清朝一直反对日本的干涉行为,认为日本的行为侵犯了清朝自古以来在朝鲜享有的主权——实际上,这一主权长期以来一直处于搁置状态。

---

[1] 在朝鲜,妓生属于贱民阶层,一般不能嫁于士大夫做正妻,嫁给士大夫的妓生只能为妾,所生的子女也会继承母亲的贱民身份,若要嫁为正妻则只能嫁给贱民男子。嫁给王族的妓生则为贱妾。——译者注

朝鲜高官及其子女。

妓生,朝鲜舞女。

AUGUST 18 1894	THE ILLUSTRATED LONDON NEWS	SATURDAY,No.2887
1894年8月18日	伦敦新闻画报	星期六 第2887期

无题
UNTITLED

据我们所知，目前清朝的鼠疫正处于最严重的时候。疾病的症状首先出现在老鼠身上——"它们疯狂地冲到人们面前，四处乱窜，而后死去"。不了解这种疾病的人看到这一现象一定会大吃一惊，因为有人曾见过老鼠"四处乱窜"，可能会把它们的这种骚乱错误地解读为另一种疾病。有些忠心的仆人知道主人的心思，向他们保证这些是真正的啮齿动物："先生，别害怕。这是真的。"这种保证会让他们松一口气。接下来，奶牛出现了暑热症状，开始到处乱转。这给挤奶女工带来极大的不便——外国人认为它们只是在玩耍，然而这却是发热造成的。在清朝，一头患鼠疫的公牛的行为正如"瓷器店里的公牛"[1]这一谚语所说的一样。袭击了牛群和一些小动物（Small Deer）并引起大范围恐慌后，这场流行病的矛头最终对准了人类。起初，病人的皮肤会肿胀，形成小而硬的肿块。接着，肿块逐渐增大，到了第二天晚上或第三天早晨病人就卧床不起了。即使后期能恢复健康，他也会因浑身上下散发出麝香味（这是当地疗法）而不为社会所容。最近，有人一直用沙哑的声音告诉我们，没有什么比花粉症更糟糕的。但想必是因为他们从未患过鼠疫。

---

[1] 原文为"Proverbial bull in the china shop."——译者注

无题

UNTITLED

中日两国军队在朝鲜继续交战，最终日军获胜。他们先是追赶逃向旅顺的清军[1]，随后以微不足道的损失轻取成欢（Sei kwan）。据估计，清军伤亡人数达500人。占据重要战略位置的牙山现在已被日军掌握。日军还以1.1万人的军队和火炮占领了济物浦，并且挖掘壕沟，在营地筑起防御工事。据称，来自釜山的1.4万名日军和来自元山的8000名日军正向朝鲜首都汉城进发。据说，尽管清军在运兵方面存在重重困难，但李鸿章总督将在9月底前在朝鲜部署6万名清军士兵。清军舰队的指挥权掌握在总兵林泰曾（Lin Tai San）手中。清军陆军统帅是李总督麾下的干将刘铭传。[2]

8月10日，星期五，在清军舰队缺席的情况下，日军在清朝海军位于北直隶湾的主要防御港口和军火库对面，进行了一场海军示威活动。21艘日本战船和运输船接近威海卫，并试图发起攻击，但被安装在隐显炮架上的大型阿姆斯特朗火炮击退。他们转向旅顺港，发现那里的清军也已经准备就绪。互发几炮后，日本军舰撤退。人们认为，日军此次行动的目的可能只是侦察清军炮台的位置和火力。据报道，8月11日，星期六，两军爆发了一场海战，该战以日方胜利而告终。

据官方消息，日本政府已承诺放弃对上海及其周边地区的军事行动。基于这一保证，清朝政府同意不再封锁通往该港口的道路。

为了保护本国利益，德国政府已派遣3艘船舶前往东亚战场。据了解，四等巡洋舰"秃鹰"号（Condor）和"鸬鹚"号（Cormorant）将增援该分遣舰队。

---

[1] 在战争中，"济远"号中炮较多，但所幸均非要害，机器无损，后朝旅顺方向撤退。日舰"吉野"号、"浪速"号见"济远"号退走，尾随追赶。——译者注
[2] 中日甲午战争爆发后，清军溃败。清朝朝廷令刘铭传出山。刘因病重辞命，并未参加甲午战争。——译者注

朝鲜略观：东亚战场

VIEWS IN COREA, THE SEAT OF WAR IN EASTERN ASIA

  最近，所有在东亚有商业利益的国家都对中日两国间爆发的战争比较关注。因为这场战争势必重塑东亚格局，甚至会对世界格局产生深远影响。迄今为止，对朝鲜这个南北逾 600 英里、东西近 300 英里、人口 900 万的国家，部分欧洲访客仍然一无所知。朝鲜西海岸的主要贸易港口济物浦是英国领事馆的所在地，也是某个英国传教使团的驻地。首都汉城位于汉江上，四周围有长 15 英里的高大围墙，约有 30 万人。该国还有几个较大的城镇，但迄今为止，这个国家在技术方面非常落后，并且一直非常厌恶对外贸易。当地人民主要种植水稻、谷物、大麻、棉花、烟草、党参等，同时也养牛，也向清朝纳贡。然而根据某些条约，其也对日本纳贡。16 世纪至 17 世纪，朝鲜处于这两个邻国的交替掌控之下。但在更早的时期，中国一直是它的宗主国，且对朝鲜的社会生活、行政管理、风俗习惯和礼仪影响深远。在朝鲜，儒家学说及其影响远胜佛教。国王通过 3 位议政大臣，分管六曹的 6 位判书，数位司宪、司谏和承旨组成的政府机构管理国家。全国共分 8 道，分别设有一名长官，4 个设防的城镇都有自己的军事指挥官。1866 年，法国因传教士被杀，令罗兹

左图｜朝鲜首都汉城东大街，照片摄于城池东门附近。
右图｜朝鲜士兵。

鸟瞰汉城。

（Pierre Gustave Roze）率领远东舰队炮击江华岛。1870年，美国亚洲舰队司令约翰·罗杰斯（John Rodgers）指挥一个中队向汉城的要塞发起攻击，并要求朝鲜对被烧掉的美国舰船进行赔偿。然而，除了以上事件，朝鲜与这些遥远国家之间通常保持着冷漠关系，而非敌对关系。我们在使团住处上方的山上，面北背南拍摄了一张汉城的鸟瞰照片，如上图所示。照片中可见城墙内的小山，以及更远的北汉山（Pouk Han）。下页中的一张插图则展示了济物浦的教会建筑，如教堂、学校和波纳尔（Pownall）牧师的居处。

上左｜一位朝鲜妇女。
上中｜街头的儿童。
上右｜一位较低阶层的朝鲜女孩。
中左｜济物浦圣米歇尔（ST. Michael's）使团创办的夜校里。
中右｜卖甜食的小贩。
下左｜一位朝鲜小学校长。
下右｜传教使团创办的夜校里的小学生。

巴夏礼爵士
SIR HARRY PARKES

两卷本《巴夏礼爵士传记》由斯坦利·莱恩－普尔（S. Lane-Poole）、狄更斯（F. V. Dickins）合著，麦克米兰公司（Macmillan and Co.）出版。

斯坦利·莱恩－普尔先生是位经验丰富的传记作家。尽管他的作品称不上激动人心，但总能吸引读者的注意力。他在《巴夏礼爵士传记》中以生动有趣的笔墨叙述了巴夏礼的生平。虽说作者有时不得不靠一些微不足道的空谈，或主人公与斯特拉特福德（Stratford）勋爵不和的逸事凑数，但总体来说，他的写作手法切合主题，颇为令人赞赏，只要有可能他常直接引用巴夏礼的自述。不过，读者有时还是会为作者没有听从莫里尔（R. Morier）爵士的建议而感到遗憾。有人曾问起关于巴夏礼传记的问题，这位经验丰富的外交官评论道："这是一个很好的主题，巴夏礼是一位杰出的官员。不过，现在写他的生平是不是太早了？"普尔先生认为，自己写作时可以不使用罗伯特（Robert）爵士提及的各类信件，同时暗示，一旦使用此类信件只会给著作的出版带来不便，当这些著作是外交官的传记时，这一点体现得尤为明显。因为，书中引用的资料只要涉及外交官生平使用的文件，就会遭到官僚们的反对。因此，我们可以确信，这位外交官履历中最有代表性的那部分还不为人知。然而，幸运的是，对为巴夏礼立传的作家来说，他职业生涯中的一段经历已经在公众记忆中留下了不可磨灭的印记。

人们有时会忘记，清朝人口占世界人口的三分之一。虽然他们有很多缺点，不过同时我们还应该认识到他们拥有充沛的体力和无限的耐力。所以从他们接受"文明之源"的那一天起，如果他们通过铁路、电报和新闻等渠道学习新知识、新科技，并将这些知识融会贯通，那么用不了几代人的时间，欧洲人就不得不面对一个能"纵横天下"的种族——与之相比阿拉里克（Alaric）[1]和阿提拉（Attila）[2]的远征不过是郊外野餐。无论如何，这是已故的库珀（T. T. Cooper）先生的意见，他和大多数人一样熟悉清朝。

---

[1] 阿拉里克（约370—410），西哥特王国的缔造者，410年攻陷罗马城。——译者注
[2] 阿提拉（406—453），曾率部席卷欧洲，使西罗马帝国名存实亡。——译者注

巴夏礼在清朝的第一个任期充满趣味。对我们来说，尤其幸运的是，巴夏礼与他的夫人分居两地，因此留下了大量信件，可供立传者研究。他从领事官晋升到驻外公使后，情况起了变化。读者立刻意识到这一不同。为了完成这本著作，狄更斯先生自己填充了很多内容，甚至在某些章节里提到了"古老的日本"和"60年代初的日本"。这对专家们来说可能很有价值，但对普通读者来说，不过是干巴巴的叙述那些名字稀奇古怪的日本人所做的无足轻重的杂事。

1883年，巴夏礼作为全权公使回到清朝，不过，仅仅两年后他便去世了。回到清朝后，他的精神状态一如既往，但是他的身体已经疲惫不堪，而这要归咎于法国在东京[1]扩张势力范围引起的他的焦虑。他于57岁去世，未能得享高龄。虽说通过本书中枯燥乏味的信件和名人录，我们也可以充分了解此人，然而，我们还是希望有一天，熟悉他的人（似乎不包括普尔先生）能以一种巧妙的叙述艺术（狄更斯先生无缘此技能），为我们描绘一幅他的肖像。

---

[1] 越南北部地区。——译者注

AUGUST 25 1894　　◆　　THE ILLUSTRATED LONDON NEWS　　◆　　SATURDAY, No.2888
1894年8月25日　　　　　　伦敦新闻画报　　　　　　　　星期六　第2888期

国内外新闻
HOME AND FOREIGN NEWS

　　我们在远东地区寻找一位好战人物的消息。但自8月12日以来，没有任何有关中日海军或军事行动的消息传到上海。一方面，日本舰队似乎专注于向朝鲜运兵，避免了海上冲突；另一方面，清军舰队正尽最大努力阻挠敌方行动。北洋舰队兵分两路。其中一路由"定远"号铁甲舰的丁汝昌提督指挥，在北直隶湾巡航。另一路则由"镇远"号铁甲舰的刘步蟾总兵指挥。[1] 7月25日左右，这路舰队动身出发，护送运输船前往朝鲜。据说第三支舰队正泊在大连湾，已准备就绪，将护送宋将军率领的、人数为2万的第二支援军前往朝鲜。大部队似乎已经在鸭绿江登陆。南洋舰队正奉命在螺洲（Loo Choos）举行演习，并在台湾岛和大陆之间巡航。

　　山海关是通向中国长城入海处的门户要塞。现在这里也在迅速进行战备工作，大力加强防务，使铁路免受日军可能发起的攻击之侵害。遵照李鸿章总督的命令，4艘炮舰停泊在山海关，2500名士兵增援陆地驻军。大家认为这股兵力足够强大，足以击退小股日本水兵（即使他们能避开驻守北直隶湾的清军巡洋舰的警戒）对山海关的任何小规模攻击。

　　目前为止，唯一实际发生的事件包括：李鸿章最喜爱的通报船、旧舰"操江"号被捕获、对"济远"号的炮击（造成16人死亡）；"济远"号的姊妹舰"镇远"号击沉一艘日本一级巡洋舰。丁提督麾下的北洋舰队已经搜查了北直隶湾，寻找日方战舰。他报告说，海岸沿线未发现敌方舰船。

　　人们认为清朝海军重镇威海卫固若金汤。自宣战以来，该地鱼雷就位，建起大型水栅，所有灯塔均已熄灭。然而，日方鱼雷舰连续三晚进入港口，绕过水栅，布

---

[1] "定远"号总兵兼管带为刘步蟾，"镇远"号为林泰曾。——译者注

置反雷措施，但他们并未试图对要塞下手。

清朝人对外国人的愤怒在威海卫找到了发泄渠道。相当多的外国人——其中大多数是克莱德（Clyde）峡湾区的英格兰人和苏格兰人——曾与清朝政府签订特殊合同，在当地的大型兵工厂工作。但由于战争爆发，他们被迫离开。

可以肯定的是，本周内我们将收到朝鲜爆发大战的消息。刘铭传[1]总兵率领5万名全副武装、纪律严明的士兵，正稳步向日军阵地进军。大岛义昌将军并没有调动主力应对，而是派出了一支强干的先锋部队与清军的先遣部队交战。这场战斗很可能发生在平壤附近。平壤是一个小城，位于元山与首都汉城之间，距两个城市都有100英里。本周我们将向大家介绍这个小城。日军也在汉城周围筑起防御工事，然而此次战争并不能一役定输赢。日本迅速动员集结了比其对手更加训练有素、装备精良的16万人的军队，并将发放一笔由日本人自己认购的5000万美元的国债。

无题

UNTITLED

旅行家寇松先生已经及时出版了一本关于东方问题的有趣的书。已故的查尔斯·皮尔森（Charles Pearson）曾悲观地预言：清朝将最终控制欧洲的命运。寇松并不持这种悲观看法，这对于被上述预言震惊的普通读者来说将是一种安慰。皮尔森教授认为，未来属于黄种人和黑人。一方面，在他看来，清朝人拥有很强大的能力。他预见到蒙古人将掌握欧洲战略家的全部军事资源，并在每个欧洲国家的首都占据主导地位。另一方面，寇松先生宣称，清朝人缺乏取得这一成就所必需的适应性和主动性。只有"复兴奇迹年代"才能促使清朝放弃对西方思想完全漠不关心的政策。其已经取得的进步是"间接而非根本的改革"。无论如何，这种观点更符合我们对清朝所持的传统观念。比起皮尔森先生，相信大多数人会更喜欢预言家寇松先生。

---

[1] 甲午战争中，叶志超为朝鲜战场总兵。——译者注

清朝的战争手绘图
CHINESE WAR SKETCHES

清朝的战争手绘图

从俄国到中国的沉重邮包
THE RUSSIAN HEAVY MAIL TO CHINA

我们的特约艺术家朱利叶斯·普赖斯（Julius M. Price）先生以他的速写作品为我们展现了从西伯利亚伊尔库茨克到北京的漫长陆路。这条路线起自贝加尔湖南岸，经边境小镇恰克图（Kiakhta）至麦马钦（Maimatchin），再从那里跨越陡峭的山脉至蒙古首府库伦[1]，随后向东南方向穿越广阔的戈壁沙漠至清朝的长城，越过长城即可见清朝边陲重镇张家口。人们赶着驮马和骆驼横穿清朝这座最重要的边镇。夏天人们用马拉的大车，冬天则使用雪橇，以每天30至40英里的速度行进。行人通常会安全通过此地，不会遇到抢劫者。来自俄国的邮件，无论轻重都不太可能被截停。爬山时，山路上挤满疲惫的车队、骡队及其他背负沉重担子的牲畜。大雨和洪流使崎岖的地面变得湿滑，增加了通行难度。艺术家在下页插图中为我们呈现了这种艰辛。

---

[1] 乌兰巴托。——译者注

来自俄国的沉重邮包通过清朝北方的山口。

一艘清军鱼雷艇

A CHINESE TORPEDO BOAT

中日战争中已经发生的事件表明：海军的战绩最为重要。在这场战争中，如果日军跨海而来的舰队实力与黄海海战中的预期实力相仿，那么在清朝广袤的沿海地区，以及人口众多的商业城镇所处的大河口和通航河流中，为了抵御日本的进攻，则需要不断加强海岸和港口防御。鉴于此，清军显然需要鱼雷艇、炮舰和浮动炮台。最新消息称英国在为清朝建造鱼雷艇，其舰名取自希腊字母表；同时，广州内河还有一支由炮舰组成的小型船队。伦敦波普拉区的亚罗船厂（Yarrow and Co.）7年前曾为清朝制造了第一艘甲级鱼雷艇[1]（下页插图中所示）。此鱼雷艇为钢结构，长39米，最宽处可达3.96米，除船头的鱼雷管外，还配备1门甲板炮，航速达23节，可在14.63米的范围内转弯。清军舰队还有两艘鱼雷巡洋舰"广乙"号和"广丙"号。它们的主机相当强劲，可装载120毫米和150毫米口径的火炮。在接下来的海战中，这样的火炮无疑颇为有用。

---

[1] 下页插图中即为北洋海军的"左一"号鱼雷艇。——译者注

一艘清军鱼雷艇。

朝鲜概览
SKETCHES IN COREA

在过去的几年中，这个长期封闭的东亚王国开始有限度地开放国门，与欧洲交往。于是，朝鲜的海港和几个城镇逐渐为少数商人、传教士和旅行者所熟悉，但该国的内陆地区仍不为我们所知。黄海沿岸的济物浦是该国与清朝和欧洲各国进行海上往来的主要港口。济物浦位于朝鲜首都汉城附近，某英国特别宣教会在这里成立，包括一位主教和若干神职人员。迄今为止，在进行宗教活动时，他们所处的环境与在清朝一样，没有像 25 年前惨遭杀害的法国天主教使团那样招致强烈的敌意。在济物浦，在兰迪斯（Landis）医生的努力下，一所独立于教会使团外的、为儿童开办的夜校得以建成并惠及他人。下页插图展示的是该校小学生的合影。朝鲜人虽然不甚聪明，但性格温顺、脾气好、温文尔雅——尤其是社会底层的普通百姓。汉城的库非（C. J. Corfe）主教于 1889 年就圣职，他的副手是特罗洛普（M. N. Trollope）神父、凯利（H. H. Kelly）神父和西德尼·皮克（Sidney Peake）神父。此外，他座下还有其他神父，其中包括济物浦的波纳尔（Pownall）神父。皮克先生曾编纂了一部英朝字典。维尔斯（J. Wiles）医生和兰迪斯医生负责由海军医疗基金支持的医院事务。

兰迪斯医生和他在朝鲜济物浦创办的学校的小学生合影。

| SEPTEMBER 1 1894　1894年9月1日 | THE ILLUSTRATED LONDON NEWS 伦敦新闻画报 | SATURDAY, No.2889　星期六　第2889期 |

一位朝鲜大臣
A COREAN MINISTER

　　如下页插图所示，这位庄严的大臣行进在朝鲜首都汉城一条大街上，准备进行一次正式访问。欧式的宴会上，香槟供应充足，这位大臣正在取悦驻汉城的他国外交官。这些照片摄于1887年，由时任驻汉城的美国总领事查雷·隆（Chaillé Long）上校提供。当时65岁的朝鲜外务督办赵秉稷（Cho-Pyong-Sik）是位谦

朝鲜外务督办设宴款待欧洲外交官。

朝鲜外务督办。

谦君子。他正盛情款待客人们。在宴会的主桌上，每位客人身边都坐着一位翻译和一位舞女，用餐结束后，舞女们便退场——正如在欧洲类似的宴会上一样——只剩下绅士们饮酒谈天。1小时后，他们来到院子里，观看由8位姑娘表演的绳舞和芭蕾舞。这8位姑娘穿着宽大的裙子，虽不十分漂亮，但举止文雅，动作优美。目前在位的外务督办已是另一个人——1891年，闵越镐（Ming-Yuen-Shao）王子接任此职。卡文迪什（A. E. J. Cavendish）船长正是从其流亡香港的兄弟闵越齐（Ming-Yuen-Ik）那里得到了一封介绍信。卡文迪什船长所著的旅游类书籍近日出版。

国内外新闻

HOME AND FOREIGN NEWS

日本已正式对外宣称：朝鲜国王于 6 月 30 日宣布朝鲜脱离清朝独立，并呼吁日本协助其将清军从牙山驱走。

我们收到一份中文报道称，清军近日在汉城西北的平壤附近击败了日军。据报道，8 月 18 日，日本运输船在军舰的保护下，抵达朝鲜西北海岸大同江入海口。平壤位于该河上游 35 英里处。日军弃船登陆，穿越大同江，向平壤方向进发。他们突然遭到 1000 名清军骑兵的袭击，队伍被一分为二。清军炮兵占据优势地形，居高临下向日军开火。日军在混乱中逃到海边，寻求本国战舰的火力掩护。这篇报道没有提到日军从清湖向平壤以南撤退。从中可以看出，清湖正在清军控制下。平壤发来的一封电报称，8 月 18 日至 23 日，1 万名清军援兵抵达清湖，当地清军的人数达到 3.4 万人。该报道还补充，清军将要对阻挠自己进军汉城的日军主力部队发动攻击。日方现在扼守清湖以南 8 英里的关口。据称，清军在 5000 名朝鲜人的帮助下，付出相当大的代价，将该关口的日本守军驱至汉城以北 40 英里的开城（Kai-Song）。另外，有传言说日军已在清朝海岸登陆，登陆点位于守卫白河入口和通向京师要道的大沽要塞以北。

针对最近发生在传教士身上的暴行，清朝朝廷颁布了一项敕令，问责官员，并下令将真凶斩首，重建教堂，并给予受害者家属慷慨的赔偿。

人物
PERSONAL

清军的绿营兵正被仓促召集起来，投入在朝鲜的战争中。他们行为粗鲁，完全不懂纪律，因此，从遥远的省份来到这里，沿途犯下暴行也就不足为奇了。在牛庄以北的辽阳，在粗俗无礼和狂热的驱使下，一群"勇士"攻击了一位苏格兰长老会传教士，并致其死亡。李雅各（James Allan Wylie）牧师时年 30 岁，未婚，汉密尔顿人，曾就读于格拉斯哥大学（Glasgow University）和长老会神学院，并接受了一些医学培训。1886 年夏天，他在加拿大西北地区从事传教工作。1886 年 11 月 30 日，他获得汉密尔顿长老会颁发的执照。他主动要求前往清朝满洲地区，后获得宣教团任命、由汉密尔顿长老会授予圣职，于 1888 年 4 月 6 日到达牛庄。今年 5 月和 6 月中，他曾受到辽阳当地人威胁。他们反对李雅各牧师在村子里传播福音及出售《新约》。

苏格兰传教士李雅各牧师。照片来自爱丁堡的莫福特（J. Moffut）。

SEPTEMBER 8 1894	THE ILLUSTRATED LONDON NEWS	SATURDAY, No.2890
1894年9月8日	伦敦新闻画报	星期六 第2890期

人物
PERSONAL

  如果清朝皇帝每次都要擢升取得战争胜利的大臣，那么很快他就会发现，可以赏赐的东西已经耗尽。据称，有700名臣子因在子虚乌有的战斗中表现英勇而获得皇帝赏赐。由于皇帝总是嘉奖那些虚报军功的人，并剥夺了李总督的黄马褂，想必他会发现奖惩分配机制令人相当疲惫。目前为止，在中日之间这场奇怪的冲突中，除了双方的新闻完全不可信外，一切都不确定。如果寻根究底，也许我们会发现根本没有战争。也许皇帝陛下不过是在取乐。他就像个有一盒士兵玩偶的孩子。比起清朝皇帝，日本天皇的优势在于他确实和自己的军队在一起，而且曾出席一次军事野餐。另外，清朝皇帝过着严格的隐居生活，他颁布的法令也显示出他的极度无知。

国内外新闻
HOME AND FOREIGN NEWS

据称，8月31日，14艘载有4000多名日军士兵的舰船袭击了旅顺港。当地的清朝驻军有5000人。这次袭击现在被认为是"战时侦察"。据称，日军发现清军的陆地防御过于严密，于是不战而退。清朝朝廷发布敕令，强制贷款1000万两白银。

东京方面收到济物浦发来的电讯称，包括6000名士兵和300匹战马的日本增援部队已在该港口登陆。他们将赶赴战场。目前在朝鲜的日本士兵超过3万人，主要是步兵和炮兵，他们正陆续北上。

珠江的花船上发生了一场可怕的火灾。花船对很多人来说，是某种永久性的住所。火灾使数百艘花船被毁，目前已确认有1000名当地人死亡。火势蔓延得如此之快，以致船上的人来不及把缆绳从停泊处砍断，并将船划到开阔的水面上，就已全身着火，一命呜呼。

| SEPTEMBER 15 1894　1894年9月15日 | THE ILLUSTRATED LONDON NEWS 伦敦新闻画报 | SATURDAY, No.2891　星期六 第2891期 |

无题
UNTITLED

　　本周，由于降雨的原因，朝鲜境内交战中的中日军队寸步难行，所以双方都没有开展重要的军事行动。清军舰队集中在主要的海军基地威海卫。威海卫与旅顺港相对，一南一北，守卫从黄海入北直隶湾的水道。日军舰队对北部海岸线上的港口、要塞和岛屿进行了侦察性的攻击。目前，清朝所有精兵都已被派往朝鲜，剩下的据说全都是纪律松散、效率低下的。朝鲜国王现已被迫公开站在日本一边。

| SEPTEMBER 29 1894　　◆　　THE ILLUSTRATED LONDON NEWS　　◆　　SATURDAY，No.2893 |

人物
PERSONAL

　　汉纳根上尉在战争初期的表现比在清朝服役的任何外国军官都更为突出。他目睹"高升"号沉没，并详细描述了那可怕的一幕，同时，他也没有放过日本官兵的所作所为。他在黄海海战中担任过高级指挥官，可能还曾负责指挥舰队。这是因为丁提督虽然英勇作战，且为名义上的指挥官，但他却很难达到欧洲海军司令的标准。汉纳根上尉在鸭绿江口受轻伤——据说，他已经回到自己的岗位上了。他出生在德国，在清朝服役多年，是一名优秀的水手和战术专家。他曾是直隶总督李鸿章的副官。

汉纳根上尉。

黄海海战

THE NAVAL BATTLE OF THE YALU

鸭绿江的入海口位于朝鲜湾最前端,黄海的东北部。其入口很窄,全长 20 英里,将中朝两国分开。9 月 17 日,星期一,在丁提督的指挥下,清朝海军以欧洲海战曾使用过的所有武器,与日本海军作战。战斗从中午持续到黄昏。从各方面来看,这两个敌对的东亚国家的官兵表现出的坚忍不拔的勇气,堪与任何一场现代海战比肩。

清军防护巡洋舰"致远"号在甲午海战中沉没。

清军非装甲巡洋舰"超勇"号在甲午海战中焚毁。

他们熟练地操控火炮和鱼雷，但有限的水域空间限制了舰船的机动性，损毁的舰船与参战的舰船成正比，多得吓人；死亡人数亦然。清军的主力军舰中，3艘被击沉，另一艘被炸毁。尽管清军提前一小时从运输船上成功登陆，但不能由此认为他们会取得海战的胜利。他们的海上力量被大大削弱，可能无法复元。

在朝鲜战役的第一次，也可能是最后一次重要行动的第二天，唯一一支尚可一战的清朝军队在朝鲜首都汉城东南方向100英里的鸭绿江口被俘获。从此，清军的增援部队即使能成功登陆，也将再无用武之地。不过，9月14日，上周五，清军拔锚起航，似乎还要派兵增援。平壤同样被认为固若金汤。以李鸿章为首的清朝决策层大受诟病，不过，丁汝昌提督似乎不应受到指责。当时他必须护送6艘运兵船进入鸭绿江口，如果可能的话，他将避而不战。他的战斗舰队包括：庞大威武的铁甲舰"定远"号和"镇远"号（配备31.5吨克虏伯火炮）、"经远"号、"来远"号、"济远"号和"平远"号（小型军舰），前两艘有装甲带和坚固的炮台，最后1艘无装甲，携带有10吨和12吨克虏伯火炮；6艘无装甲巡洋舰（同样装备火炮）、4艘鱼雷艇。上述庞大的舰队相当具有战斗力。他周一一早就命舰队停泊在鸭绿江上。

根据清朝方面的描述，清军运输船开进江口，士兵上岸，军舰则停泊在港口外。但日方称（虽说不太可信），他们于中午时分在海上看到清军舰队，随后追赶到鸭绿江口，时间长达1小时。根据丁提督的舰队情况来看，在开阔的海面上作战更有优势。日军舰队尽管有9艘战舰，但均不能与中方的两艘巨型铁甲舰相提并论。日方没有一级战舰，他们的"松岛"号排水量4278吨，部分配备装甲，携带1门大炮和12门小火炮。"吉野"号的尺寸与其相同。"比睿"号是艘铁甲的巡洋舰，装备有3门3.5吨的克虏伯火炮。此外，日军还有3艘炮舰和5艘鱼雷艇。这支日军舰队的指挥官是伊东祐亨司令。

敌军逼近，清军舰队一字排开保卫鸭绿江口。9艘日本军舰集中火力攻击"镇远"号和"定远"号，直到"镇远"号的2门火炮瘫痪。不久，2艘日本巡洋舰，"吉野"号和"秋津洲"号，以及3艘鱼雷艇，试图从一端突破清军舰队防线，进入江口，摧毁运兵船。清军"靖远"号和"超勇"号发现自己进入鱼雷艇的攻击范围，便后撤躲避鱼雷。2艘突入防线的日本军舰被逐出，损坏严重。然而，上述2艘清军舰船及另外两三艘舰船损坏更甚。"超勇"号靠岸，无法移动，后遭敌军炮击起火后焚毁；"经远"号甲板被一枚炮弹击穿，也起火沉没；运输舰"扬威"号搁浅并被烧毁；"致远"号的大炮瘫痪，连续战斗3个小时后被鱼雷击沉，全体船员殉难。日本军舰无一被毁，战斗停止后，他们也远远后撤。第二天，清朝海军舰队余部前往旅顺港，但看起来已经军心涣散，运输船也各自回港。

清军装甲舰"经远"号在甲午海战中沉没。

清军防护巡洋舰"靖远"号在甲午海战中掉队。[1]

---

[1] 在该战中,北洋舰队失去统一指挥时,"靖远"号管带叶祖珪毅然下令升起指挥旗,指挥全舰队继续作战。——译者注

清军执行军纪。

济物浦和朝鲜其他港口
CHEMULPO, AND OTHER PORTS OF COREA

济物浦位于朝鲜的锁钥之地,离首都汉城较近。据估计,过去的几周中,至少有8.5万名日军在此处登陆。

日军占领济物浦的同时由水陆两路接近汉城,实际其已占领了这两座城市东南方向的大部分地区。9月15日,清军被迫在平壤与日军一战。平壤位于汉城以北160英里处。日军可派遣轻型舰船沿中朝界河——美丽的大同江逆流而上。

欲从济物浦直达汉城,要横穿一道海拔300英尺的山口。其直线距离为20英里,陆路则要走27英里。汉江蜿蜒狭窄的河床上可行船,全程70英里。

面积较大的江华岛位于济物浦西北,岛上有守护汉城的4座要塞中的一座。王室成员在危难时刻习惯退入江华岛,然而此刻日军把朝鲜国王严密地看管在他们自己的大本营里。在朝鲜历史上的不同时期,中日两国的旗帜和朝鲜本国的旗帜曾交替飘扬在守护汉城的要塞上空,正所谓"城头变换大王旗"。

驾驶船只东行,几小时后就会进入牙山港,其附近可以觅得绝佳的下锚地。战斗即将进行,此处便是双方的交锋之处,日军将会把清军驱向北方的平壤。

环牙山皆水也——总体来说,这不是当地入海口和海峡的典型特征。日军牢牢盘踞在这个条件优良的港口——这一做法相当明智。一条平坦的大路从这里延伸出去,经水原(Shu-won-pu)直至汉城门户。这条路蜿蜒向前,通过山区,随后跨越皇后湾边缘高低起伏的平原地区——现在此处已被日军占据。在伸入海湾的苏杆岛(Sun-gam-do)海角上,曾有一处清朝军队的大本营。一条路从此处伸出,经南阳(Nam-Yang)同样可直达汉城。

日军控制了朝鲜的主要港口,作为自己行动的基地;他们从一开始就已经做好了与清朝一战的准备。该港口位于朝鲜东北海岸北纬39.8度的布劳顿湾(Broughton Bay),日本人称其为金山港。据猜想,俄国人对其附近的港口元山很感兴趣。从这里至汉城的路途长约150英里,其间要翻越海拔3000英尺的山口,并穿越富庶的库松(Koum-Song)地区。每年,大量金砂和铜从库松出山,被运至日本大阪的铸币厂,为李氏国王铸造钱币。

釜山位于朝鲜东南海岸，面对日本的对马岛。1592年，丰臣秀吉的军队于此登陆，行军170英里，直逼汉城，釜山因此而广为人知。日本人现已控制了釜山的朝鲜电报台。此处有日本领事馆和日本人定居点。一条海底通信电缆从这里通向40英里外的对马岛，随后再延伸57英里，直至壹岐岛和日本本土。

　　1859年，俄国人勇敢地放手一搏，在对马岛上建起路障并开始种田。但贺布[1]海军司令的舰队出现于此，暂时阻止了俄国的殖民活动。自那以后，日本一直对其前哨防线保持着高度警惕。

　　9月15日至16日，清朝军队败于平壤。平壤位于从汉城到北京的主干道上，城中人口众多。从古至今，朝鲜的君王们一直沿着这条大路将岁贡送给中国皇帝。平壤周边景色秀美，直至10世纪都是王族所居之地。本报曾在早些时候的照片中展示过当地的风景。在历史上的每一场战争中，平壤都扮演了重要角色，在当前这场战争中亦是如此。来自满洲的清军跨越北方山口；日军则由济物浦登陆，于汉城周围安营扎寨。中日双方将在此相遇。

　　约300年前，即1592年至1598年，朝鲜曾在日本侵略军的铁蹄下呻吟了6年。当时日本正处于好战的丰臣秀吉的控制下，他对朝鲜势在必得。他曾割下1万只朝鲜士兵的耳朵作为特别的战利品，后来把它们埋在京都自己最喜爱的一处寺庙花园中。[2] 之后天下承平，直至1882年日本驻朝鲜公使受到不公正待遇，日本教官及其他日本人13人被杀，于是日本派出军舰进行报复。随后，大批日本武士自愿报名参战，政府马上征召到2万名士兵。如果当时朝鲜没有妥协并赔款55万元，那么日本天皇可能于1882年就占领了这个"隐士王国"。

右图 | 朝鲜于黄海上的主要港口济物浦。

---

[1] 又译何伯，1859年至1862年任英国东印度及中国舰队司令。——译者注
[2] 实际数目远超1万只。——译者注

| OCTOBER 6 1894 | THE ILLUSTRATED LONDON NEWS | SATURDAY, No.2894 |
| 1894年10月6日 | 伦敦新闻画报 | 星期六 第2894期 |

日本海军攻击威海卫
NAVAL ATTACK ON THE FORTS AT WEI-HAI-WEI

日本军舰"吉野"号。根据英国皇家海军"水星"号上的罗斯维尔（E.J. Rosevere）先生的速写绘制。

日军进攻威海卫

JAPANESE SHIPS ATTACKING THE FORTS AT WEI-HAI-WEI

日军进攻要塞威海卫。根据英国皇家海军"水星"号上的罗斯维尔先生的速写绘制。

| OCTOBER 13 1894 | THE ILLUSTRATED LONDON NEWS | SATURDAY, No.2895 |
| 1894年10月13日 | 伦敦新闻画报 | 星期六 第2895期 |

人物
PERSONAL

吉尔伯特（Gilbert）先生一定要写一部关于清朝的喜剧。《日本天皇》（The Mikado）这部剧远不如我们每天听到的清朝官场故事有趣。李鸿章总督有位名叫李秋升的爱侄[1]，奉命为清朝军队购买武器和弹药。他从德国商人那里购买一文不值的步枪，转手以原价的四倍卖给清朝政府。当他因这一不端行为而受到指控时，他竟以玩世不恭、厚颜无耻的态度承认了这件事，并招来他叔叔的一个耳光。吉尔伯特的《日本天皇》中，沙利文（Sullivan）创作了一首关于"以罪量刑"的歌。难道说李鸿章总督认为他侄子那刺痛的脸颊已足以抵消这项严重的叛国罪名？据说，李秋升已经因健康原因致仕，他还可能因此掉脑袋——这在清朝的官场惯例中并不罕见。

国内外新闻
HOME AND FOREIGN NEWS

东亚的战火已蔓延到朝鲜之外，人们非常担心日军会入侵清朝。据称，有人在海上发现一支日军运输船队。清军正从奉天全面撤退，而在义州的部队已退到清朝境内。一支上万人的朝鲜军队已经在朝鲜半岛集结，准备驻守各城镇。法国政府已命4艘巡洋舰和1艘炮艇前往清朝。

---

[1] 应为李鸿章的外甥、天津军械局总办张士珩。——译者注

北京城墙
THE WALLS OF PEKIN

清朝的都城中约有 75 万余名居民。这是一座四方形的城市，周围环绕着雄伟的城墙。城墙最高处可达 50 英尺，宽与高几乎相等。城墙全长达 21 英里，间有建于 15 世纪的城楼和角楼。城中满汉分居，居住区各有城墙和城门。各衙门、王公大臣的宅第及多处寺观位于皇城中。紫禁城围以朱墙，内有皇宫及御花园，堪称人间仙境。每到重大节日，皇帝会在天坛、日坛、月坛和先农坛举行象征性的祭祀仪式——这几处地方也有封闭的花园、绿地和树林。自从 1215 年成吉思汗进入北京以来，北京就一直是都城。成吉思汗之孙忽必烈（马可·波罗觐见的那位皇帝）于 1264 年建成北京城。当时欧洲来此的旅行者称其为"汗八里"（Cambalu），其旧址位于紫禁城北面。如果日本人闯进这片神圣的领土，将会严重损害这古老帝国的威严。但我们不必为此感到忐忑不安，更不必担心会有民变，因为北京城的守卫多达 1.6 万至 1.8 万人。

北京城外。根据一位记者的速写绘制。

无题
UNTITLED

英国、法国、俄国、德国和美国之间正进行磋商，旨在通过外交行动，重建东亚的和平秩序。虽然这些国家急于保护自己的公民和文明世界的共同利益，但除了纯粹的外交干预外，各国均无任何制止事态发展的想法，也都未曾对交战双方目前的行动加以任何限制。

截至10月15日，关于远东战争的最新消息称，中日两军仍在中朝边境的河流——鸭绿江上对峙。清军正忙于加固己方防线，他们的兵力估计有2.5万人。日军司令官山县有朋正在等待重炮和补给品到位，以便再次发起进攻。一场决定性的战斗即将打响，但在准备工作完成之前，日军是不会越过鸭绿江的。

毫无疑问，在北京和天津的清朝人感到，俄国正通过一切手段积极地援助日本，两国之间只是没有缔结正式的联盟。但据了解，李鸿章并不同意这一观点。

| OCTOBER 27 1894　1894年10月27日 | THE ILLUSTRATED LONDON NEWS　伦敦新闻画报 | SATURDAY，No.2897　星期六　第2897期 |

东亚战争
THE WAR IN EASTERN ASIA

据说，位于朝鲜和清朝东北部边境的鸭绿江上发生了战斗，日军遭到重创。此消息还未经证实。据清朝报道：10月22日，日军在义州的一次遭遇战中损失3000人。但是，清朝军队正集结起来保卫吉林、更为偏北的"圣城"奉天及盛京将军的辖区。人们怀疑远道而来的日军能否在冬天陆路封冻之前行军至此。伊东祐亨指挥的日本舰队正在平壤附近海域集结。在朝鲜半岛对面，中日两国海军对峙于威海卫。日军袭击天津或向北京进军都不会带来直接的危险。我们要感谢英国皇家海军"利安德"号上的一位军官，他为我们描绘了七八周前，在英国、法国、德国和美国军舰的注视下，日本军队在朝鲜济物浦登陆的情景。

9月9日,日军在朝鲜济物浦港通过运输船登陆。根据英国皇家海军"利安德"号上的怀尔德(A. W. Wylde)先生的速写绘制。

NOVEMBER 3 1894	THE ILLUSTRATED LONDON NEWS	SATURDAY, No.2898
1894年11月3日	伦敦新闻画报	星期六 第2898期

国内外新闻
HOME AND FOREIGN NEWS

10月24日,击溃小股清朝军队后,日军强行进入鸭绿江。另一支日军已在旅顺港附近登陆,可能会马上袭击该港口。

| NOVEMBER 10 1894 | THE ILLUSTRATED LONDON NEWS | SATURDAY, No.2899 |
| 1894年11月10日 | 伦敦新闻画报 | 星期六 第2899期 |

国内外新闻
HOME AND FOREIGN NEWS

11月7日从清朝传来的最新消息称，日军正从海陆两路同时攻击旅顺港。清军舰队被困于此。控制两岸及大陆海岸线的西段已落入日军手中。11月3日，星期六，恭亲王奕䜣召集在北京的各国公使，告诉他们清朝无力抵抗日本，呼吁他们进行和谈斡旋。清朝愿放弃对朝鲜的宗主权，并向日本支付大笔战争赔款。

"致远"号沉没。

杂志漫谈
A MAGAZINE CAUSERIE

关于中日两国相对优势的温和争论取代了本月评论中的国内政治部分。东方的外交老手和亚洲学生都在努力吸引公众的兴趣。日本会征服清朝吗？俄国会干涉吗？政府是否应该制定条约，取消在日本的英国领事馆管理本国公民的特权？日本人是真的很聪明，还是说他们只是模仿能力更胜一筹而已？在这些问题上，意见纷杂，令人困惑。包罗杰（Boulge）教授为《十九世纪》（The Nineteenth Century）撰文称，日本的胜利将是短暂的，在强大的清军面前，他们永远无法横渡鸭绿江。但很不幸的是，包罗杰教授的这篇文章尚未刊登，日军就越过了鸭绿江，强大的清军落荒而逃。威妥玛在《当代》（The Contemporary）上宣称，如果日军攻占奉天，清朝皇室将受到严重打击，他对清军士兵的评价颇低。在他看来，在完全缺乏科学思想的情况下，清军士兵在数量上的优势毫无意义。作家布莱克伍德（Blackwood）持同样的观点。《新评论》（The New Review）中，一位军事权威在列举了表格数据后，谨慎地坚持自己的观点。《双周刊》（The Fortnightly）中，萨维奇-兰德（Savage-Lando）先生讲述了一些故事，旨在说明日本的西方文化极其脆弱。

NOVEMBER 17 1894 ♦	THE ILLUSTRATED LONDON NEWS 伦敦新闻画报	♦ SATURDAY, No.2890
1894年11月17日		星期六 第2890期

国内外新闻
HOME AND FOREIGN NEWS

目前，东亚战争几乎是唯一能引起人们兴趣的外国新闻。战争局势似乎随着清朝海军防御的全面崩溃而接近尾声。旅顺港——清朝主要的海军基地——位于辽东半岛尽头。正是这座半岛将黄海与辽东湾、北直隶湾分开，由此可从海上进入朝鲜的宗主国——清朝，进而进入天津和北京。旅顺港及港内停泊的军舰可能很快就会落入日军之手。11月6日，他们占领了金州的防御阵地。第二天，海峡对面的大连湾遭遇了同样命运。清朝驻军几乎不战而降。北京政府惊慌失措，空前渴望欧洲各国及美国出面调停，同意放弃对朝鲜的宗主权并支付战争赔款。但目前为止，日本还没有回音。

奉天及其周边
MUKDEN AND ITS SURROUNDINGS

日军司令官提议向奉天进军，好将该城作为诞辰贺礼献与日本天皇。这一建议在日军中大受欢迎，这是日本人已经彻底接受欧洲思想的有力证明。在当下的特殊情况下，这一贺礼恰到好处，而且可能带来和平的局面。自古以来，奉天都不是蕞尔小城，它是清朝皇室的龙兴之地，与皇室最珍视的东西有千丝万缕的联系。清朝开国皇帝的陵墓在此附近，继位者收集的财富也储藏在奉天的宝库中。难怪人们说，皇帝和其生父醇亲王都认为失去这座城市是对王朝的巨大打击。醇亲王是开国皇帝的九世孙。人们认为他希望在滔天浩劫降临到家门之前实现和平。然而战火仍未平息，清朝人唯一可行的办法是向该城派出一支大部队。如果这支部队武器精良，指挥得当（似乎要求过高），日本人就很难入主奉天。

与大多数清朝城市一样，奉天城墙的形制为正方形，边长约 1 英里。城墙高 40 英尺，宽 21 英尺，顶部还有一堵 8 英尺高的矮护墙（清朝人称之为"女墙"）。一条宽阔的护城河绕城一周，城郊还建有一堵起不了多大作用的泥墙。若要进城，人们须穿过 8 座城门（每面城墙有两座门）中的一座。这 8 座城门均为几层楼高的宏伟建筑，上面建有结构相仿的角楼，守卫着城墙四角。1631 年，清太宗按照刚刚占领的北京城的形制改建了这座城池。和北京城一样，奉天城中的宫殿建筑也占据中心位置，总督衙门位于宫殿附近。宫殿周围的宫墙上镶有皇家才可使用的明黄瓦。与北京城相同，城内建有鼓楼和钟楼各一座，城郊还可以看到天坛和地坛的遗址。这座城池和城墙外观雄伟，街道上人头攒动，商业繁荣。若将城郊居民也计算在内，奉天人口可达 25 万。

但比这座城池本身更为可贵的是城东四五英里外的一座庄严的陵墓。陵墓旁边有松林，位置隐僻，清朝皇室伟大的先祖努尔哈赤（庙号太祖）长眠于此。和大多数名扬四海的东方君主一样，关于他的祖先和他本人的传说比比皆是。东正教宣称他生有异象，而他也在一生中展示了自己神圣出身的所有特点。其他人则说这位清朝的迪克·惠廷顿[1]背着一个包裹，进入他命中注定要统治的城池。这个包裹以及那双据称是他首次进入奉天城时所穿的靴子已成为文物，被保存在宫殿中。他 68 岁

---

[1] Dick Whittington，英国民间故事中一位因为种种巧合，最后做了伦敦市长的穷苦小男孩。——译者注

醇亲王，清朝皇帝的生父。

去世，与所有随身用品一起葬在上面提到的"福陵"（"幸福的陵墓"）中。封闭的陵墓入口处有一座神圣的碑楼，由此经过一座异常宏伟的门廊便可进入陵墓。这座巨大陵墓的拱顶装饰华丽，上铺明黄琉璃瓦，围墙上饰有绿釉浅浮雕，其中最能代表皇家的是巨大的五爪神龙。整座建筑共有三道门。"走在通向大门的道路上，首先经过的是两座厚重的石牌坊（象征荣誉的门楼），柱础雕成金蟾样式；接下来是两根柱子，柱顶分别有一头狮子；最后，两头高贵的卧狮守卫着那座神圣的门户。每扇门中央都有一只巨大的古铜门环。门环镀金，铸成牛头式样，这在尺寸和特点上与达拉谟大教堂的门环颇为相似。"这座陵墓神圣不可侵犯，若有"伟大先祖"同族子孙之外的人擅入，将会被判处死刑。

努尔哈赤的儿子兼继承人——清太宗并没有与自己的父亲葬在一起，而是葬在城北一片茂密的雪松林中。清太宗陵墓入口处的建筑同样宏伟，也有一座特别优美的牌楼。雕刻精美的木架托起上卷的黄色琉璃瓦屋顶，石砌门面上的雕花丰富，具有

DECEMBER 1 1894	THE ILLUSTRATED LONDON NEWS	SATURDAY, No.2892
1894年12月1日	伦敦新闻画报	星期六 第2892期

国内外新闻

HOME AND FOREIGN NEWS

东亚的战争可能已接近尾声，因为清朝政府正派特使赴日求和。据说，日本也愿接受美国的停战斡旋。

在大山岩大将指挥下，日军于11月21日（星期三）攻下了重重设防的旅顺港（当地人称其为旅顺口）。旅顺口位于辽东半岛末端。辽东半岛向西南方向延伸，长约30英里，东临黄海，北接北直隶湾。它与100英里之遥的海军港口威海卫隔海相望，共同守卫着进入北直隶湾的门户。北直隶湾西边海岸线上的大沽港，正位于白河入海口，从此处出发沿白河而上可直达北京。日军计划从朝鲜出发，走陆路经由旅顺港以北200英里的地方，越过奉天，侵入北京。然而这条路线在冬天几乎无法通行。取得制海权并占领旅顺港和威海卫后，日军可能先将军队运至北直隶湾的西海岸，包围白河畔的天津，再从那里向北京进发。

日军针对旅顺港的军事行动于11月5日开始。次日，大连湾、金州和地峡的防御工事就已落入日军之手。地峡宽7英里，连接半岛和大陆。随后，清军退入要塞旅顺港，集结了约2万人的卫戍部队。日军则从近期在大连湾登陆的军队和军需处得到增援，谨慎地向半岛南端行进，并向该地点增加了两个师的劲旅。清军军舰正在旅顺港进行修整，停泊于内港，被日本舰队从外面封锁。11月21日，日军数艘鱼雷艇突然冲入港口，分散了守军的注意力。与此同时，日舰火力全开，炮弹轰击至陆地的要塞上。第二日凌晨，这些要塞又遭到日军的攻击。战斗一直持续到下午。西边的要塞受到日军第一师团的攻击。而日军第二师团在佐久间左马太将军的指挥下，攻击东部要塞。清朝守军凭借克虏伯火炮和速射炮顽强抵抗，但军舰无法进行防守作战。下午2点，日军攻入旅顺城内。其时尚未陷落的要塞也在傍晚或次晨（11月22日，星期四）被攻陷。清军的80门大炮和大批军需及几千名士兵落入敌手。大家认为威海卫在不久后就会被另一支远征军袭击，目前这一点似乎值得怀疑。而我们听说清朝已经准备做出让步，正起草求和条约。对此我们并不感到惊讶。

人物
PERSONAL

令人高兴的是，威利阿士（Frederic Villiers）先生在旅顺港遇难的消息被证明是不真实的。日军俘虏了路透社的一名战地记者，他们似乎认为此人正在帮助清军。显然，日军十分清楚战地记者的职责。他们拒绝让任何欧洲媒体的代表跟随自己的军队，而且他们会为这一政策提出一定的理由。在他们成功进行决定性的一击之前，我们对他们的行动一无所知——这无疑提高了他们的声望。就像在大多数事务中一样，在战争中严格保密能取得军事成功，这无疑会给人留下深刻的印象。但路透社驻清朝记者为何被日军视为好战分子，原因尚不清楚。

| DECEMBER 8 1894 | THE ILLUSTRATED LONDON NEWS | SATURDAY, No.2893 |
| 1894年12月8日 | 伦敦新闻画报 | 星期六 第2893期 |

无题
UNTITLED

  日前，我们收到一份电报，讲述了一件发生在清朝的令人震惊的不人道事件。这一事件与清朝人对伤者的治疗方式有关。清军以"清朝人有能力处置伤员"为由，拒绝来自英国救护协会（English Ambulance Society）的支援。令人宽慰的是，至少此答复并不是意味着伤者只有一死方可摆脱痛苦。我们得知，战斗之后，清朝医生给所有的"重伤人员"提供一剂剧毒的氯化氢——在欧洲人看来这很奇怪，然而伤者欣然服药。事实上，尽管很多清军在战场上表现得十分胆小，然而却没有哪个国家的人能够像他们一样视死如归。拿破仑曾经在雅法（Jaffa）[1]如此对待重伤员，因此受到人们指控。自那以后，在欧洲战争中，这种英雄主义的治疗方法就销声匿迹了。

---

[1] 世界上最古老的港口之一，至少有4000年的历史。——译者注

东亚战争
THE WAR IN EASTERN ASIA

从近期的报道看,日军占领旅顺港是中日战争中日方最具压倒性的胜利事件之一,也是日军军事优越性最明显的证据之一。如果清朝不能尽快同意缴纳巨额战争赔款,并让出对朝鲜的宗主权,日本海军随后可能会攻击北直隶湾的沿海城镇。在这场战争中,我们身处亚欧大陆的最远端,与战场相距整个半球。虽然在战争发生几小时后,我们就能通过电报收到消息,但至少6周后,我们才能收到涵盖某些细节的信件和草图,因此我们现在才能回顾9月17日发生在鸭绿江口的战斗。当时,清军舰队因损失惨重而撤退,再也无法出海作战。10月21日,我们的通讯员、皇家海军陆战队(Royal Marine Light Infantry)怀尔德中尉,在停泊于芝罘的英国皇家海军"利安德"号上写下了通讯稿。10月11日,他乘斐利曼特司令派出的通报舰"敏捷"号(Alacrity)抵达两国海军交战战场。在船上友人们的协助下,他完成

英国皇家海军"敏捷"号探访黄海海战战场。海面上,可以看到被日军炮火击沉的"致远"号军舰上的两个战斗桅盘。怀尔德中尉绘制。

了对两艘清朝军舰残骸的速写。与在威海卫和旅顺港内避难的舰船相比，这两艘军舰损毁更为严重。在鸭绿江口处，人们发现了"扬威"号和"致远"号。"扬威"号在作战过程中起火，船员为保命而将其驶到岸边，最终被烧毁。舰体躺在浅滩上，离海岸大约1英里，装甲甲板以上部分被烧成黢黑的空壳，两侧铁板弯曲，崩裂成巨大的裂口，吊柱、支柱和铁栏杆扭曲成各种形态，烟囱被炮火打得千疮百孔、四分五裂，铁铸主桅则向侧面弯曲。船上没有尸体，说明船员可能已设法上岸，或被其他船只救走。"致远"号在战斗开始之初就被击沉，除了两个战斗桅盘外，其余部分全淹没在深水中，什么也看不见。在黄海海战中指挥"山城"号（Yamashiro）巡洋舰的三浦（Miura）舰长被任命为旅顺港的总督。

无题
UNTITLED

美国驻日本及清朝的外交使臣正在听取交战双方的建议和答复，以期东亚这两个国家之间能够缔结和平条约。克利夫兰总统在谈到日本时，语气非常友好，但带有居高临下的姿态。

无题

UNTITLED

12月10日,日军驻满洲的一支分遣部队与清军一支3000至4000人的骑兵及炮兵队遭遇,并将其击败。日军死伤40人,而清军在战场上留下了100具尸体。目前,天津有消息称,日军已在北直隶湾以西海岸线上的营口、山海关和大沽附近的某处登陆。

黄海海战结束后，清军巡洋舰"扬威"号的残骸

WRECK OF THE CHINESE CRUISER "YANG-WEI", AFTER THE BATTLE OF THE YALU

9月17日的黄海海战中，下图中的这艘战舰起火。后船员将其驶向岸边，大火将其上层甲板以上烧为空壳。

黄海海战结束后，清军巡洋舰"扬威"号的残骸。根据英国皇家海军"利安德"号上的怀尔德的速写绘制。

| DECEMBER 22 1894　1894年12月22日 | THE ILLUSTRATED LONDON NEWS　伦敦新闻画报 | SATURDAY，No.2895　星期六　第2895期 |

无题
UNTITLED

　　近期，交战双方的最新电报似乎完全不可信。日军正试图在牛庄建立一个交会点。清军称，最近在凤凰城附近的交战并非决定性的战役——尽管日军声称此战取得了决定性的胜利。现在日军的总司令是野津道贯，陆军元帅山县因健康问题引退。

| DECEMBER 29 1894 1894年12月29日 | THE ILLUSTRATED LONDON NEWS 伦敦新闻画报 | SATURDAY，No.2896 星期六 第2896期 |

九连城的溃败
THE ROUT OF CHIN-LEN-CHANG

九连城的溃败。利伯蒂股份有限公司的拉曾比·利伯蒂先生的藏品，后赠予日本学会。

无题
UNTITLED

近日，中日双方较小的分遣队又在满洲发生了几次冲突。然而，随着冬天到来，季节原因阻止了日军向北京或奉天直接推进。据估计，清朝将会同意日本提出的条件，和平谈判可能会很快进行（如果日本的要求没有过分到引起欧洲各国反对的话）。

据报道，12月19日，日军左翼部队在牛庄附近与宋庆将军率领的万余士兵作战，并取得了又一次决定性的胜利。清军顽强战斗了5个小时后大败，死亡500人。据说，日军于12月22日（星期六）抵达牛庄。朝鲜东学党又掀起了一轮动乱。

满族人的神灵
MANCHURIAN DEITIES

最近有消息称，在洪水泛滥的季节，直隶总督李鸿章公开向一条蛇献祭。这条蛇被认为是雨神——龙的化身，被供奉在一座佛教寺庙里。一个如此开明之人竟会做出如此之事，着实令人惊讶。然而，东方世界充满了这样的矛盾，这类事件随处可见。皇帝本人颇为推崇儒家思想，他也信奉神灵。当一位受过教育的清朝人舒服地坐在书房的椅子上时，会否认自己相信任何一位神灵。但身处危难之时，他就会毫无心理戒备地在各种奇怪的神灵面前烧香祭拜。

教化和宗教发展到更高形式的必然结果是一个民族会有更多的世俗信仰，并被广为传播，正如起源于印度的佛教北传尼泊尔、南传锡兰。在清朝，当满族人留辫子的传统被广为接受时，满族人也将"中央帝国"更质朴无华的信仰——道教和佛教并入他们的世俗信仰，清朝到处可见的宝塔和喇嘛塔正可以说明这一点。在清朝的庙宇里，属于不同信仰的神像常常杂居一处，佛教的神灵与道教圣人可以亲密地并肩而立。在满洲地区，这样的庙宇随处可见。除了这两种最有代表性的宗教外，人们也信奉许多据说能治愈疾病、护佑庄稼、消灾解难的地方神灵，这便加剧了这种一团乱麻的现状。

来清朝的游客常常能在村庄的角落发现路边的神龛。但是在满洲地区，神龛随处可见，如小路边、大路转角、山间小径或者森林空地等。它们所处位置不一，形制也千变万化。神龛的原材料和形制与建造者的经济条件密

奉天城魁星楼（奉祀文学之神的庙宇）。

上图｜奉天城外的喇嘛塔。
下图｜奉天城南的宝塔。

切相关。有的神龛只用三块石头垒起——两块竖起，顶覆一块平坦的石头。有的则以条石建造。更精致的则用砖砌成，屋顶覆有中国设计师最喜欢的飞檐。但是，无论形制如何，神龛上都会挂牌匾，上面镌写着神龛内供奉的神灵的名讳。山神是满族人最喜爱并尊崇的神明之一。在满洲山区，人们认为山神是无上的保护者，能抵御野兽袭击。其面貌凶恶，肩扛斧头，身边跟随着温顺的老虎或熊。对讲求实际的满族人来说，其神力尤其宝贵。满洲的山上盛产黄金，土地中则生产一种珍贵的植物——人参。人参能使体弱的年轻人恢复活力。很难说二者哪个更有价值。因为最好的人参作为贡品被送到北京的皇宫，价值堪比黄金，但缺点是产量稀少。传说山神就是这两种宝藏的守护者，他也会保护进山的樵夫和寻宝人。另一位广受欢迎的神灵是战神。其手持宝剑,保护这个地区不受任何敌人攻击。奉祀这两位神灵的寺庙中通常也供奉文曲星,学子们会在他的祭台前焚香叩拜。奉天城中最漂亮的寺庙就供奉着这位神明,以示特殊尊崇。还有财神、面色红润的三眼马王爷(其中一只眼睛从额前突出,以便监视四面八方的火灾)、瘟神(他现在应该特别忙碌,因为他要施展法力遏制肆虐的瘟疫)、药神和雨神。传说所有这些神灵都有某种神力。

奉天城内的"狐仙庙"。

东亚战争

THE WAR IN EASTERN ASIA

　　一名记者提供了一些与日军占领旅顺港有关的趣事。由于清军战舰的缺席,所以没有海战发生。清军炮台向日本军舰开火,不过日本军舰似乎没有受到任何损伤,而清军炮台最后被日军鱼雷舰击毁。11月11日,英国皇家海军"新月"号（Crescent）访问了旅顺港。船上的一些军官与当地的清朝官员进行了交谈,当地的官员似乎对旅顺港的抵御能力充满信心。他的副官（一名清朝人,能说一口流利的英语）告诉英国军官,他们有2万名士兵驻扎在那里,而且陆地上的防御工事和海防工事一样坚固。船坞变成了兵营,但很明显,里面没有工人。这些士兵看起来粗野无礼,他们的上级对他们评价很低,并坚持要求英国军官接受一名警卫的保护。这里的士兵至少配备了3种不同型号的步枪,还有一支相当不错的骑兵队伍,骑兵们骑在毛发粗乱的蒙古小马上。下页插图展示了从南方通往港口的通道,北边的通道同样在清军的强力控制之下。船坞由一个大的避风港池、一个长385英尺的干船坞、锻工车间、铸造车间、铜器制造间、装配车间和其他车间组成,正好位于入口右侧陡崖的后方。深水航道布设有触发式水雷,其中有几颗由于深度没有调整好,露出了水面。按照惯例,为保证北洋舰队的需求,需要储备4000吨左右的煤炭。旅顺港以北地区对日本来说意义重大,控制了这部分地区就等于控制了整个北直隶湾。

旅顺港清朝海军军械库附近。日军于1894年11月21日占领旅顺港。图片源自英国皇家海军"新月"号的军需参谋斯隆（J.J.A. Sloan）创作的速写。

占领大连湾
THE TAKING OF TA-LIEN-WHAN

这件事发生在1894年11月5日[1],这一胜利非常及时。大连湾有3000名步兵和180名骑兵守卫,但清军表现得非常懦弱,他们像吓破胆一样逃向旅顺港。日军从陆地上进攻大连湾,伤亡人数只有10人。胜利竟然如此轻而易举就到手,连大山岩大将自己也感到意外——因为这里有大量坚固的防御工事。他所辖的第一师团攻占了金州,第二师团攻占了大连湾。[2]

日军舰队在大连湾游弋。英国皇家海军"无畏"号上的罗福斯特·曼瑟芝(Loftus C. O. Mansergh)先生创作。

---

[1] 日军攻占大连湾是在1894年11月7日。——译者注
[2] 甲午战争中,攻占金州和大连湾的都是日军大山岩元帅所辖的第一师团(第一师团长为山地元治)。——译者注

清军试图保住他们的大炮

CHINESE TROOPS TRYING TO SAVE THEIR ARTILLERY

清军试图保住他们的大炮。卡顿·伍德威尔（R. Caton Woodville）根据一幅照片绘制。

| JANUARY 12 1895　　◆　　THE ILLUSTRATED LONDON NEWS　　◆　　SATURDAY, No.2908 |
| 1895年1月12日　　　　　　　　伦敦新闻画报　　　　　　　　　星期六　第2908期 |

东亚战争
THE WAR IN EASTERN ASIA

来自战场的最新报告削弱了人们对战胜国日本迄今为止表现出的克制的钦佩。旅顺港陷落后,每一位外国记者都第一时间从那些无法保障人身安全的可怕战地中逃了出来。当时的场面之恐怖使他们几乎无法进行清晰的描述。据《泰晤士报》特约记者报道,清军进行了英勇的抵抗,直到这座城市完全被侵略者占领。然后,日军"毫无理由地开始了疯狂的野蛮行径"。数十名清朝人被日军搜出,遭到射杀或被砍成碎片。惊恐万状的乘船逃亡者比平时多了一倍,但他们也被日军残忍地屠杀了。日军对鲜血的渴望颠覆了西方媒体之前对他们进行的所有的人道主义报道。这个事件令人悲痛。战斗结束之后,复仇之火持续燃烧了4天。鉴于上述事实,德国红十字会中央委员会依然将向日本红十字会提供1万马克的援助,供其使用。这一举动令人颇为费解。

从外海眺望威海卫

SKETCHES OFF WEI-HAI-WEI

下图 | 从外海眺望威海卫。英国皇家海军"利安得"号上的怀尔德先生绘制。

图① | 11月16日，威海卫港外的日军主力舰队。
图② | 在9月17日的战斗中，日军运输船"西京丸"号被清军鱼雷船发射的3枚鱼雷击中。
图③ | 11月16日，日本先遣舰队对威海卫进行侦察。
图④ | 在威海卫炮台，通过望远镜，日军中队进入了守军的视线。
图⑤ | "八重山"号（Yaeyama），日军大将的通讯船。

奉天

MUKDEN

目前东亚的战争还没有停战的迹象。有一则令人鼓舞的新闻：清朝和谈公使即将出发前往日本，进行和平谈判。据报道，他们将在神户会见科士达先生。奉天依旧是"激战的核心"。据说，这个城市现在处于可怕的无政府状态。清军的士兵一直坚持奋战。出于对城市投降后将会遭受的侮辱和攻击的恐惧，居民们也一直在战斗。据说，最近又有 1.2 万名士兵抵达奉天。这个地方到处都是士兵。他们抢劫房屋、杀害市民，却没有受到惩罚。在如此寒冷的天气中，这种事让人感觉很难受，也许应该做些什么来缓解武装冲突。下面关于奉天的图片告诉我们，它和其他东方城市一样风景如画。我们真诚地希望和平到来，以挽救其衰落的命运，并使其居民摆脱危险和焦虑。

奉天的东城门和一座教堂。

上图 | 奉天的天后宫。
下图 | 奉天北郊的一座佛塔。

JANUARY 26 1895
1895年1月26日

THE ILLUSTRATED LONDON NEWS
伦敦新闻画报

SATURDAY, No.2910
星期六 第2910期

东亚战争
THE WAR IN EASTERN ASIA

在野津道贯将军的指挥下，日军沿着北直隶湾以北的道路向北京挺进，但他们必须先占领辽河河口的牛庄及其海港。清军在当地布置了不少军队。1月16日[1]，在满洲去往奉天的路上，在牛庄西北25英里的海城发生了一场战斗。两队清军（分别有1.2万和1.4万人）带着野战炮，沿着这条道路从相反的两个方向出发，进攻由桂太郎将军率领的人数只有清军三分之一的日军分遣队。然而，经过不到2个小时的战斗，清军被击退了。他们在损失900余人的情况下落荒而逃。据说，日军只损失不超过50人。1月19日，位于芝罘及威海卫以西、北直隶湾南岸的登州府遭到日军舰队的轰炸。部分日本军队已经在威海卫以东35英里的荣成登陆。清朝和谈特使预计将于1月26日（星期六）从天津启程，前往下关港。他们将乘坐日本轮船前往横滨和日本首都东京。与此同时，日军迅速攻占威海卫并非不可能。不过，北直隶湾的北岸日军离北京仍然还有二三百英里的距离。

---

[1] 海城之战发生在1895年1月17日。——译者注

济物浦的军医院
THE MILIRARY HOSPITAL AT CHEMULPO

由于战事紧急，迫切需要在济物浦建立一所医院。日军很快布置好了一间大茶室作为临时医院，用来接收病号和伤员。许多人从医院被抬到不远处的墓地埋葬。整块墓地在很短的时间内就被填满了。尸体被火化后，埋在长长的坟茔里。每一个坟墓前都竖起了一根木柱作为标记。除此之外，没有任何迹象表明这里就是那些在这场可怕的战争中失去生命的人的最后安息之所。

旅顺港的船坞旁。图片由英国皇家海军"水星"号上的罗斯维尔先生绘制。

上图 | 济物浦的军医院。
下图 | 济物浦的日军公墓。图片由英国皇家海军"水星"号上的罗斯维尔先生绘制。

清朝将军和参谋投降

SURRENDER OF CHINESE GENERALS AND STAFF

清朝将军和参谋投降。

日军在旅顺港
THE JAPANESE AT PORT ARTHUR

日军攻下旅顺港的堡垒后，穿过旅顺港的街道。两边的房屋被洗劫一空，街道上到处都是废墟。道路上箱子被撞开，到处都是破碎的杯子和陶瓷、雨伞、扇子、鞋子、油灯、死去的狗和猫——呈现出一片凄凉景象。[1]

日军在旅顺港。根据一位随军艺术家的速写绘制。

---

[1] 图中，画家错把行凶者画成清军的样子。——译者注

FEBRUARY 2 1895　●　THE ILLUSTRATED LONDON NEWS　●　SATURDAY, No.2911
1895年2月2日　　　伦敦新闻画报　　　星期六　第2911期

日军向牛庄进发
THE JAPANESE MARCH ON NIUCHUANG

旅顺港陷落后，日本第一军和第二军联合进攻牛庄。如果要对北京采取军事行动，这个地方将是很有利的基地。据报道，12月中旬当地天气严寒，第一军距离牛庄只有15英里。12月19日，日本第一军遭遇并击败了1万名在宋庆将军指挥下撤退到牛庄的清军。下页的一幅插图展示了一支驶往内陆的车队。有些车队实在是太长了，骑手可能骑24小时也无法从头跑到尾。车队分成众多小组，每一个小组都由小马、驴子、骡子和牛组成，紧紧地跟在前面的小组后面。

11月5日，日军进入牛庄港。

上图 | 春天再见：在海水结冰时，最后一批蒸汽船离开牛庄。
下图 | 满载着军需品的车队离开牛庄，去往奉天。

| FEBRUARY 9 1895　1895年2月9日 | THE ILLUSTRATED LONDON NEWS 伦敦新闻画报 | SATURDAY, No.2912　星期六　第2912期 |

牛庄近况
THE POSITION OF NIUCHUANG

根据最新报道，日军正集中力量进攻牛庄。刘将军率领的2万清朝军队前期已经抵达那里。由于恐惧，清朝军队已经逃离了这个地方，因此，营口和牛庄之间散落着1.1万名清军的散兵游勇。下面的一幅插图向我们展示了一支满载清朝军备的车队出发时的情景。几天后，这支车队落入日军之手。他们在毫无抵抗的情况下被日军拦截并俘获。

清军运送军备的车队从牛庄出发，开往前线。几天后，其被日军俘获。

上图 | 牛庄海关前冰封的河流。
下图 | 牛庄为数不多的英国商店。此时河流尚未结冰。

芝罘港

CHEFOO HARBOUR

　　下页的芝罘港鸟瞰图很有趣。在中日战争期间，这里一直是英国舰队的总部。之所以选择这里作为总部，不是因为它能够提供良好的防御条件，而是因为它所处的地理位置。芝罘港实际上不适宜做港口——北风呼啸，巨浪滔天，已经使几艘船抛锚停泊。一位英国军官表示，他们更倾向于选择舟山或长崎。如果没有发生战争，那么舰队现在本应在朝鲜海岸巡航。这位爱好运动的中尉想去拉扎雷夫港（Lazarev）打野鹅，去奥尔加湾（Olga Bay）[1] 捕三文鱼。他认为，如果战争继续下去，将会毁掉英国在东方的贸易。每个月他都要在长崎待几天，为船只加煤。其间，这位中尉只好靠玩追纸游戏打发时间。这种游戏让日本人感到困惑。他们和法国人一样，对这种户外娱乐活动毫无兴趣。

　　一位海军军官从芝罘寄来一封信。信中写道，这场战争最显著的特点之一是：一支燃烧威尔士煤炭的舰队比一支燃烧普通煤炭的舰队拥有更大的优势。每当英国舰船与清朝或日本舰队相遇时，在桅杆出现在海平线上之前，浓烟就已经标识出了它们的位置。两国的舰船都被漆成深灰色，以便不那么引人注目。然而，在海上蔚蓝的天际线的衬托下，灰色呈现为黑色，比白色更显眼。在黑夜里，灰色便于隐藏，船几乎可以完全不被发现。从远处看，敌人总能从清军舰船排放的黄色烟雾而分辨出他们，因为日军军舰排放的是灰色烟雾。2月1日，中央通讯社（the Central News Agency）派出的记者详细报道了威海卫被攻占的经过。清军损失了大约2000人，几乎没有进行抵抗。威海卫的欧洲居民似乎没有人受伤。所有的清军舰船都停泊在芝罘港。建有许多堡垒和军工厂的刘公岛也落入日军手中。

---

[1] 位于日本海。——译者注

芝罘港鸟瞰图。

FEBRUARY 23 1895 ◆	THE ILLUSTRATED LONDON NEWS	◆ SATURDAY, No.2914
1895年2月23日	伦敦新闻画报	星期六 第2914期

东亚战争

THE WAR IN THE ESTERN ASIA

威海卫因最近在东亚战争中的悲惨遭遇，而闻名于世。英国皇家海军"风神"号上的一位记者在1月8日的报道中传来了两幅插图，分别描绘了威海卫港的东西

中日甲午战争。根据上海的林顿（A. Linton）先生的一幅速写绘制。

中日甲午战争。根据英国皇家海军"风神"号上的詹姆士·富勒(James Fuller)先生的一幅速写绘制。

两个入口。他说道,1月6日军舰巡航时,信号提示其尽可能近地靠近威海卫。在靠近威海卫的东入口时,清军方面发来信号称"风神"号处在危险之中,因其所在位置附近布设了水雷和鱼雷。透过望远镜,可以看到9艘清朝军舰停靠在海港之中。之后,"风神"号向后撤退,航行至港口的西入口,发现堡垒中的所有炮口都指向了它。

正如上期报道中所说,在攻陷威海卫之前,日军就把占据这座巨型军械库视为一项伟大的成就。据称,参加过这场战争的欧洲人现在都在英国巡洋舰"塞文"号(Severn)上。清军装甲舰"镇远"号和其他6艘被日军俘虏的炮舰将会在威海卫进行维修。一名曾经向日本方面承诺不会参与战斗但却参加了战斗的美国人,将会受到军事法庭审判。一位英国海军上校目睹了威海卫攻防战。清军表现出的绝望与日军表现出的自信,令他深为震惊。

| MARCH 2 1895　1895年3月2日 | THE ILLUSTRATED LONDON NEWS 伦敦新闻画报 | SATURDAY，No.2915　星期六　第2915期 |

我们的笔记
OUR NOTE BOOK

也许人们会最大程度地追求幽默效果，但当我们得知丁汝昌提督和他属下的3名主要指挥官全部自杀的消息时，我们便无法对清朝的情形一笑了之了。我们了解到，他以非常客气的言辞代表他和他的属下给日军总司令写了一封遗书，解释他们不能在战败的屈辱中苟活。当下，大家都以为清军将领们已经习惯了失败，此时这一英

旅顺港的海军码头。

威海湾东入口。根据英国皇家海军"风神"号上的詹姆士·富勒先生的一幅速写绘制。

勇的行为无疑激起了一些人的崇敬之情。但细想一下,一旦回到北京,他们4人肯定会被处死,想到这里,这种崇敬之情自然也就消失了。不久之后,中国皇帝就可以因为自己的所有军队中不再有无能及倒霉的将领而庆幸不已了。刽子手手起刀落,干净利索,"都走了,那些熟悉的面孔"。这位记者略带诙谐地写道:"中国皇帝为威海卫的陷落大怒,他不仅下令将与要塞防守有关的所有军事将领和地方官员处死,而且采取了非常手段,将所有临阵脱逃者全部斩首。"使用轻松愉快的"非常手段"来描述上述行为,只有《爱丽丝奇境环游记》中红桃皇后的所作所为可以与之相比。

詹姆斯·佩恩(James Payn)

东亚战争
THE WAR IN EASTERN ASIA

一位德国记者寄来的一组图片向我们展示了一则很有趣的战争侧记。下图是驻扎在威海卫的清军中唯一的一位欧洲教官——陆军上校瑞乃尔（Theodor Schnell）。瑞乃尔上校来自德国，已经在清朝军队中服务了25年。在此期间，他负责训练清军炮兵。曾有报道称，他是威海卫战斗中被杀或被俘的3名欧洲人之一，但后来的报道确认他并没有死亡。

我们之前曾报道，日军占领了威海卫的军械库、堡垒和军舰。"镇远"号经过维修，已能够进行海上航行，已经出发前往日本。大山岩元帅和他的参谋们现在的住所在不久前还是清朝政府的官衙。他们还占据了一座保存良好的鱼雷仓库。日本政府正向国会申请新一轮投票，希望能批准一笔1亿日元的贷款。在这场战争中，日本已经投入了1.5亿日元。据称，日军方面没有占领芝罘的打算。

本期曾刊登了一张芝罘鸟瞰图。图中显示，那是一个人口稠密的地方。当公众的关注点都在战争上，而不是战争起因时，人们便有可能忽略朝鲜的困境。朝鲜一直是日本政府大力关注的目标。井上馨筹划的改革措施是如此彻底，在某些方面可以说是异想天开。远东地区那些慎重的政治观察家也许会在收到其提交的主张时适时喊停。

陆军上校瑞乃尔，清军炮兵部队教官。

训练中的清朝炮兵。

陆军上校瑞乃尔管理下的清军炮兵军官。

从芝罘望向大海。

MARCH 7 1895　　THE ILLUSTRATED LONDON NEWS　　SATURDAY, No.2916
1895年3月7日　　伦敦新闻画报　　星期六　第2916期

第二位清朝全权公使
THE SECOND CHINESE ENVOY OF PEACE

不止一位全权公使被寄予"和平缔造者"的厚望。但是，到目前为止，尚没有人取得成功。本刊刊登了第二位和平公使张荫恒的照片和速写。他是清朝对日全权代表，正在去往神户的路上。1月30日，他乘坐昌兴火轮船公司的邮轮"中国皇后"号抵达神户。日本外务省的郑（Tel）先生和日本警察厅的山田（Yamada）先生到船上通知公使先生和他的43名随员可以在日出时分登岸。外务大臣井上馨于上午9时赶到，迎接公使先生。1小时后，公使在1位英国翻译和3名随员的陪同下，与美国前国务卿科士达先生一起下船。他们前往东方饭店（Oriental Hotel），并在那里待到下午1点30分。之后，公使先生和科士达先生登上"尾张丸"号（Owarimaru），并在船上受到井上馨先生和松村（Matsumura）大佐的迎接，其他的随员已经先期登船。从东方饭店到达登陆地点的路途上有警察严密保卫，但即使如此，还是有大量围观者向清朝公使表达嘲讽。半小时后，"尾张丸"号出发前往广岛。张荫恒公使是广东人，时年59岁。他曾担任过清朝驻美国、西班牙和秘鲁公使，有丰富的外交经验。

右图｜清朝和谈公使张荫恒在"中国皇后"号上，下页图左下角人物是张荫恒。莱昂内尔·巴夫根据鲍尔斯（G.D.Bowles）拍摄的照片绘制。

MARCH 16 1895　　　◆　　　THE ILLUSTRATED LONDON NEWS　　　◆　　　SATURDAY，No.2917
1895 年 3 月 16 日　　　　　　　　伦敦新闻画报　　　　　　　　　　星期六　第 2917 期

东亚战争

THE WAR IN EASTERN ASIA

　　野津道贯将军率领满洲的日军通过猛烈的炮击和进攻，于 3 月 4 日占领了牛庄老城。清朝守军在城区狭窄的街道上和房舍里与之展开了殊死搏斗，近 2000 人阵亡。同一天，清军的宋庆将军进攻盖平城外的一处日军阵地时被击败。宋庆将军撤退到牛庄的港口——营口，并在那里与追击的日军展开战斗，但很快被赶出营口，后向西逃往田庄台（Tien-Tso-Tai）。3 月 9 日，日军 3 个师携带重型火炮，进攻了有 1 万名守军的田庄台。清朝守军很快就溃败了，再次阵亡 2000 人。到目前为止，辽河上所有的阵地都已落入日军之手，同时日军还有一个师快速地赶往奉天。野津道贯将军被授予了元帅头衔。清朝和谈代表李鸿章预计于 3 月 19 日抵达日本广岛。他将到位于日本内海，或者说是日本两个大岛之间的下关港会见日本天皇。现在日军正从多个方向逼近北京。日本是否同意休战，非常值得怀疑。

　　本期刊载的插图涉及日本在北直隶湾南部的海陆军行动、在山东半岛登陆的场景，以及沿海岸向西进攻威海卫的场景。我们已经连续几周报道了威海卫这一清朝重要海港的战事。芝罘是一个居住着众多欧洲居民的贸易港，尚未遭到攻击。日军最近的军事行动和在北直隶湾南岸一样顺利，成功地占据了通往北京的道路——从北直隶湾的北侧到流经奉天的一条大河，至牛庄附近海岸边的辽阳。同时，日军很可能会在白河入海口附近进行一次新的登陆行动，那里距离北京不足 100 英里。很多大臣、军官的家眷和北京居民已经离开北京，到清朝南方各省区寻找避难之地。

右图 | 去往威海卫路途上的情景：歇脚。根据英国皇家海军"百夫长"号上的利特尔约翰（W.G.Littlejohn）的速写绘制。

上图 | 威海卫被攻击之前。因估计日军将会进攻威海卫，多个国家的数艘军舰聚集在芝罘，以保护当地的外国侨民。英国皇家海军官兵从船上登陆，日夜在城里巡逻。英国皇家海军拉斯朗杰（V. J. Roskruge）绘制。

右上 | 从船上眺望芝罘。

右下 | 从岸上描绘的停靠在芝罘港外的各国军舰。

日军在山东半岛登陆

LANDING OF JAPANESE TROOPS AT SHAN TUNG PROMONTORY

当日本第三军再次登船,并将在中国沿海某个港口登陆的消息传来时,英国舰队正在芝罘。据此消息,英国船只驶向济物浦;之后"风神"号带来消息,大约3万名日军士兵在山东半岛登陆,意图从后方袭击威海卫。日军共有23艘战列舰、炮舰和鱼雷艇。

右图 | 日本军队在山东半岛登陆。根据英国皇家海军黑斯特(F.C. Haste)先生的一幅速写绘制。

进攻威海卫
ATTACK ON WEI-HAI-WEI

进攻威海卫。根据英国皇家海军"风神"号上的詹姆斯·富勒先生的一幅速写绘制。

| APRIL 13 1895 | THE ILLUSTRATED LONDON NEWS | SATURDAY, No.2921 |
| 1895年4月13日 | 伦敦新闻画报 | 星期六 第2921期 |

威海卫港口——图中的海岸线长约 5 英里
THE HABOUR OF WEI-HAI-WEI——THE COAST LINE SHOWS IS ABOUT FIVE MILES IN LENGTH

威海卫港口——图中的海岸线长约 5 英里。根据英国皇家海军"无畏"号上的沃恩（J. A. Vaughan）先生的一幅速写绘制。

刘公岛，"定远"号在这里被鱼雷击中后搁浅。

日军占据的炮台。日军占领堡垒后一度被"定远"号驱逐出去，但随后他们再次占领了炮台。

日岛炮台，被日军炮火压制。

清军撤退前被炸毁的炮台。

东亚战争
THE WAR IN EASTERN ASIA

多日之前，人们就期待在下关港举行的和平谈判能最终结束中日之间自去年7月延续至今的争端。而中日双方投入海陆两军，历经三天三夜艰苦鏖战，日军于2月17日占领威海卫这一事件，也必将会被历史铭记。威海卫位于北直隶湾南部海岸，几乎正对着旅顺港。旅顺港位于辽东半岛的最顶端，在日方看来，占领这个港口对于实现日本从海上和陆地上进攻天津和北京非常重要。如果战争再持续数月，日军势必会实施这一计划。伊东祐亨司令和大山岩元帅在威海卫的军事行动也将会一次又一次被专家和业余爱好者研究。而关于这场战斗的所有准确可信的描述——就像本刊呈现给读者的这些，将来在讲述和评论这一事件时，一定会具有重要价值。

| APRIL 20 1895 | THE ILLUSTRATED LONDON NEWS | SATURDAY, No.2922 |
| 1895年4月20日 | 伦敦新闻画报 | 星期六 第2922期 |

国内外新闻
HOME AND FOREIGN NEWS

中日之间的战争结束了。周一，4月15日，双方和谈代表在下关港举行了最后一次会议。然而，欧洲各国对于变更日本强加于清朝的条件，特别是事关清朝的领土问题的努力才刚刚开始。针对日本占据了中国的旅顺港、辽东半岛、满洲，并占据朝鲜一事，俄国应该会提出反对意见。

东亚战争
THE WAR IN THE EASTERN ASIA

　　从一个身在新加坡的记者那里，我们得到了本页和下页的关于三菱码头（Mitsubishi Dock）和高雄景色的速写作品。本页图中的码头是修复从威海卫俘获的清朝军舰的地方。这个码头事实上属于日本一家私人公司，这是日本政府第一次征用。画面中的船只是武装商船"西京丸"号，其船只前桅的两根帆桁掉了。下页插图中展示的高雄是中国台湾的一个港口，驻守着大量的清朝广东籍士兵，以防日军进攻。根据军队旗帜的颜色，人们常称这些广东籍军队为"黑旗兵"。一艘挂着英

日本长崎的三菱码头，俘获的清朝军舰被送到这里进行维修。根据英国皇家海军"水星"号上的罗斯维尔先生的一幅速写绘制。

中国台湾高雄港入口。根据英国皇家海军"水星"号上的罗斯维尔先生的一幅速写绘制。

国国旗的船只大约于2月中旬抵达高雄,船上载有士兵们的饷银。这些广东籍军人登上这条船的甲板,霸占了这些钱,并拒绝出示卸货单和支付运费,随后此地发生了大规模骚乱。英国皇家海军"水星"号的到来似乎起到了平复人心的作用。在港口入口的另一边,一座装备了后膛装弹大炮的新堡垒刚刚完成。

我们继续描述最近发生的事件。4月9日,一艘日本军舰俘获了英国"益生"号(Yiksang)轮船。船上载有20余万发子弹,是一家在上海的德国公司以"竹子和钢铁"的名义托运的。据称,"益生"号的船主在大沽被抓获,其并不知道船上运的是什么。对于和平前景,清朝政府似乎同意了很多条件,而日本"睿智"的政治家也热诚地期待战争结束,因为战争已经产生了巨大的花费。即使战争立刻结束,日本仍不得不继续在国内征收重税。顺便说一下,日本主教伯格史达(Bickerstech)博士,写了一份篇幅很长也很有意思的声明,内容是战争对宗教事务的影响。他认为现在时机还不成熟,并得出以下结论:"当然,我认为不久之后这个国家会出现一位日本籍主教,但现在还不是时候。"

| JUNE 8 1895　1895年6月8日 | THE ILLUSTRATED LONDON NEWS　伦敦新闻画报 | SATURDAY, No.2929　星期六　第2929期 |

台湾岛
FORMOSA

为解释本期关于台湾岛的插图，一位记者写下了以下文字。

旗后（Sarasen's Head）炮台被一个大而浅的潟湖与大陆隔离开来。这个潟湖大约长7英里，宽1至3英里。一直以来，炮台里的守卫部队始终冒着被完全切断撤退路线的风险。这一地区的负责人李将军意识到了这一危险，便命令修建一座通往大陆的桥梁。粗壮的柱子被钉入地下，上面排列着细竹子。不到3天时间，一条大约长1.5英里的竹桥便搭建起来。

航路上布设了水雷，以阻止试图闯进港口的船只，水雷由北门堡垒用电力引爆。这些水雷距离海岸很近，只能用来打击鱼雷艇和小型船只。在清军看来，堡垒只有可能在正前方被攻克，完全没有办法使他们意识到这一想法是多么荒谬。他们持续不断地在堡垒前方布设障碍，后方却完全暴露出来。他们永远不会忘记给自己留一条撤退的后路。

台湾岛被排除在停战协议之外，因此现在高雄是一个利益攸关的地方，这里可能成为日本攻击的地点。同时，由于守军对欧洲居民的敌对态度，英国军舰出现在这里为侨民提供保护也成为一种必然。这里的将军威胁说，将会把一些载有石头的舢板沉在港口的入口处，以阻止船只进出。这样的事情在10年前的中法战争期间就发生过，结果自不必说，一旦人为设置的障碍物到达一定高度，那些石头和舢板就会被蕴含着巨大力量的潮汐卷走，不出48小时，水道就会和以前一样畅通无阻。几乎每一天，士兵都会骚扰当地居民，那些犯案者几乎不可能被发现。这位将军会坐在4个苦力抬着的轿子上完成他的巡查任务。他的卫队由大约12名"勇士"组成。他们的装备中既有传统的武器，也有现代的武器。他们的制服是镶着红边的普通蓝色外褂，在胸前和背后都有很大的白色圆形标志，这成为了敌人最好的靶子。另外，

"黑旗军"沿潟湖搭建竹桥,以便日后日军攻击要塞时撤退。根据英国皇家海军"利安得"号上的海军中尉怀尔德的速写绘制。

他们戴着巨大的草帽,对一名士兵来说,这大概是最累赘、最不实用的头饰,而且非常没有必要,因为清军的下层士兵经常在烈日下光着头。当将军经过时,士兵们都要跪下磕头行礼。他们表现出服从的样子,形式大于真实。

上图 | "黑旗军"在通往高雄港的入口处布设水雷。根据英国皇家海军"利安得"号上的海军中尉怀尔德的速写绘制。

下图 | "黑旗军"的将领[1]在中国台湾的高雄巡视防御工事。根据英国皇家海军"利安得"号上的海军中尉怀尔德的速写绘制。

---

[1] 图中的将领为"黑旗将军"刘永福。——译者注

上图｜龙朋队阿护辰头日在衡风袭击的渔民避港入口。根据海老上校其水兵的速写绘制。

下图｜看龙港北面海滨中停靠某渔船。根据海老上校其水兵的速写绘制。